高等院校通识

大学生
心理健康

第2版 | 微课版

杨惠琴 郭雯 倪碧丹◎主编

吴彩云 左果果 郭友倩 李云涛 赵文◎副主编

杨俊辉◎主审

人民邮电出版社

北京

图书在版编目（CIP）数据

大学生心理健康 : 微课版 / 杨惠琴，郭雯，倪碧丹
主编. -- 2 版. -- 北京 : 人民邮电出版社，2024.
（高等院校通识教育新形态系列教材）. -- ISBN 978-7
-115-64932-4

Ⅰ. G444

中国国家版本馆 CIP 数据核字第 20249DD519 号

内 容 提 要

本书依据《高等学校学生心理健康教育指导纲要》编写而成，共 10 章，包括健康概述、自我意识、健全人格、人际关系、学习心理、情绪健康、爱情与性、压力管理、危机应对、人的毕生发展等。本书坚持育心与育德相统一，引导学生正确认识义和利、群和己、成和败、得和失，培育学生自尊自信、理性平和、积极向上的健康心态，促进学生的心理健康素质、思想道德素质与科学文化素质协调发展。

本书适合作为高等学校"心理健康"课程的教材，也可供对大学生心理健康感兴趣的读者阅读参考。

◆ 主　　编　杨惠琴　郭　雯　倪碧丹
　　副 主 编　吴彩云　左果果　郭友倩　李云涛　赵　文
　　主　　审　杨俊辉
　　责任编辑　孙　澍
　　责任印制　陈　犇

◆ 人民邮电出版社出版发行　北京市丰台区成寿寺路 11 号
　　邮编　100164　电子邮件　315@ptpress.com.cn
　　网址　https://www.ptpress.com.cn
　　三河市祥达印刷包装有限公司印刷

◆ 开本：787×1092　1/16
　　印张：14.25　　　　　　　　　　2024 年 8 月第 2 版
　　字数：346 千字　　　　　　　　2024 年 8 月河北第 1 次印刷

定价：56.00 元

读者服务热线：(010)81055256　印装质量热线：(010)81055316
反盗版热线：(010)81055315
广告经营许可证：京东市监广登字 20170147 号

前　言

　　心理学作为一门独立的学科在中国已有百年左右的发展历史，特别是改革开放以后，心理学无论是理论研究还是实践应用，都得到了长足发展，人们对健康的认识也越来越科学、全面，开始意识到健康不仅是身体健康，也包括心理健康，身体健康是心理健康的基础，心理健康必然影响身体健康。然而随着社会的飞速发展，人们的生活节奏日益加快，竞争越来越激烈，人际关系也变得越来越复杂；同时科学技术飞速进步，知识呈几何级增长，迫使人们不断地进行知识更新；网络日益普及，人们进入信息大爆炸时代……这一切都深刻地影响和改变着人们的观念意识、情感态度和行为方式。

　　生活在校园里的大学生，对社会各类问题十分敏感，情感波动等也相对较大。虽然现在各高校普遍加强了大学生的心理健康教育、咨询和辅导，大学生对待心理问题的观念已经得到极大改变，大多大学生能坦然面对自身心理问题，积极主动寻求帮助，不再讳疾忌医，但是大学生作为一个特殊的社会群体，他们依然存在一些特有的问题，如：对新的学习环境的适应问题、对专业的选择与规划问题、理想与现实的冲突问题、人际关系的处理问题、恋爱问题以及未来职业的发展问题等。

　　在我国，高校承担着为国家培养合格建设者和接班人这一重任，这不仅要培养学生的身体素质，也要培养学生的心理素质。因此，如何消除学生的心理应激、心理障碍或心理危机，增进学生身心健康，成为各高校迫切需要关注和解决的问题。

　　本书由高校从事心理教育与辅导的教师们编撰而成，既是集体智慧的结晶，也是大学生心理健康教育实践工作的经验总结。本书具有三个显著特点：一是本书既有对大学生心理健康基本知识的介绍，又有针对不同问题给出的不同解决方法，同时提供典型案例，因而具有很强的操作性；二是参与编撰的老师长期从事大学生心理健康教育与咨询工作，直接面对学生，对学生群体普遍存在和关注的心理问题非常清楚，因而本书的内容极具针对性，能吸引学生；三是本书语言风格清新，贴近学生，为学生所熟悉，易被学生接受和喜欢。

　　本书编写分工如下：第一章由杨惠琴编写；第二章由郭友情编写；第三章由赵文、杨惠琴编写；第四章由李云涛编写；第五章由倪碧丹编写；第六章由吴彩云编写；第七章由郭雯编写；第八章由喻轲编写；第九章由杨颖倩编写；第十章由左果果编写。

每一颗心灵都值得被温柔以待，每一分努力都是向着更加健康、更加和谐状态迈进的坚实步伐。让我们携手并进，将心理健康教育的种子播撒在每一个角落，让其生根发芽，绽放出希望与光明之花。

编者

2024 年 6 月

目 录

第一章　健康概述·1

第一节　从"心"开始
　　　　——健康与心理健康·1

一、"天人合一"——健康新观念·1

二、达成共识——心理健康大家谈·2

第二节　"白天"与"黑夜"——心理健康的
　　　　连续谱·5

一、心理亚健康
　　——心理健康的灰色地带·5

二、心理问题——心灵的"感冒"·6

三、心理障碍——心灵的"至暗时刻"·7

四、秘境探寻
　　——心理障碍形成的原因·12

第三节　疗愈受伤的"心"
　　　　——维护心理健康的途径·14

一、自力更生——自我心理调节·15

二、借水行舟——接受专业帮助·17

本章重点·20

课后练习·20

第二章　自我意识·22

第一节　叩问我是谁——自我意识概述·22

一、"我"是谁
　　——自我意识的概念及其分类·22

二、"我"是如何长大的
　　——自我意识发展·26

三、"我"从哪里来
　　——自我意识形成途径·27

第二节　与美好的自己相遇
　　　　——大学生自我意识发展·29

一、"我"的未来在哪里
　　——大学生自我意识发展规律·29

二、"我"长大了
　　——大学生自我意识发展的特点·33

三、"我"也有不足
　　——大学生自我意识偏差·34

四、"我"要乐观
　　——保持积极自我观念·35

第三节　走好自己的人生路
　　　　——大学生自我成长·36

一、成长的风向标
　　——健全自我意识的标准·37

二、做最好的自己——自我成长成才·37

本章重点·41

课后练习·41

第三章　健全人格·44

第一节　洞察"面具"
　　　　——人格概述与评鉴·44

一、"面具"杂谈
　　——不同流派的人格理论·44

二、天生不同
　　——人格特质的有趣研究·48

三、知己知彼
　　——人格特质的观察与评估·50

第二节　相遇真我
　　　　——人格的形成与偏差·53

一、成长里程——人格的发展阶段·53

二、何以为"我"
——人格形成的影响因素·56

三、洞见不足——人格障碍与问题·58

第三节 修身养性
——人格的健全与发展·61

一、美好画像——健全人格的标准·61

二、日省吾身——自我成长·64

三、为爱前行——在关系中成长·65

本章重点·67

课后练习·68

第四章 人际关系·70

第一节 五湖四海皆是缘
——人际关系概述·70

一、我与社会的联系
——人际关系的概念·70

二、"我自有风采"
——大学生人际关系的特点·73

第二节 关系连接你我他
——构建人际网络·74

一、闻着"味道"找朋友
——人际吸引概述·74

二、"人们内心的困扰"
——人际冲突的行为模式·77

三、"掌握争吵中的暂停键"
——人际冲突处理·79

第三节 一个好汉三个帮
——整合人际资源·80

一、"我的互动我做主"
——人际关系的三种互动形式·80

二、"我的人际财富"
——合理利用人际资源·81

第四节 一笑泯恩仇——学会人际交往·81

一、"心理说人际"
——人际交往中的心理效应·82

二、"做好内心的准备"
——人际交往的原则·83

三、"我该如何和你相处"
——人际交往的技巧·84

四、保持边界,
也是一种健康关系的体现·85

本章重点·88

课后练习·88

第五章 学习心理·91

第一节 大学学习初体验——认识学习·92

一、遨游学海新气象——学习是什么·92

二、要我学还是我要学
——大学学习的特点·93

三、为谁辛苦为谁忙
——大学学习的意义·94

四、我的学习我做主
——大学学习的适应·95

第二节 读书千遍也不倦——学习困扰·95

一、学习拦路虎——学习动机问题·96

二、人在心不在——注意力问题·100

三、任重道远——考试焦虑问题·101

四、想说爱你不容易
——学习拖延问题·103

第三节 书山有路心为径——学会学习·106

一、动力发电站
——学习动机问题调适·107

二、志坚者智达
——注意力问题调适·109

三、我信我能行
——考试焦虑问题调适·111

四、学习直通车
——学习拖延问题调适·113

本章重点·114

课后练习·115

第六章　情绪健康·117

第一节　读懂"我"心——情绪概述·117

一、多愁善感
——情绪的内涵及构成要素·118

二、心情色彩——情绪分类·120

三、心情"模样"——情绪的状态·121

四、幸福密码——情绪智力·121

五、心情保护伞——情绪的作用·123

第二节　阴晴不定的心
——大学生情绪发展·124

一、心情标志
——大学生情绪的特征·124

二、探索谜底
——情绪的生理和心理机制·125

三、心绪回声
——情绪对大学生的影响·126

第三节　不快乐的"我"
——大学生情绪问题·128

一、黑色情绪
——识别常见的消极情绪·128

二、心结根由——大学生情绪问题产生
的原因·132

第四节　成长法则——学会情绪管理·132

一、念由心生——认知调节·133

二、身体力行——生理调节·134

三、幸福的技巧
——具体的情绪调节技术·135

本章重点·140

课后练习·140

第七章　爱情与性·141

第一节　揭开爱情的神秘面纱
——爱情研究的主要理论·141

一、公听并观
——爱情研究的主要理论概述·142

二、完美关系的秘密
——爱情三角理论·144

三、"我"的亲密关系模板
——爱情与依恋·147

四、"来电的感觉"
——吸引力的法则·148

第二节　爱有悲欢离合
——探索爱情之旅·151

一、烟花易逝情见长
——如何经营爱情·151

二、爱与恨的交织
——解析爱情中的冲突与困扰·153

三、聚散各有道理
——从失恋中重生·156

第三节　灵与欲的结合——性心理与性生理
健康·158

一、爱情与性欲·158

二、面对性，男女的选择大不同·159

三、知、行、意的统一
——性心理健康与性态度·159

四、知艾防艾，共享健康
——性健康的知与行·160

本章重点·160

课后练习·161

第八章　压力管理·162

第一节　沉重的心绪——了解压力·162

一、知己知彼
——压力的定义及分类·163

二、双刃剑——对压力的科学研究·163

三、压力与健康·165

第二节　有迹可循——压力的规律·168

一、水滴石穿——压力带来的反应·168

二、追根溯源——压力产生的原因·169

三、深度解析——影响压力的因素·171

第三节　减压有方——压力管理与调适·173

一、拨云见日
——找到自己的压力来源·173

二、弹性应对
——压力之下的积极态度·174

三、绕过误区——改变认知策略·176

四、健康生活
——日常行为中的减压策略·178

本章重点·182

课后练习·182

第九章　危机应对·184

第一节　心临"薄冰"
——心理危机概述·184

一、是危险还是机遇
——危机与心理危机·185

二、复杂又多面
——心理危机的特点·186

三、普遍还是特殊
——心理危机的分类·187

第二节　慧眼识险
——大学生心理危机识别·189

一、不识庐山真面目
——心理危机如何发生·189

二、维特式烦恼
——大学生常见危机事件·191

三、揭开冰山的秘密
——心理危机的个体因素·192

四、凡事总有先兆
——心理危机的识别·194

第三节　化险为夷
——大学生心理危机干预·196

一、打开心门——自助与求助·196

二、赠人玫瑰，手有余香
——助人与转介·198

三、风雨过后是彩虹——危机后的应对
及自我照料·201

四、未雨绸缪——预防心理危机·203

本章重点·204

课后练习·204

第十章　人的毕生发展·205

第一节　毕生发展
——心理学家们这样说·205

一、毕生发展的主题·205

二、毕生发展的理论观点·206

三、毕生发展观的四种假设·208

第二节　毕生发展——生命的意义·210

一、人生的意义在于连接·211

二、缺失人生意义的三种状态·212

三、生命从何处获得意义·213

四、人生幸福——需要的满足·213

五、生命价值——波动影响·214

第三节　毕生发展——我的发展·215

一、进入大学了，我该怎么活·215

二、活着，
本身就是一种生命意义·216

三、我是否该"卷"起来·216

四、破局——专注当下·217

本章重点·218

课后练习·218

参考文献·219

第一章
健康概述

　　健康快乐、幸福美满是人们毕生的追求。对于个人而言，健康是享受幸福生活的前提，健康是"1"，其他的一切都是"0"。当你拥有"1"时，再加上好的工作、事业、生活等这些"0"，就会变成 100、1000、10 000……然而，当我们失去健康时，一切都将毫无意义。那么，什么是健康？如何科学、全面、深入地理解健康？心理健康又是如何与我们的幸福人生息息相关的呢？

 本章学习目标

　　（1）了解健康与心理健康的概念及标准。
　　（2）学会识别心理亚健康、心理问题、心理障碍。
　　（3）掌握增进心理健康的途径与方法。

第一节 | 从"心"开始——健康与心理健康

　　人们一直以来都在追求健康长寿。生理学家伊丽莎白等人总结出的长寿之道一度引起人们关注，即人活百岁，合理膳食占 25%，其他占 25%，而心理平衡的作用占到了 50%。随着社会的进步，人们愈加认识到：心理健康在个人的健康中占据非常重要的位置。

一、"天人合一"——健康新观念

（一）健康的定义

　　健康是什么？人们通常认为不生病就是健康，这其实是很片面的理解。1948 年世界卫生组织（World Health Organization，WHO）创立时在宪章中提出，健康不仅是没有疾病或虚弱现象，而且是一种躯体上、精神上以及社会上的完好状态。可见，衡量一个人健康与否，不仅要检查其躯体有没有疾病或虚弱现象，还要从主观和客观两方面测量其心理和精神状态是否良好，以及是否具备良好的社会适应能力。

　　这种新健康观念有力推动了医学的进步。美国精神病学和内科教授恩格尔于 1977 年在《科学》杂志上发表了题为"需要新的医学模式：对生物医学的挑战"的文章，批评了现代医学即生物医学模式的局限性，指出这个模式已经成为教条，并不能解释并解决所有的医学问题。为此，他提出了一个新的医学模式，即"生物 - 心理 - 社会医学"模式，这个模式对疾病由生物层次深入到了心理与社会层次。自此，人们对健康的理解日趋全面。

1989 年世界卫生组织又一次深化了健康的概念，认为健康应包括躯体健康、心理健康、社会适应良好和道德健康。这里的道德健康指能按照社会认可的道德行为规范准则约束自己及支配自己的思维和行为，不能损害他人利益来满足自己的需要，具有辨别真伪、善恶、荣辱、是非的能力。道德是人们共同生活及其行为的准则和规范，违反了这些准则和规范，人们的身心健康就会被损害。

（二）健康的标准

怎样衡量一个人是否健康，世界卫生组织给出了健康的 10 条标准。

（1）精力充沛，能从容不迫地应对日常工作和生活，不感到疲劳和紧张。

（2）积极乐观，勇于承担责任，心胸开阔。

（3）精神饱满，情绪稳定，善于休息，睡眠良好。

（4）自我控制能力强，善于排除干扰。

（5）应变能力强，能适应外界环境的各种变化。

（6）体重合适，身材匀称。

（7）牙齿清洁，无缺损，无痛感，无出血现象。

（8）头发有光泽，无头屑。

（9）反应敏锐，眼睛明亮，眼睑不发炎。

（10）肌肉和皮肤富有弹性，步伐轻松自如。

这 10 条标准，体现了健康所包含的生理方面、心理方面和社会方面的内容。围绕健康新概念，世界卫生组织于 1999 年提出了身心健康的新标准，即"五快"（机体健康）和"三良好"（精神健康）。

"五快"指吃得快、拉得快、走得快、说得快、睡得快。

"三良好"的含义如下。

（1）良好的人格，情绪稳定，性格温和，意志坚强，感情丰富，胸怀坦荡，豁达乐观。

（2）良好的处世能力，观察问题客观现实，具有较强的自控能力，能适应复杂的社会环境。

（3）良好的人际关系，助人为乐，与人为善，对人际关系充满热情。

二、达成共识——心理健康大家谈

（一）心理健康的定义

1948 年，世界卫生组织对心理健康的定义为人们在学习、生活和工作中的一种安宁平静的稳定状态。2001 年，世界卫生组织对心理健康的定义为一种健康或幸福状态，在这种状态下，个体得以实现自我，能够应对正常的生活压力，工作富有成效和成果，以及有能力对所在社会作出贡献。

从狭义上讲，心理健康是指人的基本心理活动过程完整、协调一致，即认知、情感、意志、行为、人格的完整和协调，能适应社会，与社会保持同步；从广义上讲，心理健康是指一种高效而令人满意的、持续的心理状态，表现为个人具有生命活力、积极的内心体验、良好的社会适应性，能够积极有效地发挥个人的身心潜力以及作为社会成员的社会功能。

（二）心理健康的标准

心理健康由于受社会、文化背景的影响，没有统一标准。但总的来说，心理健康对人的行为准则起主导作用，因此，心理健康的人大多都拥有美好的生活，他们能够善待自己，善待他人，适应环境，情绪稳定，人格和谐。

心理学先驱南希·麦克威廉姆斯创建并描述了一个精神健康的人具备的 16 个特质，如下。

（1）爱另一个人的能力。

（2）工作、创造和发明的能力。

（3）在某些时候玩耍、开玩笑和不严肃的能力。

（4）选择安全关系的能力。

（5）自主和自给自足的能力。

（6）在各种不同的表现中接受自己及其的能力。

（7）承受压力后恢复的能力。

（8）一种现实和稳定的自尊。

（9）有意识的价值体系的存在。

（10）能够体验任何情绪并忍受与此相关的压力。

（11）从外部看自己的能力。

（12）能够清楚地区分自己和他人。

（13）以灵活和适当的方式使用心理防御。

（14）自己和他人之间的平衡。

（15）感受活力的能力。

（16）接受自己无能为力的能力。

（三）大学生心理健康的标准

对大学生群体而言，心理健康有如下具体的标准。

1．合理的自我认知

合理的自我认知是指有正确、客观的自我观察、自我认定、自我判断和自我评价，能够恰如其分地认识自己，摆正自己的位置，既不以自己在某些方面高于别人而自傲，也不以某些方面低于别人而自惭，能够自我悦纳，喜欢自己，接受自己，自尊、自强、自制、自爱适度，正视现实，积极进取。

2．健全的意志品质

心理学认为，意志是人在完成一种有目的的活动时所进行的选择、决定与执行的心理过程。意志健全者在行动的自觉性、果断性、顽强性和自制力等方面都表现出较高的水平。意志健全的大学生在各种活动中都有自觉的目的性，能适时地运用切实有准备的方式解决所遇到的问题，在困难和挫折面前，能采取合理的反应方式，能在行动中控制情绪并言而有信，而不是行动盲目、畏惧困难、顽固执拗。

3．积极稳定的情绪

情绪是一种自然存在的感受，它包括积极情绪和消极情绪。情绪健康的标志是情绪稳定和心情愉快，包括：正面情绪多于负面情绪，乐观开朗，富有朝气，对生活充满希望；情绪较稳定，善于控制与调节自己的情绪，既能克制又能合理宣泄；在遇到挫折出现情绪波动后，能有效调控情绪，不使情绪失控，并能很快恢复到正常状态；情绪反应与环境相适应。

4．健全统一的人格

人格指的是个体比较稳定的心理特征的总和。健全统一的人格，即个人的所想、所说、所做都是协调一致的。这包括两方面内容：一是个体人格结构的各要素完整统一；二是个体具有正确的自我意识，不产生自我同一性混乱。健康的人格以积极进取的人生观作为人格的核心，并以此为中心把自己的需要、目标和行动统一起来。

5．和谐的人际关系

乐于与人交往，既有广泛而深厚的人际关系，又有知心朋友；在交往中保持独立而完整的人格，有自知之明，不卑不亢；能客观评价别人和自己，善取他人之长补己之短，宽以待人，乐于助人，积极的交往态度多于消极态度，交往动机端正。

6．良好的适应能力

能与客观现实环境保持良好接触，能接受和适应现实环境，在面对不理想的环境时，能够做到不抱怨、不逃避，以有效的办法应对环境中的各种困难；能根据环境的特点和自我意识的情况进行协调，或改变环境以适应个体需要，或改造自我以适应环境，从而能在各种环境中获得成长和发展。

阅读材料　　　　　　　　　　　**世界精神卫生日**

"世界精神卫生日"是由世界精神病学协会（World Psychiatric Association，WPA）在1992年发起的，时间是每年的10月10日。世界各国每年都为世界精神卫生日准备丰富的活动，包括拍摄、宣传促进精神发育健康的宣传片，开设24小时服务的心理支持热线，播放专题片等。以下是1996年至2023年世界精神卫生日的主题。

1996年："积极的形象，积极的行动"。

1997年："女性和精神卫生"。

1998年："人道主义和精神卫生"。

1999年："精神卫生和衰老"。

2000年："健康体魄＋健康心理＝美好人生"。

2001年："行动起来，促进精神健康"。

2002年："精神创伤和暴力对儿童的影响"。

2003年："抑郁影响每个人"。

2004年："儿童、青少年精神健康：快乐心情，健康行为"。

2005年："身心健康、幸福一生"。

2006年："健身健心，你我同行"。

2007年："健康睡眠与和谐社会"。

2008年："同享奥运精神，共促身心健康"。

2009年："行动起来，促进精神健康"。

2010年："沟通理解关爱·心理和谐健康"。

2011年："承担共同责任，促进精神健康"。

2012 年："精神健康伴老龄，安乐幸福享晚年"。

2013 年："发展事业、规范服务、维护权益"。

2014 年："心理健康，社会和谐"。

2015 年："心理健康，社会和谐"。

2016 年："心理健康，社会和谐"。

2017 年："共享健康资源，共建和谐家庭"。

2018 年："健康心理，快乐人生"。

2019 年："心理健康社会和谐·我行动——进校园，进家庭，进社区"。

2020 年："弘扬抗疫精神，护佑心理健康"。

2021 年："青春之心灵 青春之少年"。

2022 年："营造良好环境，共助心理健康"。

2023 年："促进儿童心理健康，共同守护美好未来"。

第二节 | "白天"与"黑夜"——心理健康的连续谱

心理健康是一种状态，更是一个过程，需要自我在平衡与失衡的交错中进行有效的调节，与现实环境保持动态和谐，进而追求成长与发展。因此，心理健康与不健康之间没有绝对的界限。

一、心理亚健康——心理健康的灰色地带

从心理绝对健康到严重的精神疾病是一个连续的谱系，其中间存在一个灰色地带，也就是心理亚健康地带。2018 年发布的《中国城镇居民心理健康白皮书》显示，我国 73.6%的人处于心理亚健康状态，存在不同程度心理问题的人有 16.1%，而心理健康的人仅占10.3%。世界卫生组织开展的一项全球性调查结果表明，全世界真正健康的人仅占 5%，患病的占 20%，而 75% 的人处于中间的亚健康状态。

处于心理亚健康状态的人，虽然各项体检指标均显示正常，没有明显的精神疾病和心理障碍，也无法证明其有某种器质性疾病，但与健康人相比却又显得状态欠佳，常表现为情绪低落、生活质量差、工作效率低、极易疲劳、反应迟缓、注意力不集中、记忆力减退、烦躁、焦虑等，许多人有食欲不振、失眠多梦、睡眠不佳、腰酸腿疼、疲劳乏力等不适。美国心理学家梅尔杰斯认为心理亚健康者的心理画像是情绪低落、自卑失助、放任冲动、角色混乱。

当我们发现自己处于心理亚健康状态时，可以做以下 5 方面的调整。

（1）培养积极的生活态度，乐观处事。

（2）善待自己，享受工作与生活。

（3）加强运动，改善代谢。

（4）多听音乐，放松身心。

（5）维持良好的睡眠，减轻身心疲劳。

心理测试

评估心理亚健康的严重程度

下面是一份用于社区人群筛查和评定的自评问卷，已经过国内大量研究者使用及验证，适用性强。请大家根据自己的实际情况如实回答下面12道题（每道题目，从"是"和"否"中选择一项）。

① 你是否干什么事情都不能专心？ 是　否

② 你是否因心烦而睡眠很少？ 是　否

③ 你是否感到在各种事情上都不能发挥作用？ 是　否

④ 你是否对一些问题没有能力做出决断？ 是　否

⑤ 你是否总是处于紧张之中？ 是　否

⑥ 你是否感到无法克服困难？ 是　否

⑦ 你是否不能从日常生活中感到乐趣？ 是　否

⑧ 你是否不能面对困难？ 是　否

⑨ 你是否感到不高兴和心情压抑？ 是　否

⑩ 你是否对自己失去信心？ 是　否

⑪ 你是否认为自己是无用的人？ 是　否

⑫ 你是否感到所有的事情都不值得高兴？ 是　否

结果分析：上述每道题回答"是"的得1分，回答"否"的不得分。当总分等于或大于4分时，说明你处于心理亚健康状态，总分越高，表示心理问题越大。

二、心理问题——心灵的"感冒"

每个人在人生发展的特定阶段，都会遇到一些事情让自己产生不良情绪或心理上的困惑，从而出现心理问题。心理问题是正常心理活动中的局部异常状态，不存在心理状态的病理性变化，具有明显的偶发性和暂时性，常由一定的情境诱发，脱离该情境，个体的心理活动完全正常。但是，心理问题的影响也不容忽视，如果没能及时引导就很容易导致心理疾病甚至引发精神疾病。

大学生常常由于环境的改变和情感的挫折产生困惑，有时陷入难过、悲伤、愤怒、无助等情绪，主要症状表现为情绪处于不良状态，一般不良情绪不超过两个星期。以下是大学生容易出现的心理问题。

1. 适应问题

适应问题在大一新生中表现比较明显。每个人的家庭环境、教育环境、成长经历、学习基础等方面都存在很大差异。新生的自我认知、人际交往、生活环境等都面临一次全新的改变，需要自我调整与适应。对很多大一新生来说，这是第一次离家生活，大学生的自理能力、适应能力和自我调整能力不足，生活适应方面仍存在问题。大学的学习任务、环境、方法都发生了很大变化，与中学有很大区别，所以很多学生刚进入大学时不能快速适应，包括不知如何安排学习时间、不知如何设定学习目标，造成学习成绩下滑等，从而给大学生造成一定的心理困扰。

2. 人际交往问题

人际关系问题是高校心理咨询中的三大主要问题之一（其他两项是情感问题和学业问题）。大学生有强烈的交往需要，渴望更多的人能理解自己、接近自己，成为自己的好朋友。然而，每个人的生活习惯、性格、爱好不同，大学生面临的人际环境也比以前复杂，加上一些大学生害羞、恐惧、自卑，交际能力、表达能力较弱，导致他们不知道该如何与人交往，甚至害怕交际，在人际关系方面产生挫折感。

3. 情感问题

大学阶段是个体的性生理和性心理发展接近成熟的阶段，大学生自然会产生对爱情的憧憬和向往。但是由于大学生在恋爱观、道德观和自制力等方面还很不成熟，因此他们恋爱的成功率很低，较常见的是失恋和单相思。对大学生而言，恋爱关系不单是一种人际关系，也是实现自我价值和获得自我认可的基础。失恋影响的不仅仅是感情，更多的是自信心，因而容易产生心灰意冷、郁郁寡欢等消极情绪，影响正常的学习和生活。

4. 学业问题

一些学生在中学非常优秀，但是一进大学后发现自己原来很普通，甚至发现自己不如其他同学，优越感的丧失使一部分大学生无法适应。与此同时，一部分学生考入大学感到如释重负，因而即使感受到了竞争的危机、就业的压力，也提不起努力学习的劲头。学业受挫会使大学生产生自卑、焦虑、沮丧等情绪，若不能适时解决就会出现严重的心理问题。

5. 经济压力问题

大学生来自全国各地，家庭的经济情况各不相同，有些大学生的家庭经济情况良好，而有些大学生则存在经济压力，生活较为拮据。一些贫困大学生可能产生自卑情绪，常常会感到心情忧郁、烦躁不安，严重的会出现学习成绩下降、人际关系变差的情况。如果不及时调整，很可能会产生严重的心理问题。

6. 就业择业问题

高年级的大学生面临竞争激烈的就业问题，很可能在就业择业方面出现心理冲突。经过4年的刻苦努力和不懈奋斗，大学生都希望能找到一份比较满意的工作。但是用人单位在聘用人才方面的要求也越来越高，越来越注重大学生理论与实践结合的能力。而一些大学生由于在校期间缺乏必要的社会实践，实际动手能力不强，同时还要求用人单位能给予较理想的薪资水平、良好的工作环境，就业难以达到预期。恐惧、焦虑、烦躁打破了大学生的心理平衡，容易使他们对生活缺乏信心，对前途失去希望，对处境无能为力。

三、心理障碍——心灵的"至暗时刻"

 阅读材料　　　　　　　　　　　　　**痛苦的小凡**

小凡，女，21岁，大三学生，以往性格温和，学习成绩良好，喜欢美食和动画片，人际关系正常。大二下学期开始，小凡变得落落寡合，不愿意与同学们交往，上课容易走神，无心学习。最近一个月情况愈发严重：情绪持续低落，常常独自发呆或莫名其妙落泪，入睡困难，每天早晨4点就醒，醒后感觉特别难受，晚上有所缓解。食欲下降，体重下降，每天都感到疲倦乏力，也没兴趣看动画片；感觉生活没有意义，自己没有活着的价值，有自杀的想法。

7

小凡的痛苦起源于专业选择。小凡喜欢社会学科，但父母认为学习工科专业好找工作，替她选择了信息技术专业。上大学后，小凡感觉对专业学习没有兴趣，学习起来也很吃力。大一下学期她提出想转专业，父母强烈反对。大二开始小凡的成绩越来越落后，逐渐演变成现在的情况。

心理点评：小凡存在典型的抑郁症状，突出表现为持久的情绪低落、活力和兴趣的丧失、明显的躯体不适，以及认知上的悲观。出现这种症状，既有现实事件的原因，也有小凡个体身心素质的原因。小凡目前，急需寻求专业的帮助。

（一）认识心理障碍

心理障碍是指个体在生理因素（如大脑结构或功能异常）、心理因素（如长期的心理压力、创伤经历）、社会因素（如家庭环境、文化背景、人际关系）的影响下，出现了认知、情感或行为上的异常状态，且这种状态达到了医学诊断的标准。根据其严重程度可以分为心理疾病和精神病。神经症、人格异常和性心理障碍等轻度失调的情况属于心理疾病；人脑机能活动失调，丧失自知力，不能应付正常生活，不能与现实保持恰当接触的严重的心理障碍叫作精神病。

如何判断一个人是否有心理障碍呢？可依据以下 6 个基本元素进行判断。

1．痛苦

有心理障碍的人通常是痛苦的。一个强迫症患者可能会一天洗上百次手，尽管他自己也认为完全没有必要，这样的冲突让他焦虑而痛苦；一个抑郁症患者通常会睡不着、吃不下，对生活的一切失去兴趣，对未来充满绝望。

2．社会适应不良

几乎所有的心理障碍都会导致适应问题，甚至严重影响正常生活、工作和学习。例如，一个抑郁症患者通常无精打采、情绪低落、自怨自艾，不能完成任何工作；一个社交恐惧症患者难以应对正常的人际环境，逐渐失去与人交流的能力。

3．行为不合理

通常人们都能对他人的行为进行合理的解释，当某人的行为怪异到无法理解时，需要考虑其是否具有心理障碍。例如，一个精神分裂症患者会告诉别人，他具有超自然的力量，他一手制造了太阳，也可以一手毁灭太阳，在讲述的时候，他煞有介事，脸上带着神秘的笑容。像这种很难用正常方式进行解释的想法和举动，一般会被视为妄想症状。

4．不可预知性和失去控制感

一个心理稳定、情绪健康的人在不同时间、不同情境下都会表现出平静稳定、从容淡定的特点，其行为是可预知和可控的。而一个边缘型人格障碍患者会经常处于失控的状态，表现出极不稳定的行为，这种情绪和行为的迅速变化令人难以预测。

5．少见和非传统

有些心理障碍患者表现出来的行为是少见的和非传统的。当然，少见和非传统有时也是他人无权干涉的个人特质，或许只是有些古怪，不能一概而论，认为都是心理障碍。

6．旁观者不适

心理异常者的行为方式可能会影响旁观者的感受。例如，一个反社会人格障碍患者表现出来的攻击、敌意会让周围的人很不舒服；一个躁狂症发作的患者整夜不睡，通宵高歌，会严重影响他人休息。

在这里，有必要做一个预先警告：在学习心理障碍知识的过程中，有些大学生容易把某些症状与自己联系起来，并得出自己也患有某种心理疾病的结论，这是一个不太好的做法，对自我的心理健康具有极为消极的影响。事实上，心理正常和异常没有明确的界限，即使一个心理健康的人也会有类似异常心理的体验，例如，遭受挫折时，可能会抑郁、焦虑，甚至绝望；在极端疲惫时，可能出现幻觉等。这其实是大多数人都有的经历，与病理化的心理无关。

👁 阅读材料　　　　　　　**10 种正常的心理异常现象**

精神正常并不意味着没有一点问题，正常人也可能出现短暂的异常现象，这并不能被贴上精神病的标签。判断是否为正常的心理异常现象的关键是，这些症状的产生背景、持续时间、严重程度以及对个体和环境的不良影响如何。以下为常见的 10 种正常的心理异常现象。

（1）类似歇斯底里现象

类似歇斯底里现象多见于妇女和儿童。有些女性可能在特定情境下有大喊大叫、撕衣毁物甚至威胁自杀的行为。儿童可能有白日梦、幻想性谎言表现，把自己幻想的内容当成现实。这是中枢神经系统发育不充分、不成熟所致。

（2）焦虑反应

焦虑反应是人们适应某种特定环境的一种反应方式，但正常的焦虑反应常有其现实原因（现实性焦虑），并会随着事件结束而很快缓解，如面临高考产生的焦虑。

（3）疲劳感

人产生疲劳感通常有相应的原因，且持续时间较短，没有明显的睡眠和情绪改变，经过良好的休息和适当的娱乐即可消除。

（4）偏执和自我牵连

任何人都有自我牵连倾向，即假设外界事物对自己影射着某种意义，特别是对自己有不利影响。如走进办公室时，人们停止谈话，这时往往会怀疑人们在议论自己。这种现象通常是一过性的，而且经过片刻的疑虑之后就会省悟过来，其性质和内容与当时的处境联系紧密。

（5）恐怖

有些人站在很高但很安全的地方时仍会出现恐惧感，有时也会想到会不会往下跳，甚至想到跳下去是什么情景。这种想法一般很快能够得到纠正，属正常现象。

（6）疑病现象

很多人都将身体轻微的不适现象看成严重疾病，反复多次检查，特别是当亲友、邻居、同事因某病早逝或意外死亡后容易出现疑病现象。但检查并排除相关疾病后若能接受医生的劝告，则属正常现象。

（7）强迫现象

有些脑力劳动者，特别是办事认真的人，会反复思考一些没有必要的事，如是不是得罪了某个人、门是否锁好等。若持续时间不长，则不影响生活和工作。

（8）自笑、自言自语

有些人在独处时自言自语甚至边说边笑，但有客观原因，能选择场合，能自我控制则属于正常现象。

（9）幻觉

正常人在迫切期待的情况下，可听到"叩门声"或"呼唤声"。经过确认后，自己意识到是幻觉，医学上称之为心因性幻觉。正常人在睡前和醒前偶有幻觉体验，不能视为病态。

（10）错觉

正常人在光线暗淡、恐惧紧张及期待等心理状态下会出现错觉，但经重复验证后可迅速纠正，不能视为病态。

（二）大学生常见心理障碍

大学生常见的心理障碍主要指各类神经症，是临床上常见的心理障碍，大多是由心理因素引起的身心过度紧张，致使大脑机能失调的一组精神障碍。一般18～30岁的青年人出现这些情况大多数是在面对日常生活中的问题时，由于过去不良的学习经验的影响而产生的持续性负面情绪。

1. 焦虑症

焦虑症是一种常见的神经症，在大学生中发生频率较高。其主要特点为慢性（至少持续一个月）、弥漫性的焦虑和惊恐，偶尔还会出现严重的急性焦虑体验。但不论是急性的还是慢性的焦虑体验都不是来自某种具体的威胁，因此，这种顽固的焦虑又被称作"游离性焦虑"。

有焦虑症的人一直生活在紧张、忧虑和惊恐不安的状态中，他们对人际关系非常敏感，情绪变化剧烈，常因一些细小的事情而使自己的情绪变坏；给人的印象是易激怒、不耐烦，厌烦人多的场合，跟谁都处不好。同时，他们还难以集中注意力，难以做决策，即使做出决策后仍对可能会出现的差错过分关注，担心因此招来大祸；而且一旦某件担心的事情过去后，他们很快会担心别的问题。正是他们的这些恐惧和幻想以及过分的敏感使他们一直处于不能放松、失望和不满的状态，即使是要睡觉时，他们仍不能从白天的忧虑中解脱出来。他们通常会反复回忆各种目前的或过去的、真实的或想象中的失误。另外，他们的紧张还反映在躯体的运动姿势刻板、精神活动紧张等方面，故他们常肌肉紧张、尿频、失眠、做噩梦以及毫无原因地感到胸闷、呼吸困难、心跳加快等。

有时，在一般的焦虑症中会伴有急性的焦虑出现。这种急性的焦虑又叫惊恐发作，通常在没有任何明显诱因的情况下突然发作，发作的严重程度也不同。虽然症状表现因人而异，但通常情况下惊恐发作者都会感到莫名的恐惧紧张，有一种濒死的感觉，并伴有心悸、呼吸困难、头昏、昏厥、震颤、多汗、尿频等表现。惊恐发作持续几分钟到几小时，常常自行终止，但可能再次发作。

患有焦虑症的人，性格多胆小怕事，做事瞻前顾后，犹豫不决，对新事物、新环境的适应能力差。另外，焦虑症患者的焦虑水平还与他们对伤害的不现实的期望和幻想有关。美国心理学家贝克等人研究发现，焦虑症患者所期望或预测的伤害越严重，他们的焦虑水平就越高。这些伤害，如遇上事故、生病、受到人身伤害、失败、被人侮辱或拒绝等，虽然这些伤害并不一定是现实存在的，但它们隐现于焦虑症患者的幻想和期望中，对他们产生影响，使他们感到一种莫名的恐惧和恐慌。

2．强迫症

强迫症是一种以强迫观念和强迫动作为特征的神经症。其特点是某种观念、情感、意向或行为经常反复出现，虽明知不合理，但又不能控制；患者由于无法摆脱，而情绪焦虑、心情痛苦。

强迫症有很多表现。如一名大学生，他的头脑一刻也不闲着，总是不由自主地闪现出某些歌词，萦绕不散，想摆脱又不能，严重地影响了学习。又如另一名大学生，做每件事情之前，总要思考先做什么，再做什么，最后做什么。想好之后，再从头至尾想一遍。中间哪一个环节错了，必须从头再来一遍，这样循环往复，无休止地想下去。这都是强迫性思虑的表现。强迫症也会表现为强迫性行为，即怀疑自己做过的事没有做好，虽然反复检查仍然不放心，如门窗或抽屉明明锁得好好的，却怀疑没有锁牢，因而反复开关锁等。

在现实中，强迫症不大容易被社会理解，许多强迫症者内心很痛苦，可别人却不能理解他们，以为他们是"乖僻""有怪毛病"。而有的强迫症者不愿意求诊，他们以为靠自己的意志可以控制症状的发生，殊不知，越控制，越严重。所以，加强大学生对强迫症的认识是很有必要的。

3．恐惧症

在通常情况下，从高楼往下望，会产生跌下去的恐惧感，这几乎是每人都有的；夜晚走夜路，穿行荒野，会产生对黑暗的恐惧，这也是可以理解的。而有些人则会产生不合情理的恐怖感，以致影响学习、工作和生活，那就是得了恐惧症。例如，有人怕刀，既不敢看又不敢碰，甚至连画中的刀也害怕，听到刀这个字都会心惊胆寒，这种就是患有恐惧症。

恐惧症的心理反应多种多样，常见的有社交恐惧、空间恐惧和不洁恐惧等。

社交恐惧是一种由于害怕在众人面前出现而罹患的社交障碍。社交恐惧者不敢到公共场所是因为害怕自己因发抖、脸红、出汗、行为笨拙、拘束和怯懦而引起别人的注意。严重的不敢与亲人接近，甚至不敢和家人一起吃饭。

空间恐惧如旷野恐惧、幽闭恐惧和高空恐惧之类，指对特定的空间场所产生恐惧情绪，并伴有强烈的焦虑和不安。

不洁恐惧又叫清洁癖。有洁癖者总怕有脏东西污染自己或通过自己传染给亲人。他们不敢出门，怕出门碰上脏东西；不敢上街，怕走在街上碰到衣着不洁的人；洗衣服要反复搓洗，总怕洗不干净；洗手洗脸不敢用毛巾擦等。

恐惧症的诊断有两大特点：一为强迫性，二为有特定的对象。在不具备恐惧条件的时候，一般精神表现是正常的。如果某人对某物的恐惧让人觉得过分或小题大做，明知不该怕却又不由自主地颤抖，那么他就应该去寻求心理咨询和治疗了。

4．抑郁症

抑郁症是一种以持久的心境低落状态为特征的神经症，并常伴有焦虑、躯体不适感和睡眠障碍。日常表现主要为心情不畅，消沉沮丧；对工作学习没有兴趣，没有热情，缺乏信心；对未来悲观失望，常感精神不振、疲乏；有些人还有轻生的念头。这些抑郁情绪常随时间、地点和兴趣的不同而有所改变，波动性大。尽管如此，抑郁症患者的工作、学习和生活并无明显异常，所以他们往往能与环境保持良好的接触，人们常不认为是抑郁症。另外，抑郁症患者还会伴有躯体症状（如头痛、背痛、四肢酸痛）及植物性功能障碍（如胃部不适、腹泻、便秘、失眠等），但常不能查出相应的器质性病变。

生活中，抑郁症患病率较高，在发病前多能找到一些诱导因素。如生活中的不幸遭遇；

学习或工作中遇到重大挫折和困难；在公共场合自尊心受到伤害等。另外，抑郁症的发生与性格有一定的关系，如自尊心很强的人在受到挫折后，很容易产生自卑心理而发病；或者性格不开朗，多愁善感、好思虑、敏感性强和依赖性强的人，在精神因素的作用下，也容易得抑郁症。

大学生得抑郁症还可能受到以下两方面因素的影响：一方面，他们对社会有各种强烈的需求，极力想表现自己的才能；另一方面，他们对社会的复杂缺乏认识，对自身行为的合理性和可能性了解得不够深刻，加上人生观、价值观尚未稳定建立，对挫折的承受能力与心理防卫机能不成熟、不完善，因而很容易表现出抑郁的情绪。

视频

心理剧《谁在倾听》

5. 疑病症

疑病症又称疑病性神经症。患者担心或相信自己患有一种或多种严重的躯体疾病，并常觉得自己某些躯体或内脏器官有不舒服的感觉，反复就医，多次检查，均不能发现有相应的器质性病变，但仍不能打消顾虑，从而出现焦虑、紧张情绪和强烈的求治愿望。

一般来说，疑病症有两种表现：一种为疑病感觉，即感觉身体某部位异样、疼痛或对某部位的敏感度增加，进而疑病或过分关注；另一种为疑病观念，即患者认为自己得了某种疾病，虽然他本人也确信实际上并不存在，但仍要求做各种检查，尽管检查正常，但医生的解释与保证并不足以消除其疑病观念，患者仍认为检查可能有误，于是担心、忧虑、惶惶不安，焦虑苦恼。

疑病症的发生与一些心理社会因素有关，如家庭变故、朋友交往减少、孤独、生活的稳定性受到影响、缺乏安全感等，都有可能成为发病的诱因。有一部分人患病有医源性因素，如医生不恰当的言语、态度和行为引起患者的多疑；或者医生做出诊断不确切，反复令患者做检查，造成患者产生怀疑患有某种疾病的信念。另外，个人的性格在一定的程度上也可以影响病症的发作。有研究发现，疑病症患者的性格多为谨慎、敏感、多疑，对身体和健康过分关注，要求十全十美，如稍有不适，便反复思考是否患有某种疾病，并将一些道听途说的情况联系起来作为自己的症状；他们往往富于联想，又容易接受暗示，从而容易形成疑病观念。

四、秘境探寻——心理障碍形成的原因

由于人的心理健康是具有相对独立性质的极为复杂的动态过程，因而影响心理健康，造成心理障碍的因素也是复杂多样的。从性质来说，各种制约因素主要有生物遗传因素、心理环境因素和社会环境因素。从功能来说，各种影响因素可以分为本体因素与诱发因素两大类。

本体因素是一个人心理健康状况发生变化的内因，而诱发因素则是产生变化的外因。诱发因素通过本体因素而发生作用，它决定人的心理健康状况变化的现实性。例如，紧张的学习生活，对心理功能状况良好的大学生来说，会激发学习热情，使其投入更多的学习时间，而对心理功能状况较差的大学生来说，有可能引起过度焦虑，导致形成心理障碍。

（一）本体因素

本体因素是个体自身所具有的一种内在的、主观的因素，主要包括个体的生物遗传因素和心理活动因素。

1. 生物遗传因素

生物遗传因素主要包括遗传因素、病菌或病毒感染、脑外伤或化学中毒，以及严重躯体疾病或生理机能障碍等。

（1）遗传因素

通常，人的心理活动是不能遗传的。但是，一个人受遗传因素的影响很大，特别是一个人的躯体、气质、智力、神经过程的活动特点等，受遗传因素的影响尤为明显。根据调查和临床观察，在精神病患者的家族中，患精神发育不全、躁狂抑郁症等或有异常心理行为的人占相当大比例。例如，对躁狂抑郁症和精神分裂症患者亲属的患病率的调查数据显示，精神疾病发病的原因确实与血缘有明显关系，血缘关系越亲近，患病率越高，而这正是遗传因素的影响。

（2）病菌或病毒感染

临床研究证明，中枢神经系统的传染病，如斑疹伤寒、流行性甲型脑炎等，由于病菌、病毒损害神经组织结构可能会导致器质性心理障碍或精神失常，从而阻抑心理的发展，造成智力迟滞或痴呆。

（3）脑外伤或化学中毒

由种种原因造成的脑震荡、脑挫伤等，都可以导致意识障碍、健忘、言语障碍及人格改变等心理障碍。另外，由于有害化学物质侵入人体，毒害中枢神经系统，如酒精中毒、食物中毒、煤气中毒、药物中毒等，也可导致心理障碍或精神失常。

（4）严重躯体疾病或生理机能障碍

这方面的影响也是造成心理障碍和精神失常的原因之一。例如，内分泌机能障碍中，最突出的如甲状腺机能混乱、机能亢进时，往往出现敏感、暴躁、易怒、冲动、自制力减弱等心理异常情况；肾上腺素分泌过多会引起躁狂症，而肾上腺素分泌不足则可能导致抑郁症等。

2. 心理活动因素

心理活动即心理状态。个体的心理状态一旦形成，就会影响以后自我的心理发展和变化。心理活动因素主要包括认知因素、情绪因素和个性因素等。

（1）认知因素

人类个体的认知因素涉及的范围极广，主要有感知、注意、记忆、想象、思维、言语等。这些认知因素自身的发展和各认知因素之间的关系可能是协调的，也可能是不协调的。一旦某一认知因素发展不正常或某几种认知因素之间的关系失调，就会产生认知矛盾和冲突。这种矛盾和冲突，会使人感到紧张、烦躁和焦虑，于是人会想极力减轻或消除这些感受。

认知因素之间的失调程度越严重，则人们期望减轻或消除失调、维持平衡的动机也就越强烈。如果这种需求和动机长时间得不到满足，则可能产生心理偏差或心理障碍。认知的严重失调，还会损坏人格的完整性和协调性，甚至导致人格变态。

认知，尤其是自我认知是影响个体心理健康的重要因素。人们对自身错误的、片面的认识，会深刻影响和改变着他们对外界的感知。

（2）情绪因素

人的情绪体验是多维度、多成分、多层次的。它是一个人生存和社会适应的内在动力，是维持身心健康的重要因素。

一般来讲，稳定而积极的正向情绪状态，使人心境愉快、安定、精力充沛、身体舒畅、有力；相反，经常波动而消极的负向情绪状态，则往往使人心境压抑、

焦虑、精力涣散、失控、身体衰弱、无力。因此，培养良好的正向情绪，调节不良的负向情绪，有益于人们的身心健康。

（3）个性因素

个性因素也称为人格因素。个性因素包括性格、气质、能力和个性倾向性等因素。个性因素是心理活动因素的核心，它对一个人的心理健康影响最大。例如，同样一种生活挫折，对不同个性的人，其影响程度完全不同。有的人可能无法承受，或消极应付，从此自暴自弃；有的人则可能接受现实，正视挫折，加倍努力，奋发图强。研究表明，特殊人格特征往往是导致相应精神疾病，特别是神经官能症的发病基础。例如，谨小慎微、求全求美、优柔寡断、墨守成规、敏感多疑、心胸狭窄、事事后悔、苛求自己等强迫性人格特征，很容易导致强迫性神经症；再如，易受暗示、耽于幻想、情绪多变、容易激惹、自我中心、自我表现等特殊人格特征，很容易导致癔症。因此，培养健全的人格，是保持身心健康的关键因素之一。

（二）诱发因素

诱发因素是直接引起心理问题的外在的、客观的因素，主要包括家庭因素、学校因素和社会因素。

1．家庭因素

国内外大量研究表明，不良家庭环境容易造成大学生的心理行为异常。这些因素包括家庭主要成员变动，如父母死亡、父母离异或分居、父母再婚等；家庭关系紧张，如父母关系、兄弟姐妹关系不和谐，家庭情感气氛冷漠、矛盾冲突频繁等；家庭教育方式不当，如专制粗暴、强迫压服，或溺爱娇惯、放任自流等；家庭出现变故、意外事件等。

从弗洛伊德强调的"0～6岁决定人的一生"，到现在的依恋理论，原生家庭和早期成长经历及关系的重要性一直被强调。父母或代替父母功能的养育者的人格、语言、情绪、教养态度等对孩子的个性塑造、生活习惯和行为的养成都有直接或间接的影响。例如，一些家长在教养方式上会采用简单、粗暴的传统的家长制手段。这种消极的教养方式，容易使子女形成敏感多疑、自卑易怒、抑郁焦虑、偏执敌对等不健康的品质。

2．学校因素

大学教育相对宽松，但若遇到教师教学方法不当、师生情感对立、同学关系不和谐等情况，都会使大学生感到压抑、精神紧张、焦虑，如不及时调适，就会造成心理失调，导致心理障碍。

3．社会因素

社会因素主要包括政治、经济、文化教育、社会关系等，这些因素对一个人的生存和发展起着决定作用。紧张的生活节奏和学习压力会使一些大学生精神压抑、身心疲惫。这同时也使大学生在心理上产生了诸多矛盾，使一些大学生的人格弱点逐渐显现出来，形成心理疾患。

总之，上述各种因素是相互作用的，共同影响大学生的身心健康。

第三节　疗愈受伤的"心"——维护心理健康的途径

心理健康的人不仅能积极调节自己的心理状态，以轻松快乐的心情适应环境，同时能有效、富有建设性地发展和完善人生，使生命的价值得到更好的体现。因此，大学生应该学会运用相应的心理学方法，指导和调整自己的心理活动和生活秩序，以使自己对环境更加适应并使自身更好地发展。

一、自力更生——自我心理调节

心理调节是通过正确地认识和评价个人所处的环境，尽力消除那些不愉快的心理刺激，理智接受非个人能力能改变的现实，从而良好地适应，并使情绪积极而稳定，保持自我意识良好、身心健康。学会掌握自我，控制和调节情绪，对适应社会发展、维护身心健康是至关重要的。

（一）心理调节方法

1. 暗示

心理学研究表明，暗示对人的心理活动和行为具有显著的影响，内部语言可以引起或抑制不好的心理和行为。通过内部语言来提醒和安慰自己，如提醒自己不要灰心、不要着急等，以此来调节情绪并缓解心理压力。

心灵夜话

爱自己

2. 回避

回避即通过转移注意力，尽可能地躲避一些会引起心理矛盾的外部刺激。比如大学生一次考试没有考好，往往后悔当时自己疏忽大意，这时就可以适当地与朋友聊天、听音乐或参加体育活动，把自己的注意力从考试失利的阴影中转移开。

3. 变通

变通即通常说的将恶性刺激转变为良性刺激，大学生可以用"酸葡萄"效应与"甜柠檬"效应，使自己的内心获得平衡，目的是为自己减轻压力，缓解紧张情绪。"酸葡萄"效应是说希望达到的目的没有实现，于是心里产生否定该目的的价值的想法。"甜柠檬"效应是说未达到预期目标便提升现状的价值或意义。

4. 转视

转视即换个角度看问题，从不同的角度看问题得出的结论是不一样的，也就是"横看成岭侧成峰"。当然客观现实的一些外部刺激并不是都可以无视、回避甚至淡化的，因为事物通常有积极和消极两方面。面对同样的现实问题或情景，从不同的角度看待可能会产生不同的情绪体验，积极的情绪体验可以使我们走出困境，消极的情绪体验则会让我们陷入心理困境。

5. 升华

升华就是应用积极的心理认知机制将挫折转变成财富，即人们通常所说的"失败乃成功之母"。心理升华法是大学生克服消极心理的有效途径，这种方法选择了一种积极向上的、高层次的心理认知来代替已有的心理认知，同时不损害他人和社会的利益，有效地改变当前消极的心理状态。从失败中总结经验教训，并将其转化为某种积极因素，然后奋发图强。

6. 补偿

补偿从广义上讲就是以成功的行动替换原来失败的行动，或对原来行动的不足之处加以补充，使之完美。确切地说，补偿即指个人由于生理上的伤残或其他方面的不足给精神上造成很大的痛苦，感觉低人一等，从而奋发图强，发挥个人其他方面的优势，使一定的能力缺陷由其他高度发展的能力弥补，这就是心理学上所说的补偿作用。比如，有一位学生，成绩虽好，但语言表达能力不行，又不善唱歌跳舞，这时他就可以发挥自己学习上的优势，实现自己的价值和目标。

7．宣泄

宣泄就是将积压在心里的消极情绪发泄出来，一般有4种方式：一是写出来，就是拿一张纸、一支笔，把自己内心的想法，无论对与错，毫无保留地写下来，再逐条思考，仔细想一下是否值得为其伤心；二是痛哭，人在遭受重大感情创伤时，痛哭是一种非常有效的宣泄方式；三是倾诉，就是把自己的烦恼向朋友、同学、家人、老师倾诉，以得到更多的情感支持和理解；四是参加体育活动，这也是有效的宣泄途径。

同时，大学生应当避免采用不当的宣泄方式：一是不要把怒气闷在心里，生闷气；二是不要把怒气发泄到别人身上，影响彼此的感情；三是不要大叫、大闹、摔东西。这些方式不但解决不了问题，反而会使问题进一步恶化，给自己和他人带来更大的烦恼。

（二）保持健康的情绪

1．学会微笑

微笑是一种无形资产，对身心健康大有裨益。人的面部表情与人的内心体验是一致的；没有信心的人，经常愁眉苦脸、无精打采、眼神呆板；一个自信的人，眼睛炯炯有神，满面春风，充满朝气。微笑是人快乐的表现，能使人心情舒畅，振奋精神，也能使人忘却忧愁、摆脱烦恼。这是个既简便又有效的方法，大学生长期坚持微笑并形成一种习惯后，就会感到内心充满力量与信心，生活也会充满生气与激情。

2．多想愉快的事情

每个人都有开心或不开心的时候，每个人都有成功或不成功的经历。成功可以增强大学生的信心，多想想成功和快乐的事可积蓄力量，也为下次的成功奠定基础。

3．调节语言

语言是人类交际的工具，也会对人的情绪产生影响。语言可以引起人们愉快的情绪，也可以引起人们悲伤的情绪，即使是不出声的心理语言暗示也会达到调节情绪的作用。在紧急情况下，心里反复暗示自己"镇静"，情绪大多会慢慢平静下来；在愤怒或刺激的情况下，要暗示自己"息怒"；在急躁时，要暗示自己要"平静"。有时候，大学生总会受到外界环境的刺激从而产生消极情绪，这时要学会根据具体情况采用不同语言来调节自己的情绪，以尽快调节消极情绪。

4．欣赏音乐

积极健康的音乐能陶冶人的情操，调节人的情绪，对人的意志培养将起到积极作用。当遇到困难或挫折时，难免会丧失信心、情绪低沉，这时建议大学生欣赏一首美妙的乐曲，它会帮助人振作精神，重拾信心。如《田园交响曲》《蓝色的多瑙河》《欢乐颂》等交响乐，能激发人热爱生活、热爱大自然，从心理上战胜自我，走出低潮。

5．想象

有自卑感的大学生通常认为自己在学习、工作、生活中一无是处，过于低估自己的能力，久而久之变得越来越没信心，越来越没精神。这时大学生要通过积极的心理暗示克服这种心理状态。时刻以李白那句"天生我材必有用"提醒自己要树立信心，增强自信心，要相信自己，想象自己与大自然相处融洽和谐的情景并沉浸其中，自得其乐，想象自己这时正赤足行走在海边的沙滩上，在想象中彻底放松，紧张等随之消失，从而达到调节情绪的目的。

6. 深呼吸

深呼吸有助于大学生放松身心，当出现紧张、焦虑、忧愁等消极情绪时，大学生可以进行深呼吸，调节身心。大学生可以轻轻闭上眼睛，心里暗示"安神养气"，缓慢吸气做深呼吸，呼气比吸气要慢、长，反复深呼吸会使整个身心得到放松。

7. 冥想

大学生可以通过各种实物发挥自我想象和自我暗示的能力，具体做法如下。

（1）凝视手中的实物（以香蕉为例），仔细观察它的形状、颜色、纹理等；然后轻轻触摸它的表面，看它的光滑或粗糙程度如何；再闻闻它有没有什么特殊的气味。

（2）闭上眼睛，回忆或回味一下香蕉给你留下了怎样的印象。

（3）放松身心，排除一切杂念，想象自己钻进了香蕉里。想想里面是什么情况，里面和外边的颜色是否一样，然后再想象尝到了这根香蕉并记下它的味道。

（4）想象自己从香蕉内部走出来了并恢复了原样；记住刚才在香蕉里面所看到的、尝到的和感觉到的一切，然后做深呼吸6遍，慢慢数6下，睁开眼睛，感受轻松、清爽的感觉。

二、借水行舟——接受专业帮助

受遗传基因、社会家庭环境、个人性格等多种因素的影响，每个人对外在刺激和负面情绪的掌控能力存在差异。有人可以通过自我心理调节轻松化解问题，有人即便尝试多种方式也无法赶走"心魔"，影响工作、学习、人际关系等，甚至发展成焦虑、抑郁症等精神疾病。此时，需要格外注意并求助专业的心理工作者。积极求助本身就是一种能力，也是负责任、关爱自己、有智慧的表现。

心灵夜话

潜意识练习——
心灵花园

（一）心理异常，向谁求助

大学生出现心理困扰，可以向学校心理教育与辅导中心、专业的心理咨询机构和社会工作服务机构、医院的相关科室等寻求专业帮助。求助的内容包括专业评估和诊断、心理健康教育、心理咨询、心理治疗与药物治疗等。

要诊断心理疾病和精神疾病，必须去精神专科医院或综合医院专科门诊，由医生诊断，如若确诊，则应及时接受正规治疗。

（二）心理咨询的常见类型

1. 心理健康咨询

凡是因为某些社会性刺激而引起心理状态紧张，并且明确体验到躯体不适或情绪困扰的人，都是心理健康咨询的对象。心理健康咨询的内容大致如下。

（1）各种情绪障碍，如抑郁悲观、焦虑恐惧等。

（2）各种不可控制的思维、意向、行为、动作的解释。

（3）各类身心疾病，如冠心病、高血压、溃疡病、支气管哮喘等，以及性功能障碍。

（4）长期慢性躯体疾病，久治不愈，既对治疗不满意，又丧失信心，需要心理指导。

（5）精神病康复期的心理指导。

（6）对家庭中的心理求助者，应如何进行护理等问题。

2. 发展心理咨询

进行发展心理咨询主要是希望能提高生活质量，比如提高学习和工作能力、保持最佳工作状态、维护安宁的生活环境、协调家庭成员和社会成员的人际关系等。发展心理咨询，可以帮助人们调整内心世界，挖掘心理潜力，提高自我认识的能力。

大学生发展心理咨询常涉及以下内容：青春期身心发展的不平衡，社会适应问题，人际关系，两性交往与恋爱，性心理，成就动机与自我实现性问题，择业等。

（三）心理咨询有哪些形式

心理咨询有个体咨询与团体咨询。前者着眼于个人，后者着眼于团体，二者相辅相成，根本目的都是帮助个体自我发现、自我指导，以适应社会生活。

1. 个体咨询

个体咨询即一对一的咨询，着重帮助解决咨询者个人的心理问题。个体咨询一对一的设置，提供了一个可靠安全的环境，可使咨询者降低防御性，与咨询师建立彼此信任的关系。它为咨询师与咨询者提供了最大限度的个人接触的可能性。个体咨询有许多优越性。首先，咨询者可以进行充分详尽的倾诉，将自己心中的烦恼、焦虑、不安或困惑直接告诉咨询师，咨询师在耐心倾听的基础上，可以与咨询者进行磋商、讨论、分析和询问，这种形式更直接和自然。其次，个体咨询可以使咨询师对咨询者进行直接观察，有助于咨询师对咨询者的个性、心理健康状况、心理问题的严重程度和当时的心态进行观察、了解和诊断。个体咨询是在两人之间进行的，不允许第三者在场旁听，在这种情境中，咨询者易于消除顾虑，容易说出自己内心深处的想法。

2. 团体咨询

团体咨询是在团体情境中提供心理帮助与指导的一种心理咨询形式。它是通过团体内人际交互作用，促使个体在交往中通过观察、学习、体验，认识自我，探讨自我，接纳自我，调整和改善与他人的关系，学习新的态度与行为方式。

一般而言，团体咨询与治疗方式是由 1 ~ 2 名指导者根据咨询者问题的相似性，组成小组，通过共同探讨、训练、引导，解决成员共有的发展问题或心理问题。团体的规模因参加者的问题性质不同而不等，少则 3 ~ 5 人，多则十几人到几十人。团体咨询的作用可以概括为以下 7 点。

（1）团体为个人提供了一面镜子。

（2）成员可以从其他参加者和指导者的反馈中获得益处。

（3）成员接受其他参加者的协助，也给予他人帮助。

（4）团体提供考验实际行动和尝试新行为的机会。

（5）团体情境鼓励成员做出承诺并用实际行动来改善生活。

（6）团体的互动行为，帮助成员了解他们在工作、家庭中的功能，以及如何追求其在社会上的地位。

（7）团体可以使成员获得归属感。

团体咨询也有其局限性。有多数人在场的情况下，咨询者容易产生顾虑，不愿暴露自己的想法。所以，团体咨询只能解决一些共同存在的表层心理问题，深层的问题则需要通过个体咨询单独加以解决。

（四）大学生如何接受心理咨询

心理咨询的各个阶段，都需要咨询者的密切配合，因此，咨询者做好充分的心理准备，对提升咨询效果十分必要。

1. 咨询前的准备

（1）有主动咨询的愿望

良好的心理咨询首先建立在咨询者自愿的基础上，如果咨询者没有沟通的愿望，仅仅是被老师或家长带来，那大多不会情愿地谈及真实的自我，从而影响咨询效果。通常，咨询者的求助动机越强，与咨询师的配合越好，咨询的效果也会越好。

（2）减少不必要的担心

心理咨询要遵循保密原则和价值中立原则，这是心理咨询师最基本的职业道德。有些咨询者担心谈话的内容外露，咨询时往往隐去某些问题，这样不利于咨询师发现问题，做出诊断并提供帮助。此外，有些咨询者认为自己的行为是"非主流"的，担心咨询师嘲笑，又想解决自己的痛苦，交流过程中表现出犹犹豫豫。心理咨询不是思想工作，不是与上级领导谈话，咨询师的关注点不在价值判断，而是帮助咨询者解决心理上的困惑。

（3）选择合适的咨询师

咨询前，要了解一些关于咨询师的情况，每个咨询师的职业背景、职业经历、擅长领域都有所差异，尽量找受过专业培训、具有从业资格的咨询师。如果与咨询师接触后，感觉不适，可以提出终止咨询或请求转介其他咨询师。

（4）了解咨询的时间规定

咨询时间或次数是有限的，通常一次咨询的时间约 50 分钟，根据咨询者表现出来的心理问题严重程度和咨询师使用方法的不同，咨询次数也不固定，有的仅需要 1～2 次，就能达到咨询的目的，有的需要更长的时间，甚至 1～2 年。心理咨询一般需要提前预约，咨询者应按照约定的时间准时去咨询，如遇特殊情况，需提前联系，更改咨询时间。

2. 咨询过程中的准备与配合

（1）咨询者要有自助意识

心理咨询不是一般的帮助人的行为，而是"助人自助"的过程，因此咨询师只能起到分析、引导、启发、支持、促进咨询者改变和成长的作用，不能替咨询者改变或做决定。心理咨询需要咨询者积极主动配合，参与咨询方案的制定，认真完成咨询作业，勇于改变自己、战胜自己，最终才能走出心理困境。

（2）咨询者要有耐心

心理问题、心理疾病不是一天两天形成的，它可能是多种原因造成的，解决问题也需要一定的时间。心理咨询也是循序渐进的过程，一般要经过了解来访者的问题、诊断、设立咨询目标、选择咨询方法、制定咨询方案、实施和反馈等环节，欲速则不达。有时在咨询的过程中，心理问题会出现反复，因此咨询者要有耐心。

（3）真诚坦率地交流

心理咨询主要以语言沟通为基础。面对咨询师，咨询者不要过多地考虑说话的方式，要如实地、直截了当地讲述心理咨询的内心感受，即使弄不清问题所在，也不用担心，咨询师会在倾听过程中捕捉一些信息点进行询问，咨询者不用辨别有用与无用，只要实事求是地回答即可。

（4）认真完成咨询作业

咨询过程中，一个重要的环节就是咨询者和咨询师共同制订咨询计划。咨询者要在咨询的不同阶段，认真完成各种实践作业，贯彻咨询计划，做好反馈，这样才会收到理想的咨询效果。

朋辈说

从《黄帝内经》
中学养生

本章重点

（1）健康包括躯体健康、心理健康、社会适应良好和道德健康。

（2）心理健康是指一种高效而满意的、持续的心理状态，表现为个人具有生命活力、积极的内心体验、良好的社会适应性，能够积极有效地发挥个人的身心潜力以及作为社会成员的社会功能。

（3）心理健康的人能够善待自己、善待他人，适应环境，情绪正常，人格和谐。

（4）积极求助本身就是一种能力，也是负责任、关爱自己、有智慧的表现。

课后练习

（一）自我鼓励应对思想练习

生活中我们常会遇到困难，这时，我们需要听到鼓励的话语来让自己振作，渡过难关。但有时我们需要独自面对，那么我们可以通过自我鼓励应对思想练习来达成，给自己加油，保持坚强。

下面是一系列很多人觉得有用的应对思想，在你认为有用的项目前打钩并补充你自己的想法。

_____ "这个状况不会永远持续。"

_____ "我曾历经许多困苦，都挺过来了。这次也不例外。"

_____ "我此时的感觉很糟，但我能接受。"

_____ "我也许焦虑，但还能积极应对。"

_____ "我足够坚强去处理眼前发生的事。"

_____ "这是一个可以让我学会战胜恐惧的机会。"

_____ "我能走出困境，不能让它将我打倒。"

_____ "我有充足的时间来缓和心情并放松。"

_____ "我以前克服过类似的困难，这次也一定能。"

_____ "我的焦虑 / 恐惧 / 害怕也没什么。"

_____ "此时我有这样的感觉，但它们终将消失。"

_____ "有时感觉伤心 / 焦虑 / 害怕也没什么。"

_____ "我的想法不能左右我的生活，我本具智慧。"

_____ "如果我愿意，我能改变思想。"

_____ "我此刻并不危险。"

_____ "没什么大不了。"

_____ "情况是很糟，但只是暂时的。"

_____ "我很坚强，我能应对。"

这些应对思想能给你力量和动力来经受考验，克服困难。在卡片或贴纸上写下你最喜欢的五种应对思想，放在显眼的位置，以便每天都可以看见。你越经常看到你的应对思想，它们就会越快成为你思想中的一部分。

（二）推荐阅读

（1）《登天的感觉：我在哈佛大学做心理咨询》是心理学专家岳晓东在心理咨询领域的一本经典之作，它以案例分析的方式介绍心理咨询，深受行内人认可。这本书中作者像讲故事一般娓娓道来，生动讲述了他在哈佛大学所做的 10 个心理咨询案例，以及他对每个个案的深入分析和处理技巧。作者在书中深入浅出地介绍了心理咨询方面的科学知识。"我恨我自己，我实在太愚蠢了""我们的爱情还有救吗"这些日常生活中随处可见的问题，妨碍着我们对幸福的追求。在处理这些心理个案的过程中，作者展现了心理咨询的神奇技巧——原来一个人的人生道路可能因为几句话而改变！日常生活中的许多困扰我们的问题实际都是心理问题《登天的感觉：我在哈佛大学做心理咨询》将给你带来飞翔在云端般的美妙感受。

（2）《蛤蟆先生去看心理医生》是英国心理学家罗伯特·戴博德创作的心理学著作，首次出版于 1997 年。该书借用《柳林风声》的故事主角蛤蟆先生，讲述了他接受心理咨询的故事。作者通过陷入抑郁的蛤蟆先生和心理咨询师苍鹭的互动，探索蛤蟆先生爱炫耀、自卑性格和抑郁情绪的来源，指出童年经历会对人格产生深刻的影响，并阐释如何在心理上实现真正的自我成长，成为独立自信的人。

第二章
自我意识

"把认识自己作为自己的任务，这是世界上最困难的课程。"这是作家塞万提斯曾经说过的一句话。人是自然界最复杂的生物，想要认识自我并不是一件容易的事情。可能有的同学现在正在经历不知道自己是谁、不知道自己到底适合干什么、不知道未来在哪里，自我探索的一个重要阶段，相信大家在学习完本章的内容后能够逐渐找到"我是谁"的答案，并且能够不断地发展和完善自己。

 本章学习目标

（1）了解自我意识的概念及其分类、自我意识的发生与发展、自我意识形成的途径。

（2）了解大学生自我意识的发展规律、特点、偏差并学会如何保持积极自我观念。

（3）掌握自我提升的途径与方法，学会悦纳自己，突破限制，完成自我成长与转变。

第一节 | 叩问我是谁——自我意识概述

认识自我，它不仅是一个哲学命题，而且也是一个重大的人生课题。

一、"我"是谁——自我意识的概念及其分类

（一）自我意识的概念

人是这样一种生物，不仅存在于这个地球上，还能够意识到自己的存在，具有关于自己存在的自我意识。

1. 什么是自我意识

关于自我意识的概念众说纷纭，比较公认的观点是：自我意识是人对自己、对自己与他人及对自己与周围环境关系的认识，属于人的意识发展的高级阶段，是一个包含了认知、情感及意志等多种心理机能的、完整的、多层次的、多维度的心理系统。它对个性的形成、发展起调节、监督及校正的作用。

自我意识一直是心理学研究中的一个古老而热门的话题，心理学的根本问题是"人是什么"。在古代，人们还不能将人的"自我"与意识活动区分开来。真正心理学意义上的自我概念研究是从美国心理学家詹姆斯开始的，他将"自我"从意识活动中区分出来，将"自我"这一概念引入了心理学。到 20 世纪 80 年代后期，认知主义学派对自我意识的研究也非常重视。自我意识得到了人们广泛的关注，其应用得到了普及。但是在研究自我意识时，因为在认识、方法、人性观及研究取向上的差异，不同学派的心理学者有不同的结论。

◉ 阅读材料　　　　　　　　　**动物有自我意识吗**

　　演化心理学家盖洛普（Gallup）还是研究生的时候，有一天在镜子前刮胡子时想到了这个问题："动物有自我意识吗？"后来，盖洛普在美国杜兰大学任职时，接触到了三角洲地区灵长类动物研究中心的动物，他可以在那里验证他的想法。

　　盖洛普首先向 4 只黑猩猩展示一面镜子，每只黑猩猩被单独关在一个笼子里。起初，黑猩猩的反应就好像看到了一只陌生的动物。但几天后，它们在镜像前停止了威胁和叫喊行为，转而开始用镜子观察自己：清洁牙齿上的食物、抠鼻子、检查生殖器。为了证明黑猩猩明白它们所看到的镜像，研究人员麻醉了黑猩猩，并在它们的眉毛和耳朵上涂上了红色颜料，之后把黑猩猩放回镜子前。黑猩猩照镜子时会用手指碰触脸上的颜料。

　　盖洛普展示了一些黑猩猩镜子测试的黑白照片，并表示镜子测试反映的是自我意识。他将其定义为"可以把自己想象成为镜中物体的能力"。他认为这意味着一种罕见的智慧。盖洛普认为，任何能在镜子中辨认出自己的动物，都有可能意识到其他动物也有独立的思想。个体的自我意识意味着对群体的意识。在接下来的几年里，盖洛普和他的同事们用镜子测试了从灵长类到家禽的一系列动物，发现它们多数不能通过测试。许多动物只是把镜像看成另一种动物。但有少数几种动物通过了测试，或者说貌似通过了测试。黛安娜·赖斯（Diana Reiss）是纽约市亨特学院的海洋哺乳动物学家和认知心理学家，她对海豚进行了广泛的研究，包括与盖洛普等人共同开展的镜子测试。她表示，虽然她与盖洛普合作的研究没有得出结论，但后来的研究表明海豚可以通过镜子测试。水族馆中的海豚对着它们的镜像，研究起自己的眼睛和嘴巴，并转动身体，吹不同种类的气泡。在被涂上黑色标记后，海豚会花更多时间对着镜子看自己有标记的一面身体。

　　大多数猴子仍没能通过镜子测试。一些猕猴经过数周的训练，只有当头部受到限制，被迫盯着镜子时才能勉强通过测试。在另一项试验中，研究人员试图用巧克力标记猕猴，以提升它们的活跃度，但没有成功（一些猴子试图舔镜子里的巧克力）。黛安娜·赖斯和她的同事在亚洲象身上发现了镜像自我识别的行为。黛安娜·赖斯认为，红毛猩猩、倭黑猩猩和大猩猩，甚至喜鹊，都通过了测试。然而，在盖洛普看来，只有 3 个物种算得上通过了测试，即黑猩猩、红毛猩猩和人类。

2．各大心理学家对自我的研究

（1）米德的"客我"和"主我"

米德将自我分解成相互联系、相互作用的两个方面：一方面是作为意愿和行为主体的"主我"，它通过个人的行为和反应具体体现出来；另一方面是作为他人社会评价及社会期待代表的"客我"，它是自我意识社会关系性的体现。"主我"就是意愿和行为的主体，例如，"我很伤心／我要成功"里直接感受着伤心和想要成功的"我"，就是"主我"。"客我"指的是自己对自己的评价以及别人对自己的评价。

米德还指出，人的自我意识就是在"主我"和"客我"的相互辩证互动的过程中形成、发展和变化的。"主我"是形式，主要由行为反应表现出来。"客我"是内容，体现了社会关系的方方面面的影响。"客我"可以促使"主我"发生新的变化，而"主我"反过来也可以改变"客我"，二者相互作用，不断促使个体形成新的自我。

（2）詹姆斯的躯体我、社会我、精神我

美国心理学家詹姆斯认为，自我是个体所拥有的身体、特质、能力、抱负、家庭、工作、财产、朋友等的总和。人们可以从自己的身体知道自己的存在，也就是躯体我；从他人对自己的反应以及自己的社会角色中体验出自己的社会我；从生活的成败得失经验中以及心理的成熟发展过程中，逐渐形成精神我，支配自己的一切意志活动。

（3）弗洛伊德的本我、自我、超我

弗洛伊德在其人格结构理论中深入地分析了自我的结构。他认为人一出生就有一个本我，由原始的冲动构成，遵循快乐的原则，不愿意受任何束缚，位于人格结构的底层；自我位于人格结构的中间层，它一方面调节本我，另一方面又受制于超我，遵循现实的原则，以合理的方式满足本我的需求；超我处于人格结构的顶层，属于人格结构的道德部分，它受社会规范、伦理道德的约束，遵循道德原则，抑制本我的冲动，对自我进行监控。

（二）自我意识的分类

1. 按照内容分类

按照内容来分类，自我意识包含生理自我、心理自我及社会自我。

生理自我是指个体对自身生理状态的认识与评价，包括对自己的性别、外表及饥饿状态、劳累程度、生理疼痛等方面的认识及评价。

心理自我是指个体对自己的气质类型、性格、能力、情绪、智力、兴趣爱好、理想信念等心理状态的认识和评价。

社会自我是指个体对自己与周围关系的认识和评价，包括自己在群体中的地位和作用以及自己和他人的关系等。

2. 按照结构分类

按照结构来分类，自我意识可分为自我认识、自我体验和自我调控。

（1）自我认识

自我认识属于自我意识中的认知成分，是指个体对上述3种自我（即生理自我、心理自我和社会自我）的认识。它包含自我觉察、自我观念、自我分析和自我评价等层次。自我认识中最主要的两个方面是自我观念和自我评价，它们集中反映了个体自我认识乃至自我意识发展的水平，也是自我体验和自我调控的前提。自我认识要回答的是"我是谁""我是一个什么样的人"的问题。

（2）自我体验

自我体验是主观自我对客观自我产生的情绪体验，在自我认识的基础上产生，反映个体对自己所持的态度，是自我意识的情感成分。自我认知决定自我体验，而自我体验又强化自我认知，自我体验要回答的问题是"我是否喜欢自己""我是否满意自己"等，主要是指自我的感受。自我体验的内容十分丰富，它包括自尊、自爱、自信、自卑、内疚、自豪感、成就感、自我效能感等。其中，自尊是自我体验中最主要的方面。

（3）自我调控

自我调控是自我意识的意志成分，是对自己行为、思想和言语进行控制，以达到自我期望的目标。自我调控表现在两个方面：发动和制止。

自我调控对个体的学习、工作具有推动作用，促进个体为了获得优秀成绩、社会赞誉，达到自己的目标而做出不懈的努力。自我调控是自我意识的关键环节，它包括自立、自主、自律、自我监督、自我控制和自我教育等层次。其中，自我控制和自我教育是自我调控中最主要的方面。自我调控的核心内容是"我将如何规划自己的人生""我应该做什么""我应该成为什么样的人""我可以选择如何做"。心动是一件容易的事，而真正历练意志则需要更多的自我控制。

3. 按照存在方式分类

从存在方式上看，自我意识可以分为现实自我、投射自我和理想自我。

（1）现实自我

现实自我指个体对自己被环境熏陶和与环境相互作用中所表现出的综合的现实状况和实际行为的认识，是个体从自己的立场出发对现实自我的看法。

（2）投射自我

投射自我是个体想象中他人对自己的看法，如想象自己在他人心目中的形象，想象他人对自己的评价，以及由此而产生的自我感。但投射自我和现实自我之间往往有差异。当差异加大时，个体便会感到自己不为别人所了解。

（3）理想自我

理想自我是个体从自己的立场出发对将来的我的希望，也是想象中的我。理想自我是个体想要构建的完善形象，是个体追求的目标。理想自我的内容也是对客观社会现实的反映，包括对来自他人和社会规范要求以及它们是否满足个体需要的反映，但这些内容整合而成的理想自我却是观念的、非实际存在的东西。

理想自我虽非现实自我，但它对个人的认识、情绪和行为的影响很大，是个人行为的动力和参考系。现实自我和理想自我的形成与社会环境的影响密切相关。现实自我产生于自我同社会环境的相互作用，理想自我则产生于这种相互作用中他人和社会规范的要求内化于个体头脑中整合而成的自我的理想形象。

一般而言，理想自我可以在现实自我和社会环境之间起积极的调节作用，指导现实自我积极地适应社会环境，使自我意识得到健康的发展。但是当理想自我的形成建立受阻又不能得到疏导而产生焦虑时，理想自我和现实自我之间可能产生矛盾冲突。在这种情况下的社会人际交往，必然同现实自我、社会现实发生矛盾冲突，引发个体内心的混乱，从而造成个体生活适应上的困难。

👁 阅读材料　　　　　　　　**乔哈里窗口**

这个概念最初由乔瑟夫·勒夫（Joseph Luft）和哈里·英厄姆（Harry Ingham）提出，故称为乔哈里窗口，它可帮助我们理解信息沟通的进程。乔哈里窗口能够用来展现、增强个人与组织的自我意识，也可以用来改变整个组织的动态信息沟通系统。

乔哈里窗口也被称为"自我意识的发现－反馈模型"或"信息交流过程管理工具"。它包含的交流信息有情感、经验、观点、态度、技能、目的、动机等，作为这些信息主体的个人往往和某个组织有一定的联系。乔哈里窗口有4个区域（见表2-1）。

第一象限：公开区（open window），其中的信息自己知道，别人也知道。例如：你的名字、发色，以及你有一只宠物狗的事实。人与人之间交往的目的就是扩大公开区，实现这一目的的主要做法有提高个人信息的曝光率、主动征求反馈意见。

第二象限：盲目区（blind window），其中的信息自己不知道，别人却知道。例如：你的处事方式，别人对你的感受。

第三象限：隐藏区（hidden window），其中的信息自己知道，别人不知道。例如：你的秘密、希望、心愿，以及你的好恶。

第四象限：未知区（unknown window），其中的信息自己和别人都不知道。未知区是尚待挖掘的区域，它对其他区域有潜在影响。

表2-1　乔哈里资讯窗

	自己知道	自己不知道
别人知道	开放我（公开区）	盲目我（盲目区）
别人不知道	隐藏我（隐藏区）	未知我（未知区）

人与人开始接触之际，公开区较小，因为缺少时间和机会进行交流。根据一般的交往经验法则，你应该尽可能扩大公开区，使其成为信息交流的主要窗口，不断提高信息的透明度、公开度和诚信度。当你开诚布公的时候，对方可能也正在为你打开心扉。

二、"我"是如何长大的——自我意识发展

人的自我意识是随着人生每一阶段的成长而发展变化的。人的自我意识从产生、发展到相对稳定会经历20多年甚至更长的时间，它是在社会交往过程中随着语言及思维的发展而逐渐发展起来的。它起始于婴幼儿时期，在童年时期萌芽，形成于青春期，在青年期发展，在之后不断完善。我国心理学家提出自我意识的发展经历了生理自我、社会自我、心理自我3个发展阶段。

（一）生理自我

生理自我是自我意识最原始的形态。儿童在1岁末就开始将自己的动作和动作的对象区分开来，把自己和自己的动作区分开来，并在与成人的交往中，按照自己的姓名、身体特征和活动能力来看待自己，并做出一定的评价。生理自我在3岁左右基本成熟。

（二）社会自我

儿童在3岁以后，自我意识的发展进入社会自我阶段。他们从轻信成人的评价逐渐过渡到自我独立评价，自我评价的独立性、原则性、批判性正在迅速发展，对道德行为的判断能力也逐渐提升，从对具体行为的评价发展到有一定概括程度的评价。但他们的自我评价通常不涉及个人的内心世界和人格特征，自我的调节控制能力也较差，常出现言行不一

的现象，社会自我到少年期基本成熟。

（三）心理自我

心理自我是在青年初期开始形成和发展的。青年开始自觉地按照一定的行动目标和社会准则来评价自己的心理品质和能力。通过对自我的发现，产生独立的愿望，了解未来对自己的重要意义。自我评价越来越客观、公正和全面，具有社会道德性，且在此基础上形成自我理想，追求有意义和最有价值的目标。

👁 阅读材料　　　**自我意识的诞生——阿姆斯特丹的点红实验**

个体在早期是不具备自我意识的，也就是说，个体在早期无法区别自己与外界的事物。最直观的证据就是婴儿会把自己身体的某个部位当作玩具，有些年轻的妈妈会发现她们的孩子特别可爱，经常抱着自己的小脚吮吸脚趾。

儿童的自我意识随着年龄的增长而不断发展，儿童也因家庭环境和教育的不同而形成不同的自我意识。阿姆斯特丹的点红实验证明了 24 个月的婴幼儿已经具有了自我意识。

1. 实验目的

研究婴儿的自我意识水平。

2. 实验过程

阿姆斯特丹借用动物学家盖洛普在黑猩猩研究中使用的点红测验（以测定黑猩猩是否知觉"自我"这个客体），使有关婴儿自我觉知的研究取得了突破性进展。实验的被试者是 88 名 3～24 个月的婴儿。实验开始，在婴儿毫无察觉的情况下，研究者在其鼻子上涂一个无刺激红点，然后观察婴儿照镜子时的反应。研究者假设，如果婴儿在镜子里能立即发现自己鼻子上的红点，并用手去摸它或试图抹掉，就表明婴儿已能区分自己的形象和加在自己形象上的东西，这种行为可作为自我认识出现的标志。

3. 实验结果

阿姆斯特丹对研究结果进行总结后得出，婴儿对自我形象的认识要经历 3 个发展阶段。

第一个是游戏伙伴阶段：6～10 个月。此阶段婴儿对镜中自我的镜像很感兴趣，但认不出他自己。

第二个是退缩阶段：11～20 个月。此阶段婴儿特别注意镜子里的镜像与镜子外的东西的对应关系，对镜中镜像的动作伴随自己的动作更显得好奇，但似乎不愿与"他"交往。

第三个是自我意识出现阶段：21～24 个月。这是婴儿在有无自我意识问题上的质的飞跃阶段，这时婴儿能明确意识到自己鼻子上的红点并立刻用手去摸。

三、"我"从哪里来——自我意识形成途径

（一）通过和他人的比较

人们如何知道自己是一个强壮的人、一个聪明的人或一个性格很好的人？很多时候我们的自我意识是通过和他人的比较得来的。周围的其他人可能会树立强大或弱小、聪明或愚笨、性格好或性格差的标准，于是人们就会套用标准把自己和其他人进行比较，并且思

考为什么自己会不同。有些学生上大学后会感到自己和以前不一样了，不再是以前那个优秀的自己，以前自己受到老师和同学的关注，可到了大学，好像大家都比自己强，这时可能就会怀疑自己是不是不再优秀，从此一蹶不振，荒废了大学生活。但请大家仔细想想：事实真是如此吗？

举个例子来说，假如桌子上放了10碗珍珠，那么每个碗里肯定有一颗珍珠是最亮的，如果把每碗最亮的那颗拿出来放到另外一个空碗里，那么这些原先最亮的珍珠就要重新定位自己的位置，原来它们是最亮的，到新的碗里它们可能就不是最亮的了，但其实它们本身的亮度是没有改变的，只不过比较的标准和相对亮度发生了变化。因此，大学生应该正确看待自己，理性看待和他人的比较。

（二）通过他人对自己的评价

人们获得自我意识的另一种方式是观察其他人对自己的反应或评价。大家可以想象假如一个人讲了个笑话把周围其他人都逗笑了，那么这个人就有可能从他人的反应中来推断出自己是一个有幽默感的人。早在1902年，美国社会学家查尔斯·霍顿·库利就提出了"镜中我效应"，他指出："一个人的自我观念是在与其他人的交往中形成的，一个人对自己的认识是其他人对自己看法的反映，他所具有的这种自我感觉，是由别人的思想、别人对自己的态度所决定的。"这就如同对着镜子来认识自己一样，人们把别人对自己的评价当作一面镜子，从而来认识自己。

当然，在生活当中有时也可能会得到他人对自己不好的评价，这个时候人们可能会心生不满，甚至产生对抗情绪，不但不会承认对方的评价还会狡辩。面对他人的指责或批评，人们不愿意承认是因为自己的虚荣心在作祟，害怕因为被指出哪里不好别人就会看不起自己，自己就不够优秀了，但是往往能够对大家进行负面评价的人是和大家关系比较亲近的人，这些批评和指责背后的真实愿望是希望大家能够变得更好，如果大家能够体察到对方的善意和良好愿望，可能就会以不一样的心态去面对这些负面评价，从而更加全面地认识与提升自己。

（三）通过自己成功和失败的经验

自己在实践过程中所获得的成功或者失败的经验也会成为一面镜子，个体会通过这面镜子看到自己的体力、智能、情感及意志品质等特性。例如，一个人在学科竞赛中取得了好的成绩，他就会对自己的学习能力有更高的评价，更加自信，从而促使他今后更加努力学习以取得更大的成就，对自己的能力就会有新的认识。心理学家也指出，大量的成功经验会增强人们的自信，而不断的失败会削弱人们的自信。

（四）通过自省

自省是指个体向内部寻求答案，通过反省自己、分析自己的方式来认识自己的态度、情感和动机。例如，如果想知道自己是否是一个情感丰富的人，那么可以问问自己当处在和感情有关的场合（如婚礼或葬礼）时情绪是怎么样的，若在上述场合感到激动或同情，那就可以推断出自己应该是一个情感丰富的人。

古人云："吾日三省吾身。"大学生在白天可以有意识地抽出一点时间来思考自己已经做了的事、接下来还要做的事，保持心态平和，觉知自己的言语和情感。在晚上睡觉前，可以回想一下当天的收获是什么以及不足是什么，对自己做得好的地方进行欣赏，对做得不好的地方做出完善并提升自己的计划。

（五）通过因果归因

因果归因就是对人们的行为溯源。例如，当大家看到有一个人正在晃晃悠悠地横穿马路时，大家会想为什么：他是受伤了、喝醉了、情绪不稳定，还是怎么了？大家对他行为所做的解释就是归因，会把这个人的行为归结为某种原因。当然人们也会对自己的行为进行归因，这是自我认识的重要途径。

举个例子来说，假如小王期末考试的高数成绩没有及格，那小王可能会认为自己不太擅长数学。在这个例子中，小王对自己数学成绩不及格的归因导致他做出自己的数学能力差这样一个结论，但是试想如果他把这一结果归结为其他原因，如自己没有用功学习，或复习材料不正确，或学习方法有问题，那小王就不会得出他数学能力差的结论了。

其次，人们也会通过对他人行为的归因而获得自我认识。举例来说，假如小李邀请宿舍的几个同学一起出去玩但他们都不愿意去，如果小李把他们不和他一起出去玩归因为自己不善于交际，那么他对他人行为的归因已经影响到他对自己的看法了。

第二节 | 与美好的自己相遇——大学生自我意识发展

早在几千年以前，人们就已经意识到了自己的存在，并且已经开始思考自己究竟是什么样的。大学生正处在青年期，自我意识的发展有其独有的规律和特点，在自我意识的发展过程中也可能会出现一定的偏差，经历一些艰难困苦，但只有经历过挫折，自我才得以发展完整。

一、"我"的未来在哪里——大学生自我意识发展规律

阅读材料　　　　　　　　　**一个女大学生的自述**

我感觉我自己就是一个矛盾体，我的心里面住着两个"我"，这两个"我"经常在争斗。一个"我"积极向上、健康活泼，做事有计划、效率高，自制力强；另一个"我"消极颓废，自制力差。一个"我"喊："停！你不可以再这样堕落下去了，你要积极努力。"另一个"我"说："算了吧，反正都已经这样了，又何必和自己过不去呢？"于是我就在纠结中苦苦挣扎，并且有些时候我会被那个堕落的"我"俘虏。之后，我在心里会问自己："我怎么变成了现在这样？以前的我不是挺优秀的吗？这到底是为什么？"于是我又会在心里暗自下定决心明天的我一定要改变，一定要变得更好、更积极、更优秀，绝不能像现在这样堕落。可是，我一次次地下决心，一次次地让自己失望，最后我在自己心中的形象也跌到了谷底。

以上的案例是大学生理想自我与现实自我冲突的一个表现。当两个"我"进行斗争时，自我控制能力较差的人，其堕落的"我"就会占上风，即便理智的"我"意识到了问题的严重性，想改变现状，但是当落实到行动上时又没有力量去改变，这样，可能会产生自卑

或者抑郁等心理问题。

一般情况下，大学生的自我意识的发展会经历比较明显的"分化—冲突—统一"的过程，大学阶段自我意识通常会得到迅速的发展，其自我认识、自我体验和自我控制会逐步发展得协调一致。但在自我意识逐步成熟和确立的过程中，大学生可能需要付出很大的代价，品尝人生的酸甜苦辣，并为解决内心的矛盾、冲突进行不懈的努力。

（一）大学生自我意识的分化

进入大学之后，大学生有更多的机会在他人与自身的比较中重新审视自己，从而对自己的角色和责任产生了新的认识，过去笼统的"我"被一步步打破，出现了主观"我"和客观"我""理想自我"和"现实自我"的分化。其中主观"我"处于观察者的角度，而客观"我"处于被观察者的角度。"理想自我"是关于自己未来的总观点和总设想，"现实自我"是自己当前的形象和实际水平。大学生对未来充满信心，"理想自我"发展相对较快；但是由于其自我观察、自我分析、自我评价能力还不够强，因此，"现实自我"往往落后于"理想自我"。大学阶段是人一生当中"理想自我"和"现实自我"差距最大的时候。这种矛盾与差距，往往使大学生产生强烈的内心波动，陷入苦恼不安之中，感到焦虑痛苦，从而进入一个内心动荡不安、情绪体验错综复杂的时期。可以说，大学生的情绪波动有很大一部分是自我意识的分化所带来的。

（二）大学生自我意识的冲突

大学生因自我意识的分化而引起矛盾冲突是正常的，它激发了大学生奋发进取的积极性，加快了现实自我的发展，是大学生心理迅速走向成熟的必由之路。但这些矛盾冲突又容易诱发某些思想、行为上的不适应，如果分化后的自我迟迟不能趋向统一，则会引起自我的分裂，导致一系列心理问题。

1. 理想自我和现实自我之间的冲突

理想自我和现实自我之间的冲突是大学生自我意识冲突中最突出、最集中的表现，主要来源于理想自我和现实自我之间的差距。大学生的理想自我抱负较高，成就欲望很强，对未来充满了想象。但是，他们的现实自我接触社会有限，现实条件和自己理想中的相去甚远，他们还无法很好地把自己的理想和现实有机地结合起来，这就必然会给他们带来很大的苦恼和冲突，然而也正是因为这种差距和冲突，会激发大学生更加奋发进取。如果大学生无法将理想自我和现实自我渐渐趋近和统一，则有可能产生心理问题。

2. 独立意向与依附心理的冲突

进入大学之后大学生的独立意识迅速发展，他们希望能在生活、经济、思想等方面独立，想快速摆脱父母的约束和管教，自主地处理所遇到的一些问题，但他们在心理和经济上又依赖于父母，无法真正做到人格上的独立。这种独立意向与依附心理之间的矛盾也一直是他们的一大困扰。

3. 交往需要与自我闭锁的冲突

大学生迫切需要友谊，渴望理解，他们有强烈的交往需要，希望能向知心朋友倾吐对人生的看法，盼望能有人分担痛苦，分享欢乐。但同时他们又存在自我闭锁的倾向，许多人往往不愿主动敞开自己的心扉，在公开场合很少发表个人的真实意见。他们在与他人交往时存有较强的戒备心理，总是有意无意地保持一定距离，正是这种交往需要与自我闭锁的矛盾冲突，使不少大学生备受"孤独"的煎熬。

4．自信心与自卑感的冲突

大学生刚刚考上大学时受到外界的赞誉，故而优越感和自尊心都很强，对自己的能力、才华和未来都充满了自信。然而进入大学后，许多大学生发现"山外有山，人外有人"，尤其是当学习、社交等方面显露出不足时，有些大学生就会陷入怀疑自己、否定自己的不良情绪中，产生自卑心理。在这些大学生的内心深处，自信心和自卑感常常处于冲突状态。

5．追求上进与自我消沉的冲突

大学生都有较强的上进心，他们希望通过自己的努力来实现自身的价值。但在追求上进时，困难、挫折在所难免，一些大学生常常出现情绪波动。在困难面前望而生畏，消极退缩，但又不甘放弃，依然想追求卓越，内心极为矛盾，困惑、烦躁、不安也由此而生。

（三）大学生自我意识的统一

自我意识分化、矛盾所带来的痛苦不断促使大学生寻求方法以求得自我意识的统一，即自我同一性，也叫自我认同。自我统一，主要指主体我和客观我的统一、自我与客观环境的统一、理想自我与现实自我的统一，也表现为自我认识、自我体验、自我监督的和谐统一。消除矛盾，获得自我统一的途径有 3 个：一是努力改善现实自我，使之逐渐接近理想自我；二是修正理想自我中某些不切实际的过高标准，使之与现实自我趋近；三是放弃理想自我而迁就现实自我。按照心理健康的标准，不管通过哪种途径达到自我意识的统一，只要统一后的自我是完整、协调、充实的，就是积极和健康的统一，有利于个体的心理健康和发展，有助于社会的文明和进步。由于个人的社会背景、生活经验、智力水平、追求目标等方面的差异，大学生自我意识分化、矛盾、统一的途径不同，其结果也不同，统一的类型也不同。

一般来说，自我意识的统一有以下 3 种结果。

1．积极的统一——自我肯定型

积极的自我意识统一即自我肯定，是指正确的理想自我占优势，理想自我的确立比较现实，既符合社会需求，又可经过自我努力实现。此外，对现实自我的认识比较清晰、客观、全面、深刻。理想自我和现实自我能通过积极的斗争达到积极的统一。统一后的自我完整且强有力，既适应社会发展的需要，又有助于自身成长。自我肯定型在大学生中占绝大多数。

2．消极的统一——自我否定和自我扩张型

自我意识消极的统一有两种，即自我否定和自我扩张。它们的共同特点是对自我评估不正确，缺乏实现理想自我的手段，形成后的自我虚弱而不完整，是一种不健康的统一。自我否定的大学生对现实自我评价过低，理想自我和现实自我差距大，或差距虽不大，但缺乏自我驾驭能力，缺乏自信，不但不接纳自己，反而拒绝自己，甚至摧残自己，不肯定自己的价值，处处与自己为敌。他们不是通过积极地改变现实自我去实现理想自我，而是在一定程度上放弃理想自我，趋同现实自我，以求得自我意识的统一。自我扩张型属于"我高估我"的情况。这类大学生对现实自我的认识和评价过高，虚假的理想自我占主导地位时，认为理想自我的实现轻而易举，于是理想自我和现实自我达到虚伪统一。自我扩张型是用幻想自我、理想自我代替现实真实的自我，带有白日梦的特点。在自不量力的情况下，个人所追求的学业、事业、友谊和爱情都因自己的主观条件远逊于客观条件而失败，而且失败的概率较大。而他们盲目自信、爱慕虚荣、心理防卫意识强，可能容易产生心理变态

和行为障碍。个别大学生还可能用违反社会道德规范或违法犯罪的手段来谋求自我意识的统一。

3．难以统一——自我萎缩或自我矛盾型

自我意识难以统一，主要是自我难以协调，其发展的结果有两种。一种是自我萎缩，即极度丧失或缺乏理想自我，对现实自我深感不满，可又觉得无法改变，消极放任、得过且过；或几近麻木、自卑感强，从对自己不满到自轻、自怨自恨、自暴自弃甚至产生心理障碍，最终龟缩在极小的圈子里，自生自灭。这种类型在大学生中较少见。另一种是自我矛盾，即理想自我和现实自我难以统一，对自己的所作所为缺乏"我是我"的统合感觉，产生"我非我""我不知我"的分离倾向，自我意识矛盾强度大，延续时间长，自我认识、自我体验、自我控制缺乏稳定性和确定性，内心不平衡，充满矛盾和冲突，新的自我无从统一。大学生都要经历自我矛盾的阶段，但自我统一的最终结果是自我矛盾类型的人占极少数。

👁 阅读材料　　　　　　**大学生的自我同一性（统一性）**

美国心理学家埃里克森（Erikson）指出，人的自我发展（或人格发展）会经历8个阶段，每个阶段的发展都有其核心任务和危险。这些核心任务和危险的妥善解决对一个人的自我发展至关重要。他认为青少年阶段主要解决的问题是：我究竟发生了什么？我到底是什么人？这就是我自己吗？其中核心任务是建立自我同一性，即个体对自己的能力、兴趣、理想、价值观、性格特征、交友方式、职业发展以及其他身心特点的基本认识和认可。该时期的成长危险是自我同一性的混乱，即个体对自我的认识和发展产生种种困惑或迷茫，主我和客我的矛盾加剧，二者不能统一，以致不能很好地确定自我形象和人生目标，出现焦虑和不安，甚至产生一定的内心痛苦。因此，埃里克森认为培养与发展自我同一性是青少年成熟与健康的焦点。

根据我国当代大学生成长的环境与条件，并参照马西娅（Marcia）关于青少年自我同一性的论述，大学生自我同一性的发展大致分为以下4种类型。

1．达成型

达成型大学生独立性强，平时善于思考，有较健全的人格。他们通过对自我的认真思考，认定了自我的特点与发展方向，认为所学专业符合自我的兴趣，能发挥自己的潜能，找到了理想自我和现实自我的最佳结合点，即自我同一性达成。这类大学生为数不多，大多数大学生处于发展之中。

2．早定型

早定型大学生一般自小就是听话的乖孩子，在学校听教师的话，对自己的智力、兴趣、能力等的认识来自父母和教师的评价，对自己的人生目标的确立等来自父母和教师对自己的期望。基本上没经过什么困惑就确定了自己的特点和发展，免除了自我确认的思考与痛苦。当然，"早定"也可能存在不良影响。由于缺乏独立思考和自主性，这种"早定"是脆弱的，当走向竞争激烈的社会时，难以驾驭自己，一旦理想自我和现实自我不能统一，便会变得束手无策，甚至陷入迷茫。这类大学生应加强自主性，从对自我的不断疑惑、探索之中求得真正的自我同一性的达成。

3．延缓型

延缓型大学生在中学时期对自我思考较少，埋头读书，考大学是其唯一的目标。因

此，他们烦恼很少，自我冲突也少。进入大学后，这类大学生开始有了烦恼，考试成绩、在社团活动中的表现等都不像以前那么优秀。他们开始重新审视自己与评价自己，一部分人经过自我的认真思考，逐步认定了自己的特点和发展方向，达到理想自我和现实自我的统一，另一部分人仍旧处在自我确认的困惑之中，经受自我确认的煎熬，但没有放弃对自我的思考。

4. 迷惘型

迷惘型大学生对现实自我不满，又认为理想自我难以实现，完全陷入对自我确认的困惑之中，甚至不愿去思考自我，不愿与他人交换自己的想法，不愿也不敢面对复杂社会的挑战，稀里糊涂过日子。这种类型的大学生较少。其实，他们内心深处并没有完全放弃自我，只是在自我的浑噩世界中难以自拔。这类大学生应主动努力走出自我迷惘。

总之，大学生自我意识由分化、冲突至统一的过程并不是绝对的，具体到每一个大学生，由于其身心发育水平、经历不同，自我分化的早晚、特点、矛盾斗争的水平、倾向不同，统一的早晚、模式也不同。而且自我意识的发展是终生的，并不是说自我意识在青年期的分化、冲突、统一，意味着它不再发展，只是在青年期以后它的发展不像青年期那么突出，而是较为稳定平缓。

二、"我"长大了——大学生自我意识发展的特点

（一）自我认识不断拓宽和深化

与中学时代相比，大学生的自我意识不断拓展，其心理活动的广度、深度和发展速度都远远超过中学时代。大学生开始积极主动地进行自我探索、自我认知。他们不但能够积极主动地把自己与周围的老师及同学进行比较，而且能够运用自己的经验和聪明才智，对自己的思想、工作、品德、学习和成长等情况进行独立的分析及判断。同时他们也对心理学方面的讲座、测试等更加感兴趣。随着知识面的不断拓宽，大学生也会经常思考"我究竟是个什么样的人""我该如何度过这一生""我如何实现自己的人生价值"等问题。

（二）自我评价能力得到显著提高

随着学到的各类知识的增加，以及生活经验的积累，大学生的感性认识与理性认识渐趋成熟，绝大多数大学生对自己的分析和评价变得更加客观和全面，能够认识到自己比较稳定的心理品质。例如，对自己的性格、优缺点、道德品质、理想信念、人际关系、能力才华、世界观、人生观及价值观等方面，可以从多个角度进行动态的自我认识和评价。大学生自我分析及自我评价能力的提高，表明了大学生自我的高度发展。大学生可以做到不再完全以他人的评价作为自我评价的标准，但是他们在自我评价的发展上表现出个体差异。

（三）自我体验日益深刻而丰富

在丰富多彩的自我体验中，大学生的情感和情绪基调大多数是健康的。多数大学生喜欢自己，对自己比较满意，自尊、自信、好胜心强。但是，大学生的自我体验同时又比较复杂、敏感和闭锁，有一定的波动性。一旦遇到涉及"我"或与"我"相联系的事物，大学生常常就会产生情绪、情感反应。大学生对他人的态度和言行非常敏感，有时会将自己

的情感体验封闭于内心，且内心体验起伏很大，出现明显的两极情绪。当他们取得一定的成绩时内心就会产生积极肯定的自我体验，有时甚至会骄傲自满、忘乎所以；当遇到困难挫折时，又会产生消极否定的自我体验，甚至是悲观失望和自暴自弃。此外，大学生的自我体验有时还会带有一定的直觉性和情境性，例如，有时会从顿悟和苦思冥想中产生自我体验，有时又会受到电影、小说或画作等文艺作品和突发事件的影响。

（四）自我调控的能力提高

自我调控能力的提高标志着大学生自我意识的成熟。大学生期望自我独立自主，急切期盼能够摆脱对成人的依赖，试图确立一个成熟的和全新的自我形象。在大学以自主学习与自我管理为主的环境中，大多数大学生能够通过自己的努力合理地安排学习、参加活动、处理生活和解决一些难题，能够制订相应的计划并付诸行动，很少需要老师和家长的督促。但同时，大学生的自我调控水平还不够高，有时不善于及时调整自己的目标，也不擅长理智地控制自己的行为。

（五）自我意识水平存在年级差异

总体而言，大学生的自我意识水平比较高，但不同年级的大学生在自我发展方面存在明显差异，而且大学生自我意识发展的趋势与其心理障碍的表现趋势似乎存在某种对应关系。大学一、二、四年级的学生自我意识随年级升高而发展，而大学三年级是大学生自我意识较低、内心矛盾冲突相对尖锐、思想斗争较激烈、回顾与展望较多的时期，它是大学生自我意识相对稳定阶段中的不稳定期，但是也是一次新的上升期，因此，有人称大学三年级为大学生自我意识发展的曲折期。

三、"我"也有不足——大学生自我意识偏差

（一）以自我为中心

很多大学生一旦进入青年时期，就越来越明显地表现出"以自我为中心"的倾向，将自身的地位抬到过高的水平，在思考问题时也更多地关注个人的感受和利益，而轻视其他人的情况和现实中的具体条件，这样思考的结果无疑是失之偏颇的。出现这种现象是可以理解的，目前许多大学生都是独生子女，在家庭中备受宠爱，自然而然地形成了"我是中心"的观念。如果这种现象得不到合理的矫正，发展过度，将会导致他们自私自利，不能关爱和理解他人，人际关系不和谐。

（二）自负或自卑心理

在新的社会背景下，大学生接受新事物、新技术的能力是极强的，部分大学生认为自己有独立生存、成就大事的才能，因此自信心十足，甚至自负。自信对于新时代青年是必不可少的，但自负无疑会阻碍大学生的长远发展，自负的人不会轻易接受同伴的建议或师长的教诲，独断专行，导致决策频频失误。与之相反，一些大学生在大学中遇到许多表现出色的同学，学习成绩和人际关系都略胜自己一筹，尤其是在文体、交际活动中暴露不足时，就可能陷入怀疑自己的情绪中，产生自卑心理。

（三）从众心理

当人融入某个群体后，很可能因为团体作用，逐步放弃个人意见而妥协于团体中的大多数人，表现出从众心理。人是社会性动物，有很强的从众倾向，一旦进入这种状态，会

暂时失去独立思考的能力。如果大学生长期如此，容易迷失自我，同时由于害怕离开团体或被孤立，容易丧失自信心，无法独立地做决定，对个人发展极为不利。

（四）虚荣心

按照马斯洛需求层次理论的说法，社会中的个体均有被他人尊重的渴望，企图得到大众的认可和关注，这种心理是正常的，但是一旦发展过度，就会变成虚荣心。虚荣的人是指那些不脚踏实地奋斗，利用吹牛、作假、撒谎等投机取巧行为树立良好个人形象的人。虚荣心会使人逐步变得狡猾、懒惰，失去艰苦奋斗的良好品质。

（五）自我意识过剩

一些大学生存在自我意识过剩现象，即过度关注别人对自己的看法，对他人的言论和行为表现得相当敏感，总觉得别人针对自己，因而会胆小、畏缩，不敢表达自己的想法和见解，也就是我们俗称的"太把自己当回事"。

四、"我"要乐观——保持积极自我观念

（一）选择对自我有利的信息

人们能够保持积极自我观念的一种方式是只关注对自己有利的信息。想让自己处在完全没有消极反馈的状态中是不现实的，一个更为可行的策略是选择接近积极的自我信息，对于消极的反馈信息，我们知道它们存在即可。

在一个实验中，实验者首先引导被试者相信自己在完成一个智力任务上具有较强的能力或较弱的能力，接下来给被试者更多的机会让他们了解自己的能力。结果显示，被引导为强能力的被试者对了解自己的能力表现出了更大的兴趣，而被引导为弱能力的被试者则显得相对消极。

（二）自我妨碍行为

伯格拉斯和琼斯用"自我妨碍"这个词来指代人们给自己的成功设置障碍的行为。比如有的大学生在考试前不好好复习或运动员在一次重要比赛前不进行训练都是自我妨碍行为。这些行为会降低成功的可能性，但它们能够使个体避免把失败的原因归结为自己能力不足，因为这样他们就可以在失败的时候说："失败不是因为我没有能力，我只是没有认真准备而已。"

大家可以看到，有时重要的并不只是成功或是失败的结果，而是结果是否揭示了关于自我的积极或消极方面。人们通过自我妨碍行为，愿意主动地承担失败的风险，因为这样可以确保虽然失败但不会牵连自我中有价值的方面。

👁 阅读材料　　　　　**伯格拉斯和琼斯的自我妨碍实验**

自我妨碍，是指一个人在面临某种重要的任务时，为了避免表现不佳带来负面影响，故意采取行动来为自己制造障碍。20 世纪 70 年代，心理学家伯格拉斯和琼斯通过一个经典的实验，首次展现了这种现象的存在。他们将大学生随机分为两组，让他们完成智力测验，其中一组的问题难度根据被试者的回答情况做调整，使其能答对大多数问题，另一组的问题则大部分都是无法解决的难题。随后，两组被试者都被告知，他们得到了"到

目前为止最高的分数之一"。这种操作会使前一组被试者的成功看起来是由自身决定的，后一组的成功则看起来是运气造成的。

接下来，研究人员告诉被试者，他们将接受第二组测验，这一次计分将更严格（隐含的意思是，不太可能再凭运气取得成功），而在此之前，他们可以从两种药物中选择一种服用，其中一种可以提升他们在智力测验中的表现，另一种则会降低表现。结果显示，"偶然成功"组的被试者与"真实成功"组相比，更倾向于选择服用降低表现的药物；换句话说，他们认为此前的成功来自偶然因素，自己在接下来很有可能遭遇失败，于是便选择主动为自己接下来的表现制造障碍。

在伯格拉斯和琼斯的实验中，自我妨碍行为主要出现在男性被试者身上，不过后来的研究表明，女性同样会有类似的行为倾向，这是一种非常普遍的现象。无论是学业考试、体育比赛，还是商业领域，只要涉及评价性的任务，都能观察到自我妨碍行为的存在。在这些情境中，正常的思路似乎应该是全力争取最好的结果，但是总能看到一些人采取各种各样的方法干扰自己，如刻意不尽全力、拖延，乃至饮酒、滥用药物。

（三）选择性联盟

选择性联盟也是让人们得以保持积极自我观念的一种方式。多数人会选择和喜欢他们的人（而不是不喜欢他们的人）组成联盟。选择和喜欢、欣赏自己的人在一起能够确保大学生所得到的人际反馈大多是积极的，在一定程度上大学生会把这些积极的反馈纳入自我观念当中，这也能帮助大学生更积极地看待自己。

（四）社会比较

人们也会通过社会比较来让自己保持积极的自我观念。一种比较方式是策略性地选择比较目标，例如，小刘是理科生，他和文科生比数学，那么可能会得出自己非常聪明的结论；另一种比较是下行比较，就是指在一个相同的维度上与比自己情况更差的人进行比较。惠勒和麦亚克在研究当中发现这种社会比较相当普遍。下行比较会使人们对自我感觉更好。有时，当周围没有人比我们更差时，我们甚至会想象出某个人或某些人可能比我们还差。

此外，人们也会和与他们相似的人甚至比他们更好的人进行比较。近年来有许多学者对上行比较有了更多关注，起初人们认为上行比较只会带来消极的自我观念，然而研究发现尽管有时的确如此，但并不总是如此。上行比较有时也可以使人们对自我感觉更好，可能是因为那些比自己优秀的人是自己灵感和希望的来源，也可能是因为人们从另一个人的优秀品质和成就中感受到了荣誉。

第三节 ｜ 走好自己的人生路——大学生自我成长

从某种意义上讲，人认为自己是怎样一个人，比他真正是怎样一个人更重要，因为每个人都是按照他认为自己是怎样一个人而行动的。人的自我意识常常受到社会评价的影响，每个人都可以轻而易举地搜索出大量的事例来佐证自己的观点。因此，大学生形成正确的自我意识，对大学生心理健康的发展有尤为重要的意义。个体心理健康的重要标志之一是对自我的接受和认可，即有成熟的自我意识和健康的自我形象。而对处在青年期的大学生来说，"自我"更是自己积极关注的课题。大学生自我认识、自我评价、自我控制如何，直接影响自己的社会适应和身心健康。如果一个人认识自己并接纳自己，对自己有合理的期望，而且知道自己为什么而活着，善于利用每个成长机会改进自己、完善自己，他的一生就会快乐，就会有价值。

一、成长的风向标——健全自我意识的标准

衡量一个人的自我意识是否健全很难，但可以参照以下标准。

（1）一个有健全自我意识的人应该是一个自我肯定、自我统一的人。

（2）一个有健全自我意识的人应该是自我认识、自我体验、自我控制协调一致的人。

（3）一个有健全自我意识的人应该是独立的，同时又与外界保持协调的人。

（4）一个有健全自我意识的人应该是一个自我发展的人，其自我具有灵活性。

（5）一个有健全自我意识的人应该是一个心理健康的人，不仅自己能健康发展，而且能促进社会文明和进步。

二、做最好的自己——自我成长成才

（一）放下完美爱自己

心理治疗师弗吉尼娅·萨提亚曾说过："我们能在多大程度上接纳自己的价值，就能在多大程度上以一种友好的方式对待自己的行为并在需要的时候改变它。我们不是要去攻击自己的行为，而是要去肯定自身的价值。只有这样做，我们才能获得引导和改变自身行为的机会和动力。"

有些大学生总在试图改变自己，然而发现其实很无力，根本无法改变自己。因为他们常将自己认为需要改变的地方看成一个缺点，将其当成一个敌人。那么请想想：当一个人面对敌人时，会采取什么方式呢？当然是想要打败它、抵抗它。然后当觉得敌不过它时，就会把它压制在心底或选择避开它。但是真正的转变来自接纳，接纳它是自己生命的一部分。大学生要学会接纳生命中的缺点，也要懂得感谢它们出现在自己的生命中。接纳自己的缺点并不是放弃进步与成长，而是接纳自己的不完美，接受那些缺点也是自己的一部分，不去压抑和回避它们，而是去整合它们，让它们为自己所用，让自己成为一个"更圆润的人"，欣然地带着它们一起生活、一起成长。

👁 阅读材料　　　　　　　　**独特的"胎记"**

每个人都希望自己外表靓丽，小茜也不例外。可是她的右脸靠近耳朵的地方有一块胎记，这让她十分苦恼。从小到大，她一直留着长发，就是为了不让别人看到她的那块胎记。进入大学，小茜也渴望拥有一份爱情，但是一想到自己脸上的胎记就黯然伤神，觉得没有男生会喜欢自己。于是她决定去做兼职挣钱，然后做激光手术把胎记去掉。后来，班上一男生追求小茜，小茜却觉得自己配不上他，总是躲着他，直到有一次，那个男生下课追上小茜问她是不是很讨厌他，小茜却支支吾吾地说："我觉得我太丑配不上你。"

男生惊讶道："你长得很好看啊！""可是我的脸上有块胎记。""其实我一直想告诉你，你的那块胎记很像一个爱心，很可爱。"小茜忍不住笑起来："哪像一个爱心了啊？""我看着就像，特别可爱。"两个人相视而笑。

这个故事中的女生不能接纳自己有个胎记，这个独特的胎记在她看来是一个累赘，让她整个人看起来都不好看，但在爱她的人的眼里却变成了可爱的爱心。所以，我们每个人都应该悦纳那个独特的"胎记"。

（二）觉察、克服自我的限制

大学生成长的过程中，会发展出一套个人固有的应对问题的方式。这种固有的应对方式会阻碍大学生的改变，阻碍大学生看到或成为更美好的人。因此，大学生应先总结出在生活中哪些限制阻碍了自己的发展，并鼓足勇气去面对，突破固有的限制。

心灵夜话

在自己的节奏里，
过好每一天

1．生命中的限制

（1）心中的"怕"

心理学家罗伯特·凯根用"心理免疫X光片"来帮助人们认识自己内心的恐惧。心理免疫X光片是对人们心理的一种探测方式。通过X光片，可以看到人们的心理防线，知道人们为什么焦虑，知道人们怕什么，从而帮助人们做出防范或改变。

在详细介绍心理免疫X光片之前，先介绍一个心理咨询的案例。曾经有一个心理咨询者小敏，是一名大二的工科女生。她在大一下学期的时候加入了一个小组。这个小组会定期讨论课题。小敏本身是一个很有想法的人，但是她总是不好意思表达自己的想法，即使她鼓起勇气表达了自己的想法，只要别人有不同意见，她就会保持沉默。时间长了，她在这个小组里就没有多少存在感了，别人也开始忽略她的想法，她为此很难受，希望能有所改变。

接下来就利用心理免疫X光片帮助小敏。

第一步：找到小敏希望达成的目标。在本案例中，小敏希望勇敢地表达自己。

第二步：觉察小敏正在做哪些跟目标相反的行为。小敏很想表达自己，但是她却选择保持沉默，随声附和，故意压低声音，心里有不同意见也不好意思表达，最终不了了之。

第三步：探寻小敏做出跟目标相反行为的原因。当被问到这个问题时，小敏说万一她没说好别人可能会笑她的想法太幼稚，怕和同学有争执，处理不好关系，别人会不喜欢她。这就说明她有一个假设——表达自己会引发冲突。

第四步：找到小敏制造假设的原因。通过交流了解到，原来这是小敏在她童年时期的成长环境中形成的一种心理层面的自我保护模式。这个模式就像一个壳一样，可以保护她，让她在幼年时避免受到责罚，变得很合群。可是这个壳现在却限制了她的成长，所以必须打破它。

从小敏的心理免疫X光片（见表2-2）不难看出，不管是心理防线还是心理外壳，它都是个体的一种心理保护措施，剪断防线或打破外壳都会让个体觉得"怕"。但是，成长就是这样一个过程——打破、重建、迭代、升级、变得更好。所以请用心理免疫X光片的方式，看清自己的心理防线或心理外壳，看清自己心中的"怕"，这样才能有机会打破和重建它，也只有这样才能获得成长，变得更好。

表2-2　小敏的心理免疫X光片

小敏希望达成的目标	自信地表达自己
小敏做出的和目标相反的行为	保持沉默，随声附和
小敏做出和目标相反行为的原因	避免被别人笑话，避免发生冲突
小敏心里的假设	表达不同意见等同于引起冲突

（2）僵固式的思维方式

"僵固式的思维方式"是由卡罗尔·德韦克提出的一个概念，主要有3个方面的特征。

第一，"僵固式的思维方式"认为，人的能力是固定不变的。能否解决难题只是证明一个人是否聪明的方式，一旦人们被夸聪明，就会努力去维护聪明的形象，会把注意力从解决问题本身转移到对自我的关注上来。

第二，"僵固式的思维方式"认为，人的能力是可以被某一次成败所证明的。如果遭遇失败了，那就说明自己的能力不行。因此，"僵固式的思维方式"会让人产生逃避失败的心理。

第三，"僵固式的思维方式"认为，失败是由自己的个人原因造成的，而全然不考虑失败还有可能是由外部因素造成的，例如缺少一点运气、客观条件限制等。

有僵固式思维的人，会花很大的力气维护"我很强"的自我形象，从而回避生命中的挑战。在大学生中会看到这样的学生，他们很聪明，但是因为遇到一点点困难、挫折就一蹶不振，他们在一帆风顺的时候会觉得自己很厉害，但当遇到挫折时就觉得自己一无是处，他们会特别关注别人怎么看自己，有强烈的"证明自己"的心理。这将会妨碍他们的学习和进步，阻碍他们自我发展。

◉ 阅读材料　　　　"表扬"和"鼓励"的差别有多大

发展心理学家卡罗尔·德韦克和她的团队在过去的10年里都在研究表扬对孩子的影响。他们对纽约20所学校的400名五年级学生做了长期的研究，这项研究结果令学术界震惊。

在实验中，他们让孩子们独立完成一系列智力拼图任务。首先，研究人员每次只从教室里叫出一个孩子，进行第一轮智商测试。测试题目是非常简单的智力拼图，几乎所有孩子都能相当出色地完成任务。每个孩子完成测试后，研究人员会把分数告诉他，并附一句鼓励或表扬的话。研究人员随机把孩子们分成两组，一组孩子得到的是一句关于智商的夸奖，即表扬，比如"你在拼图方面很有天分，你很聪明"。另外一组孩子得到的是一句关于努力的夸奖，即鼓励，比如"你刚才一定非常努力，所以表现得很出色"。为什么只给一句夸奖或鼓励的话呢？对此，卡罗尔·德韦克解释说："我们想看看孩子对表扬或鼓励有多敏感。我当时有一种直觉：一句夸奖的话足以看到效果。"随后，孩子们参加第二轮拼图测试，有两种不同难度的测试可选，他们可以自由选择参加哪一种测试。一种较难，但孩子们会在测试过程中学到新知识。另一种是和上一轮类似的简单测试。结果发现，那些在第一轮中被夸奖努力的孩子，有90%选择了难度较大的任务。而那些被表扬聪明的孩子，则大部分选择了简单的任务。由此可见，被夸为聪明的孩子，不喜欢面对挑战。

为什么会这样呢？卡罗尔·德韦克解释道："表扬聪明实际上暗示了人的能力是相对固定的，能否解出难题只证明了一个人聪明或不聪明，一旦孩子接受了'人的能力相对固定'的观点，而且别人夸奖聪明，他们就会努力维护聪明的形象，这会使他们把注意力从挑战任务本身转移到对自我的关注上来，这就是僵固式思维的特点。相反，表扬他们努力暗示着一个人是可以通过努力来发展自己的能力的。既然能力并不固定，那些孩子没有证明自己聪明的包袱，自然就会把目光专注到努力本身。"

（3）应该思维

应该思维的本质是用他人的期待、文化习俗或社会规则代替个体自主自发的行为。应该思维是对自我的"暴政"，让个体在压迫中找不到自我。应该思维会使个体产生对自己情感的限制，并最终失去个体真实的情感表达。

大学生当然需要追求一个更好的自己，但首先要搞清的是，这个更好的标准来自哪里。它来自自己的内心，还是来自外在的设定？

（4）绝对化思维

认为某一件事的发生，就指向了一个事实结果，否则就是结果的反面。心理学中将这种思维方式称作绝对化思维，即非黑即白思维。例如："如果我能考第一名，我就是成功的，否则我就一无是处。""如果我做好了这件事，我是值得被表扬的，否则我应该被批评。""别人能及时地给我回应，那说明我是被接纳的，否则我就是不受欢迎的。"有这种非黑即白思维的人，他们在认识自己和世界持二元对立的观点：要么是好的，要么是坏的；要么有用，要么无用；不是积极，就是消极；不是成功，就是失败。但生活中发生的很多事情都是有其多面性的，这个世界不是只有黑白两色，而是在黑和白之间还有一串光谱颜色，一件事也不只是有成与败两种结果，其中还有很多无法评判的复杂因素。每个人都或多或少有一些绝对化思维，由于它发生得很快，如果不刻意回想或被提醒是很难察觉的。要避免绝对化思维陷阱，可以采用以下小技巧。

① 自我意识，问问自己："这是唯一的可能性吗？"

② 灵活思考，尝试从不同的角度看待一件事。

③ 寻找可替代的选项和潜在的可能性。

④ 自我提问："如果别人也遇到和我一样的事，他们会怎么想呢？我的想法是不是太绝对化了？"

2. 如何突破这些限制

大学生想要突破这些限制，首先就要觉察这些限制，找出那些妨碍自己进步、阻碍自己成长的自我观念，看看阻碍自己改变的"心中的怕"是什么，自己对自己的看法是不是过于受他人评价的影响。大学生应该相信自己的力量，主宰自己的人生。

（三）自我成长与改变

1. 成长与改变是一个缓慢的过程

所有人的转变都是渐进的，大学生要通过努力，积蓄能量，使自己慢慢成长。成长就是要学会如何去更好地发挥自己的优势，管理自己的弱势，那些弱势并不会消失或被优势所取代，要学会如何和它们相处，管理好它们。一个人的转变就是一个发现自我、强化优势、面对弱点的过程，更好的自己不是别人，是升级版的自己。大学生更需要明白的是，成长不是一蹴而就的，而是一个缓慢的、渐进的、螺旋式上升的过程。在成长的路上大学生有时会觉得自己好像返回了原点，努力了很久却还站在原地。但其实不是那样的，因为成长的路是螺旋式上升的，当大学生以为还站在原点时，其实已经站在不同层次的点了，已经走到了更高的地方。在成长的路上，大学生要相信每一个脚印、每一次付出和努力都会有所收获。请记住，成长与改变是一个过程，而不是结果，在整个过程中，每一个不同的自己、每一个不同的刹那都值得大家去享受。生命的品质会因自我的转变而一天天提升，从而每一天都能看到不同的世界和不同的自己。

2. 成长之路每个人都有选择

改变是可能的，如果想改变生活就可以改变，大学生是可以选择的，并且大学生是有能力通过所做的选择来完善自己的。当然下决心改变并不是一件容易的事情，也许大家会感到迷茫，不知道自己是否真的需要改变，不知道为改变而付出的代价是否值得，人们在改变时有顾虑、有恐惧是很正常的事情，这些正是大学生成长中要经历的。但请记住改变并不是对自己的全盘否定，或朝着现在的反方向发展，重新塑造一个新的自己，而是要在自己人生的底色上作画，准确地评价自己，恰当地处理自己的问题，才能真正获得成长。改变的过程是最重要的，承担起对自己的责任，拿出勇气，不断地自省，走属于自己的人生路，与更好的自己相遇。

心理测试

一般自我效能
感量表

♥ 本章重点

（1）认识自己是个过程，需要我们用一生去经历。

（2）大学阶段是人一生当中"理想自我"和"现实自我"差距最大的时候，大学生需要付出努力去缩小差距，使"现实自我"与"理想自我"尽快和谐统一。

（3）当我们爱真实的自己越多时，我们寻求验证和认可的次数就会越少。

（4）喜欢我们自己，并且接受我们原本的样子。

（5）自我成长是螺旋式上升的过程，当我们以为自己回到原点时，其实已经上了一个层次。

♥ 课后练习

（一）"我是谁"20 问

活动内容：请你根据自己的实际情况，尽快地完成以下 20 个句子。这些句子都是以"我是……的人"为结构的，请你在下面的横线上填上句子的中间部分，使句子完整。

1. 我是_____的人。
2. 我是_____的人。
3. 我是_____的人。
4. 我是_____的人。

5. 我是_____的人。

6. 我是_____的人。

7. 我是_____的人。

8. 我是_____的人。

9. 我是_____的人。

10. 我是_____的人。

11. 我是_____的人。

12. 我是_____的人。

13. 我是_____的人。

14. 我是_____的人。

15. 我是_____的人。

16. 我是_____的人。

17. 我是_____的人。

18. 我是_____的人。

19. 我是_____的人。

20. 我是_____的人。

觉察与思考：根据你完成的 20 个句子，完成表 2-3，进行相应统计。

表2-3　统计结果

类型	数量
资料性	
描述性	
正面评价	
中性评价	
负面评价	
关注过往	
关注当下	
关注未来	

通过此项活动，你对自己有没有新的发现？

（二）描绘自我形象

完成表 2-4，看看你对自己有什么新的认识。

表2-4　自我形象概貌

项目	真实的我	理想的我	别人眼中的我
身高			
体重			
性别			

续表

项目	真实的我	理想的我	别人眼中的我
相貌			
家庭出身			
性格			
爱好			
理想抱负			
职业梦想			
最欣赏自己的特质			
最不喜欢自己的特质			

填写完上表，你对自己有什么新的认识？

（三）夸夸乐优势大转盘

（1）呈现优势大转盘——人类个人优势：6大类，24小类（见表2-5）。

表2-5　人类个人优势

智慧	创造性，好奇心，批判性思维，好学，洞察
勇气	勇敢，毅力，诚实，热情
仁爱	爱与被爱的能力，善良，社交智慧
公正	团队合作，公正，领导力
节制	宽恕，谦虚，谨慎，自制
卓越	对美的欣赏，感恩，乐观，幽默，灵性

（2）找找我的优势，填写优势卡片（见表2-6）。

表2-6　我的优势卡片

我认为我最大的优势	他人认为我还有的优势
1.	1.
2.	2.
3.	3.

① 通过活动，你是否发现你以前所没有发现自己的优势？它们是什么？

② 当你看到同学们写的你的优势时，你有什么感受？

③ 你觉得他们所写的优势符合你自己吗？请列出符合的具体内容。

第三章
健全人格

　　我们每个人都是通过与他人交往互动时传递出去的各种信息符号被他人认识理解的。社会学家戈夫曼以符号互动论为理论基础发展出了"角色扮演理论"，他告诉我们整个社会就是大舞台，每一个生活、工作的场景则是与大舞台配套的一系列小舞台，而我们每个人除了睡眠之外，无时无刻不在各种各样的舞台上扮演相应的角色。要扮演好这些角色，我们必须首先明确各个角色的定义，更要了解自己的"本性"：我是一个怎样的人？我具有哪些人格特质？这些特质是如何形成的？我可以进行哪些调整和改变？

本章学习目标

　　（1）了解人格的概念、相关理论/研究以及人格的评鉴方法与工具。
　　（2）了解人格的发展阶段、影响因素以及大学生常见的障碍与问题。
　　（3）了解健全人格的标准以及提升自己的人格品质的方法。

第一节 | 洞察"面具"——人格概述与评鉴

　　很多年以前，有一位学大提琴的年轻人向大提琴家卡萨尔斯讨教：我怎样才能成为一名优秀的大提琴家？卡萨尔斯面对雄心勃勃的年轻人，意味深长地回答：先成为优秀而大气的人，然后成为一名优秀而大气的音乐人，再然后成为一名优秀的大提琴家。

一、"面具"杂谈——不同流派的人格理论

　　人格（personality）一词源自古希腊语 persona，它最初是指古希腊戏剧演员在舞台上演出时所戴的面具，与京剧中的脸谱类似，而后指演员本人，一个具有特殊性质的人。现代心理学沿用 persona 的含义来指代人格，如：①一个人在他人眼中的形象或外表，即在社会中向他人展示的自我形象，不一定是真实的自我；②一个人在生活中扮演的角色或真实的自我；③代表一个人的尊严和优越感，象征一个人的重要性与社会地位。

　　关于心理学中人格的定义，比较公认的是：人格是在先天的生物遗传素质基础上，个体与社会环境相互作用中形成的一种相对稳定、独特的心理行为模式。人格是一种稳定的动力系统，它影响着人的处事方式、内心体验、对世界的基本态度和基本信念。人格不等

于行为，它在一定程度上可以预测行为，但并不能准确预测行为，因为决定行为的还有环境，同时态度对行为也具有预测作用。比如一个内向型人格的人，并不总是具有内向的行为，关键是看与什么人在一起，或做什么事情。如果他与一个更加内向且要好的朋友在一起，可能会喋喋不休，或者如果是和别人一起从事一项自己擅长的活动时，可能也会积极主动、兴奋不已。一个攻击性强的学生，如果遇到一个强悍的体育老师，可能会服从，而遇到一个他讨厌又弱小的老师，可能就会顶撞无礼。因此，人的复杂性、多面性决定了对人格的诠释可以从多个角度展开。

心理学界主要存在 7 种不同流派的观点，他们对人格的理解就好像"盲人摸象"，有人摸到的是大象的腿，有人摸到的是大象的鼻子，还有人摸到的是大象的耳朵，他们在对人格进行理解时所强调的重点不同，虽然都不完善，但我们可以把这 7 种流派的理论看作互相补充的模型来理解人类的人格。

（一）生物学流派

1. 脑与人格

由于所有的行为都与神经系统的某个部分有关联，因此，脑神经解剖学和神经生物学都与人格有关。人们通过对脑外伤和外科手术的研究、直接的脑刺激、正电子发射体层成像（positron emission tomography，PET）等成像工具得到的数据，可以了解到完成各种心理任务和做出情绪反应时最活跃的脑区。研究者使用这些技术比较了不同人格特质在各种情境下的脑活动差异。

比如，杏仁核在产生情绪反应的过程中发挥了重要的作用。通过评估外界环境可能给自己带来的奖赏和威胁，杏仁核会引发心跳加速、血压升高等反应，慢性焦虑、恐惧等就是与杏仁核有关的人格特质。

额叶是人类特有的认知能力（如语言和预期未来事件）的基础，也与人类对自我和他人的理解、情绪调节有关。功能性磁共振成像（functional magnetic resonance imaging，fMRI）研究发现，这部分脑区的强激活常常出现在更容易体验负面情绪和表现合作性的个体身上。

脑干的一部分——上行网状激活系统（ascending reticular activating system，ARAS）是外向性和内向性的生理基础，上行网状激活系统阻碍传递信息的个体，往往具有主动寻求令人兴奋的个体、环境与活动的人格特质。

2. 生物化学与人格

神经递质与激素是行为的化学物质基础，这两种物质在神经系统内各细胞之间的信息传递过程中发挥着重要作用。

多巴胺在激活行为的过程中具有重要作用，它可能是外向型人格的基础。5- 羟色胺有助于调节情绪，它可以使个体对负面事件的过度激活反应减轻，因此可能会影响一个人是否具有稳定的人格特质。

男性激素睾酮对性活动、攻击行为、支配性有重要影响，对于那些在社会化过程中缺乏对攻击行为进行抑制的个体，睾酮水平既是攻击型相关人格特质与行为的成因，也是结果。

皮质醇在战斗或逃跑反应过程中发挥了重要作用，它的过度分泌可能会导致慢性焦虑，但分泌不足则可能导致危险的冲动行为并促成相应人格特质的形成。

3. 遗传与人格

身体外表的遗传性显而易见，然而，人格特质是否也与外表一样受到基因的影响，具有遗传性呢？行为遗传学家通过经典的双生子研究得出了人格特质的遗传力系数，认为并非所有的人格特质都来源于经验，其中的一些来源于基因。这说明某些家庭成员共有的人格特质（如寻求冒险、乐观、节俭等）并不单纯由环境决定，而是镌刻在基因中的。

4. 进化与人格

一种行为模式之所以发展起来，是因为它们在人类进化史上有助于个体生存和繁衍。根据进化论，一种行为越有助于个体生存和繁衍，该行为就越有可能传递给后代，并作为一种普遍的行为模式留存下来，成为具有适应性的人格特质。例如，人为什么具有攻击性？根据洛伦茨（Lorenz）的研究，攻击倾向可以帮助一个人保护领地、财产和伴侣，也会导致其在社会群体中表现出更高的支配性，获得更高的地位。抑郁甚至也是进化出来的适应性工具，当人们在面对丧失或失败时，会表现出痛苦、哭泣、乏力、悲观等，在种族进化史中这些反应有助于生存，正如伤腿的痛感可以让我们不再尝试用它行走，社会生活中出现的问题使人感到难受也一样重要，因为这表明繁衍甚至生存陷入危机，而哭泣有助于寻求社会支持，乏力和悲观则可以防止个体将精力和资源浪费在没有回报的事情上。

（二）精神分析流派

以奥地利心理学家西格蒙德·弗洛伊德为代表的精神分析流派关注的是人类行为模式背后隐藏的原因，他们认为遗传的本能与幼年经历决定了人的行为，任何行为都有着其本身的动机，而能量又出自先天的驱动力和本能，本能就是人格形成和发展的动力。本能有两种：一种是求生本能，一种是死亡本能。在求生本能中，弗洛伊德尤其强调性本能，他认为性本能是人类行为的原动力，决定了人的心理和人格。

1. 人格结构

精神分析流派将人的心理分为三个部分：本我——非理性和情绪化的部分、自我——理性的部分、超我——道德化的部分。这些不同的结构可以同时处理不同的思想和动机，因此人的行为和心理有时并不一致，自我的主要工作就是当冲突出现时，在相互竞争的动机、道德和现实之间，在个体同一时间想要做的不同事情之间寻求平衡。

2. 心理发展阶段

人的心理过程需要能量驱动才能不断进行下去，这种能量被称为心理能量或者力比多，它在特定时刻是稳定且有限的。心理发展是个体早期心理能量（即力比多）释放及重新定位的过程，心理能量的定位决定了心理发展的阶段。如果个体没有解决好该特定阶段出现的心理事件，就会在心里留下与该阶段相关的心理创伤，这种心理创伤会影响其进入下一个阶段。

3. 潜意识与防御

弗洛伊德提出了意识的三个层次：意识、前意识和潜意识。意识是你略微将注意转向内部的时候所能观察到的那部分心理活动。前意识是那些我们当时没有考虑到，但是很容易进入意识领域的部分。例如，现在天气怎么样？你早上吃的是什么？弗洛伊德认为最重要的部分是潜意识，它被埋藏得比较深，只有深挖才会现形。自我的一个很重要的职责就是将那些令人烦忧的东西牢牢地锁在潜意识层面。自我为了防止过度焦虑和相关的一些情绪体验所采用的技术被称为防御机制。从短期来看，人们通过否认、压抑、投射、合理化、升华等防御机制可以减少焦虑，但是从长期来看，可能会影响人们理解和处理现实问题，从而影响人格的发展与形成。

（三）特质论流派

特质论流派学者投入了大量精力致力于人格的研究方法。他们首先假设个体有各自独特的方式思考、感受和行动，这些模式被称为人格特质。人格测验的目的在于精确测量个体的人格特质如何不同。检验一个测量方法的标准是看它是否能够预测行为。例如，一个人如果在"支配欲"这一特质上的得分很高，我们就要看这个人是否在一个或更多生活情境中以支配的方式行动。

特质论学者还特别关注人的个体差异，他们想要测量一个人相比于其他人来说是更多还是更少地具备某种特质。在测量与比较的过程中发现以下几点。①从某些共有的心理特征（例如，基本的需要）的角度来看，所有人都是相似的，即具有共同的人性。②人们虽然具有个体差异的一些特征，但仍然可以把具有相似特征的个体分为一组。例如，性格开朗的人由于在某种程度上有类似的方面，所以可以把他们与内向的人区分开来。③在有些方面每个人都是独一无二的，和其他任何人都没有可比性。每个人的基因组成、过去经历以及世界观等特质与其他任何人都是不相同的。

（四）行为主义流派

人的行为不是完全自由选择的，而是环境影响的，是人所积累的经验的结果。行为主义流派强调个体的外部力量，认为个体的行为或人格差异来自或主要来自个体在成长过程中所面临的学习经验的差异。

这一流派主要通过研究行为的习得来研究人格，例如，该流派中的一种观点认为人格仅仅是通过操作性条件反射的强化而形成的一种惯常性的行为方式，如果人们能预测、控制人的行为，那么也就没有什么人格问题是不能解释和解决的。人格可以看作是个体的独特行为方式或这些行为方式的组合，人格研究就是去发现行为和行为的强化之间的独特联系。

（五）人本主义流派

人本主义流派对人格进行了不少研究，其主要特点是关心个体的有意识经验的整合和成长潜能，强调作为心理健康基础的个人的选择与责任，鼓励人们对自己的生活负责。自我实现（self-actualization）是人本主义的重要概念，人本主义流派认为实现自我的愿望是一种基本驱动力，是人所具有的多样化力量，而这些力量的不断交互作用塑造了人。人本主义流派认为，行为的各种驱动力量来自个人独特的生物和习得的倾向，这些倾向促使人向着自我实现的积极目标发展、变化。由此可见，自我实现是一种建设性、指导性的力量，发动人的积极行为去追求完善。

在方法上，人本主义流派还具有一些明显的特点。一是整体论（holism）观点，主张把人看作一个统一体，从人的整体人格去解释各个行为。二是倾向论（dispositional）观点，把自我实现看作是一种先天的倾向，与"人之初，性本善"的观点如出一辙。三是现象学（phenomenology）观点，主张个体的参照框架，认为应从个体自身的主观现实角度而不是分析者的客观角度去观察。四是存在主义（existentialism）观点，注重个人的意识的高度理性过程，以此解释经验和生存的各个方面。

（六）认知主义流派

认知主义流派主要从人的信息加工角度描述人类的行为模式，强调人和环境的互动性。他们认为，人遇到复杂事情时，会与认知结构发生交互作用，从而决定行为。他们认为人对环境有主动形成表征的能力，人既是自由的，又是被决定的。个体的信息加工过程被他对事件的预期所引导，这是人格和行为背后的基本力量。

（七）社会学习理论流派

社会心理学家班杜拉认为人的行为不仅受到外因（惩罚、奖励）的影响，同时也受到内因（信念、思想和期望）的影响。人们除了被动地接受行为塑造之外，还能通过观察别人（榜样）的行为举止而学习新的行为，即"观察学习"，这一过程也会对人格产生影响。这些观点使得人们开始关注父母行为、媒体内容对儿童行为和人格产生的影响。研究发现，那些有吸引力或有权力的榜样对其他人的影响力更大，如艺人、领袖和受欢迎的卡通人物。如果个体从榜样身上发现共同点（如相似的年龄、性别），那么个体也更容易通过观察学习，表现出榜样身上的特定行为方式。

👁 阅读材料　　　　**不同流派对攻击性人格特质的解释**

生物学流派：一些人的攻击倾向比另一些人更强，是因为他们在出生时就具有攻击性的素质，加之后天教养环境的影响，就成了爱攻击的成人。

精神分析流派：每个人都具有自我毁灭的无意识冲动，但一个具有健康人格的人是不会伤害自己的，所以这样的冲动就转向了外部，以攻击别人的方式表达出来。或者一个在实现自己的目标时屡遭挫败的人，就可能出现比较持久的攻击行为。

特质论流派：注重攻击行为的个体差异、稳定性，认为那些小时候喜欢推和撞的孩子，长大后更容易出现攻击行为，常出现虐待配偶和暴力犯罪的行为。

人本主义流派："人之初，性本善"，人并不是生来就具有攻击性。如果能在富足和充满鼓励的环境中成长，所有人都能成为乐观、和善的成人。当某种因素妨碍了这种成长过程，如基本需要得不到满足，人就有可能在遇到挫折时产生攻击性行为。

行为主义流派：攻击性行为也像其他行为一样，是通过学习而获得的。在游戏场所称王称霸的孩子发现，会打架很有好处，因为别的孩子都怕他们，所以他们想玩什么就能玩什么。解释行为的关键在于，得到好处的行为会重复出现。如果攻击行为不断得到好处，而不是惩罚，那么爱打架的孩子就会变成具有攻击性人格特质的成人。

认知主义流派：关注富有攻击性的人是如何加工信息的。环境中的一些特殊情节，如对枪支和打斗的想法、想象，往往会引发攻击性思维和情绪。当攻击性思维和情绪非常强烈时，人们更可能把攻击性行为解释为威胁情境，并对威胁者做出暴力反应。具有这种信息加工方式的人更可能形成攻击性人格特质。

二、天生不同——人格特质的有趣研究

"钟鼎山林，各有天性，不可强也。"

"一母生九子，九子各不同。"

"世界上找不到两片完全相同的叶子。"

……

这些我们熟悉的说法反映了人们对人格特质差异的认同，人格心理学家们一直通过各种研究方法对人格的差异、差异的成因以及差异的影响进行探索，取得了大量有趣的研究成果。

（一）人格特质存在性别上的差异吗

男女之间的人格特质差异主要体现在攻击性、嫉妒、情绪性、助人行为、成就动机、支配控制、价值观等方面。

1. 攻击性

心理学将攻击性定义为对他人有意挑衅、侵犯或对事物有意损毁等心理倾向和行为的表现。对年轻人而言，男性的语言和身体攻击行为发生率高于女性。从儿童首次意识到性别角色的期待开始，女孩的攻击行为发生率就明显下降。随着年龄的增长，攻击行为发生率的性别差异会逐渐减小，50 岁之后几乎没有差异。男女攻击性的差异虽然与激素分泌水平有一定关系，但主要受社会学习的影响。

2. 嫉妒

男性由于要面对父亲身份不确定这样的难题，对性行为的嫉妒水平高于女性。女性如果遭遇配偶资源的损失，她们的后代就会面临风险和威胁，因此女性情感嫉妒的水平比男性更高。

3. 情绪性

情绪性是指个人在人格上情绪易于激动的特征。以自我报告为依据的研究表明女性大多比男性更情绪化。而建立在观察基础上的研究结果显示，女性情绪认知的速度和准确性较男性有明显的优势，她们对自身和他人的情绪线索更为敏感，因此更容易受到抑郁情绪的影响。而男性的情感大多是自我取向的，因此自尊水平高于女性。

4. 助人行为

助人行为又称为利他行为。在社会化的过程中，男性和女性不同的文化和情境经验形成了他们不同的行为方式。在压力情境中，女性主动帮助人的可能性相对较小。在非压力情境中，女性更多地会以间接的方式助人。而男性更有可能在有压力、风险的情境中出手相助。

5. 成就动机

成就动机是指个体追求自认为有价值的事情，并使之达到预期目标的动机。中国男性的成就动机水平高于女性，但这个研究结果可能是由于性别角色社会化方面的差异导致的。例如，男性和女性对成功的定义并不相同，女性认为他人的认同是一种回报，有可能把别人的幸福看得比自己的成功更重要，因此在追求成就时会做出与男性不同的选择。

6. 支配控制

如果将侵犯行为定义为支配，那么男性肯定比女性具有更强的支配性。如果支配控制包括领导素质、控制行为、对抗控制行为等，则性别差异并不明显。

7. 价值观

男性和女性在价值观方面表现出不同的取向性。男性在权力、刺激、享乐主义、成就、自我定向等方面的追求高于女性；女性在仁慈、博爱、安全等方面的追求高于男性；在传统和服从方面则没有明显的性别差异。

（二）人格特质会影响健康与寿命吗

人格特质与寿命长短之间有密切的关系。寿命较短的人往往具有容易生气、情绪不稳、焦躁、忧郁等性格特点。以下四种类型的特质最容易对健康和寿命造成威胁。

1. 脾气暴躁型

每次发脾气都会给自己的身体增加一份负担。身边的事例也常提醒我们，脑卒中、心肌梗死等病症的发生与生气、遇到重大压力事件等有关。

2. 忍耐忧郁型

与脾气暴躁的人不同，有些人遇到事情习惯于忍气吞声，把悲愤、生气、郁闷压在心底。这类人不但在社交方面处于劣势，身体素质也大打折扣，这种性格的人易患外周动脉疾病，早亡的概率更大。

3. 多疑嫉妒型

多疑嫉妒型人的人际关系一般都不好，容易感到孤独、郁闷、惴惴不安，严重的还会产生被害妄想。对别人怀有敌意、处处提防他人的人内心承受着较大的压力，导致体内一种蛋白质含量骤升，该蛋白质与心脏病、糖尿病有很大关系。

4. 拖拉散漫型

一般来说，组织性强的人要比意志薄弱的人寿命更长。因为相比做事散漫的人，能控制自己的人不容易染上抽烟、酗酒的恶习。

（三）人格特质有跨文化的差异性吗

在人与人的互动关系中，西方文化重视个体潜能的实现，而东方文化更强调自我克制与顾全大局；在人与环境的互动关系中，西方文化重视人对环境的操控，而东方文化更强调人与环境的融合。人格作为人类的一种抽象形式是各文化成员共有的，具有文化的差异性，东方人比西方人有高的情绪性和低的外向性。在所有的社会文化中，男性都比女性更有攻击性、支配性，在竞争性和犯罪行为上也与女性有着较大的差异。

（四）动物拥有个性吗

动物研究人员发现，几乎每一种动物（从蜘蛛到鸟类再到大象）都有自己的个性，它们的偏好、行为和怪癖贯穿一生。

尽管一些学者认为这是一种拟人化或是将人的性格归因于动物，但动物性格研究人员已经能够通过经验测试识别出动物的某些一致行为模式，验证了个性在动物种群的存在。

三、知己知彼——人格特质的观察与评估

当你得知通过回答某些问题就可以帮助你判断自己是哪种人格类型，是不是有些迫不及待地想要探个究竟？你是否曾经对那些有关不同血型的性格描述兴趣盎然、笃信不疑？或者，你是否乐此不疲地参加那些测试性格的小游戏，惊叹着结果居然这么像你？！又或者，你是否一次次在别人对你的评价中不断反思这是否就是真实的自己？

大家一定好奇什么是测量人格特质的科学方法，人格心理学家们是通过哪些科学的方法帮助人们更加准确地了解自己的？学者们认为，想要了解一个人，至少可以从四个方面寻找线索：①简单地询问本人对自己人格的评价（自我报告）；②询问熟人对这个人的评价（知情者的报告）；③观察这个人在生活中的表现（生活事件）；④直接观察这个人的实际行动（行为观察）。每一种都能够提供至关重要的信息，也都存在一定的局限，因此，没有哪一种指标能够对一个人的人格做出完美的评定，我们需要综合所有线索所提供的信息来理解一个人的人格。

在具体的操作方法上，许多研究者倾向于采用自陈式人格问卷，在施测过程中，受测者需要回答一系列有关自己的问题，问卷中的问题可以是封闭的（如，"我很喜欢大部分人。"），受测者需要对这一说法的认可程度做出选择。对于这个问题，受测者的认可程度

越高,说明受测者越可能具有友好、亲和的人格特质。当然,问题也可以是开放的（如,"你常常参加哪些休闲活动？"）,受测者可以自由地陈述对这个问题的反馈。如果受测者的回答越多地提到与人有关的活动,越说明受测者可能具有友好、亲和的人格特质。我们可以把这种方法理解为以不同表述问同一个问题——"你是一个友好的人吗？",从而来评定受测者是否具有这样一种人格特质。但是,精神分析流派的学者对人们不能描述的东西更感兴趣,他们要求受测者对模糊不清的刺激做出反应,从而了解某些无意识的想法,然后由训练有素的心理学者进行解释。人格的投射测验就是基于这一理论基础产生的。行为主义流派的学者则通过观察行为来确定一个人稳定的行为方式。如果他们要考察一个人的"合作性",可能会去观察人们怎样完成一个必须集体完成的任务。如果一个人在这项任务的完成过程中常常能够体恤他人并且始终关注集体目标的达成,这个人就被认为是具有"合作性"的。简而言之,人格特质的测量方法取决于不同流派的人格心理学家们对人格的理解。下面我们将对自陈式人格问卷和人格的投射测验这两种基本的人格测评工具进行介绍。

（一）自陈式人格问卷

1. 明尼苏达多相人格调查表（minnesota multiphasic personality inventory, MMPI）

该量表由美国明尼苏达大学教授哈撒韦（Hathaway）和麦金利（Mckinley）于20世纪40年代制定,是迄今应用极广、颇具权威的一种纸–笔式人格调查表。该量表最常用于鉴别精神疾病或是否具有一些精神病性的人格倾向。

2. 卡特尔16项人格因素问卷（Cattell Sixteen Personality Factor Questionnaire, 16PF）

该问卷由美国伊利诺伊州立大学人格及能力测验研究所教授卡特尔（Cattell）经过几十年的系统观察和科学实验编制而成。由于受到化学元素周期表的启发,他力图建立一个与之类似的人格特质表,最终用因素分析法确定了16种相互独立的特质维度,以全面评价整个人格,并实现对特质维度个体差异的量化比较。该问卷在国际上颇有影响力,具有较高的效度和信度,广泛应用于人格测评、人才选拔、心理咨询和职业咨询等工作领域。这16种人格特质维度分别是：①孤独内向 - 开朗合群；②冲动激动 - 情绪稳定；③迟钝狭隘 - 兴趣广泛；④谦逊顺从 - 支配攻击；⑤严肃拘谨 - 轻松兴奋；⑥畏怯退缩 - 敢作敢为；⑦粗心敷衍 - 认真尽责；⑧理智分析 - 多愁敏感；⑨信赖宽仁 - 怀疑猜忌；⑩合乎常规 - 幻想不羁；⑪坦白直率 - 精明世故；⑫沉着自信 - 忧虑抑郁；⑬保守传统 - 激进自由；⑭依赖从众 - 独立主见；⑮缺乏自控 - 自律严谨；⑯平心静气 - 紧张困扰。

3. 艾森克人格问卷（eysenck personality questionnaire, EPQ）

该问卷由英国伦敦大学心理系和精神病研究所艾森克教授编制。他搜集了大量有关非认知方面的特征,通过因素分析归纳出人格的三个基本因素：内外向性、神经质（又称情绪性）和精神质（又称倔强、讲求实际）,人们在这三方面的不同倾向和不同表现,便构成了不同的人格特征。该问卷是目前医学、司法、教育和心理咨询等领域应用最为广泛的问卷之一。

4. 大五人格量表（Big Five Personality Scale）

这是近年来大多数研究者比较认同的人格量表,认为大约有以下五种特质可以涵盖人格描述的所有方面。

（1）开放性（openness）：具有想象、审美、情感丰富、求异、创造、智能等特质。

（2）责任心（conscientiousness）：显示胜任、公正、条理、尽职、成就、自律、谨慎、克制等特点。

（3）外倾性（extroversion）：表现出热情、社交、果断、活跃、冒险、乐观等特质。

（4）宜人性（agreeableness）：具有信任、利他、直率、依从、谦虚、移情等特质。

（5）神经质（neuroticism）：表现出难以平衡焦虑、敌对、压抑、自我意识、冲动、脆弱等情绪的特质，即不具有保持情绪稳定的能力。

5. 迈尔斯-布里格斯人格类型测验（Myers-Briggs Type Indicator，MBTI）

该测验是由美国的伊莎贝尔·B.迈尔斯（Isabel B.Myers）和凯瑟琳·C.布里格斯（Katherine C.Briggs）在瑞士著名心理学家卡尔·荣格的心理类型理论基础上编制的。MBTI是一种迫选型、自我报告式的性格评估测验，用以衡量和描述人们在获取信息、做出决策、对待生活等方面的心理活动规律和性格类型。该测验共有四个维度。

（1）精力支配（把注意力集中在何处，从哪里获得动力）：外向（extraversion，E）-内向（introversion，I）。

（2）认识世界（获取信息的方式）：感觉（sensing，S）-直觉（ntuition，N）。

（3）判断事物（做决定的方式）：思维（thinking，T）-情感（feeling，F）。

（4）生活态度（对外在世界如何取向）：判断（judging，J）-知觉（perceiving，P）。

四个维度里的各项指标经过组合，形成16种不同的性格类型（如ESFP、ISFP等），每种类型都有相对应的心理和行为特点。测评结果可以应用于职业发展、职业咨询、团队建议、婚姻教育等方面的决策建议，是目前国际上应用较广的人格评估工具。

（二）人格的投射测验

1. 罗夏墨迹测验

罗夏墨迹测验由瑞士精神医学家罗夏于1921年编制，测验材料为10张墨迹图，其中5张是由浓淡不同的黑色印成的，2张是由黑与红色印成的，3张是由多种颜色印制的。主试者按一定顺序把墨迹卡片一张接一张地给受测者看，并让受测者说出他看的墨迹图形像什么，由此他想到了什么，并记录受测者的反应。受测者在被试过程中不知不觉地从对一滴墨水的反应中流露出其思想感情和对事物的态度，主试者从这些反应中分析、判断受测者的人格特征。

心理测试

MBTI

2. 主题统觉测验

主题统觉测验是投射测验中与罗夏墨迹测验齐名的一种测验工具。测验材料由30张黑白图片组成，根据受测者的年龄、性别，采用其中20张进行测试。该测验要求受测者根据图片讲故事，每个故事约15分钟。主题统觉测验对了解受测者与其父母的关系及存在的障碍尤为有用。

3. 房树人测验

房树人测验要求受测者在同一张纸上画出房屋、树木及人，然后专业人员会根据一定的标准，对这些图画进行分析、评定和解释，以此来了解受测者的心理状况与人格特点。同时，还从房、树、人三者的互动关系来进行分析，例如从房屋及人的位置与距离可以看出受测者与家庭的关系等。

（三）人格特质的跨文化差异

西方的个体主义文化强调个人的需要和成就，崇尚人的自主与独立。东方的集体主义文化倾向于把自己归属于一个较大的群体，如家庭、宗教或国家，对合作的兴趣胜过竞争，更希望从群体成就中获得满足。此外，国家类型或氛围作为环境因素与人格差异有关，民族历史中偶然事件的发生、人群之间遗传的差异也与个体人格中的某些差异有关。

第二节 | 相遇真我——人格的形成与偏差

自身的人格特质是我们人人都关心的问题，但我们更关心的是这样的"我"是如何发展起来的，我们的成长经历了哪些重要的阶段，又会受到哪些因素的影响以及可能出现哪些问题。

案例

2019 年的热播剧《都挺好》讲述了一个普通家庭的母亲突然去世之后，三个原本鲜有联系的兄妹因为父亲的赡养问题重聚，在一系列矛盾冲突中展现出了各自因不同成长经历而形成的鲜明个性。

大儿子从小背负父母厚望，专注于自己的学业，对弟弟和妹妹之间的打闹、争斗关心不多，属于性格较为软弱、缺乏立场的"老好人"。在处理父亲赡养问题这件事上，他的一味"愚孝"一度让自己的小家庭和事业陷入危机。

二儿子从小被母亲溺爱，抢占了妹妹在家里的资源而不自知，婚后仍将依靠父母视为理所当然，是精神上没有断奶的"巨婴"。母亲的去世让他失去了精神支柱，生活频频遭受打击。

小女儿从小笼罩在重男轻女的家庭氛围之下，母亲的苛待、父亲对这种现象的无视、大哥的漠视、二哥的欺负，最终让她对自己的父母和家庭心灰意冷。在十多年极不公平的家庭待遇下，她毅然选择离开家庭、独自打拼，练就了自主叛逆、勤勉顽强、勇于担当的女强人性格，成功的事业背后却是她无处安放的情感和割舍不断的亲情纷争。

正是一个个冲突、问题的接连出现，让三兄妹重新反思自己的成长历程，开始正视个性中的不足之处。

一、成长里程——人格的发展阶段

（一）弗洛伊德的人格发展五阶段

1. 口唇期（0～1岁）

这是个体性心理发展的最原始阶段，其原始性的性力集中在口部，靠吮吸、咀嚼、吞咽、咬等口腔活动，获得快感与满足。若口唇期婴儿在吮吸、吞咽等口腔活动中获得满足，长大后常会有正面的口腔性格（oral character），如乐观开朗。反之，若此时期的口腔活动受到过分限制，婴儿无法由口腔活动获得满足，长大后将会有负面的口腔性格，如口腔性依赖（oral dependence）。它是一种幼稚性的退化现象，指个体遇到挫折时，不能独立自主地去解决问题，而是向成人（特别是向父母）寻求依赖，有一种返回母亲怀抱寻求安全的倾向。又如口欲施虐（oral sadism），是指个体不自觉地咬人、咬坏东西的口腔倾向，甚至在行为上表现出咬指甲、烟瘾、酗酒、贪吃等，在性格上具有悲观、依赖、退缩、猜忌、苛求等负面的口腔性格。

2. 肛门期（1~3岁）

这一阶段性敏感区转到肛门，儿童主要靠大小便排泄时所产生的刺激快感获得满足，这一阶段主要对孩子进行排便训练，这是儿童第一次接触到外部纪律或权威。一般来说，如果排便训练过于严格，儿童会形成过度控制的行为习惯，如洁癖、吝啬和强迫的人格特征，也有可能造成儿童的反抗，从而形成肛门滞留型性格，具备过度铺张浪费、越轨的人格特征；如果排便训练过于随便，儿童在成年后容易形成肛门排泄型性格，具备肮脏、浪费、凶暴和不守秩序等人格特征。

3. 性器期（3~5岁）

儿童在这一阶段主要靠性器官获得满足，这个阶段生殖器成为性敏感区。这一阶段的性满足涉及对异性父母的性幻想以及玩弄和展示生殖器。儿童以异性父母作为"性恋"的对象，恋父情结和恋母情结正是在这一阶段产生的。首先是恋母情结（又称俄狄浦斯情结），男孩对母亲产生爱恋、仇恨父亲，行为上模仿父亲，以寻求母亲的关注。其次是恋父情结，女孩对父亲产生爱恋，仇视母亲。典型的表现就是翻箱倒柜，把妈妈的化妆品、高跟鞋、裙子等往自己身上套弄，以引起父亲的注意。

儿童在仇恨同性父母的同时又害怕报复，最后压抑自己的性欲，停止对同性父母的敌视，逐渐接近、接纳、认同同性父母。在性器期停滞所导致的人格特征称为性器型人格特征，具有这类人格特征的人由于没有解决好俄狄浦斯情结或伊莱克特拉情结，男性表现为行为鲁莽、狂妄，事事追求表现男子汉气概，女性则表现出因男性妒羡相关的行为。

4. 潜伏期（5~12岁）

这一阶段儿童的力比多受到压抑，没有明显表现，其发展呈现出一种停滞或退化的现象。7岁以后的儿童兴趣扩大，由对自己的身体和父母的关注转变到关注周围的事物，因此从原始的性力来看，呈现出潜伏状态。这一时期的男孩和女孩之间，在情感上较之前疏远，团体活动多呈男女分离趋势。这是由道德感、美感、羞耻心和害怕被别人厌恶等心理力量发展而来的，这些心理力量与儿童时期的毫无掩饰的性冲动是对立的。这种发展一半归于家庭教养和社会的要求，另一半则归于躯体的发育。这一时期的性冲动暂时停止活动，儿童中止对异性的兴趣，倾向多和同性者来往。儿童在这个时期的最大特点是对性缺乏兴趣，男女儿童的界限已很清楚，但是性力的冲动并没有消失，而是转向今后社会生活所必需的一些活动——学习、体育、歌舞、游戏、交往等社会允许的活动之中。

5. 生殖期（12~20岁）

这一阶段个体的性器官开始发育成熟，生殖器成为主导的性敏感区，其他性敏感区成为辅助的性敏感区。此时期个体性器官逐渐成熟，两性在生理上和心理上的差异开始显著。自此以后，性的需求转向相似年龄的异性，个体开始有了两性生活的憧憬，有了婚姻、家庭的意识，至此，性心理的发展已臻成熟。

弗洛伊德认为极少有人真正达到了人格发展的最高阶段——生殖阶段，生殖型人格是弗洛伊德最推崇的理想人格。具有这种人格的人，不仅在性的方面，而且在心理和社会方面都达到了完美的境界。他们能消除本能力量的破坏作用，使之富于建设性，有能力实现完满的爱情生活，获得事业上的成功。换句话说，具有生殖型人格的人，有能力控制和引导他们自身的大量力比多，使之通过升华的途径释放出来，为人类社会的文明和共同福利作出贡献。

这五个阶段中，前三个阶段是人格发展的重要阶段，为成人后的人格模式奠定了基础。弗洛伊德认为，人格在发展过程中会遇到两种危机：一是固着，指不论在人格发展阶段满足过多或过少，都会使力比多停滞在这个阶段，从而使个体成年后表现出该阶段的人格特征；二是倒退，即个体在人格发展过程中遇到挫折，从而从高级阶段返回到低级阶段，表现出低级阶段的人格。因此，他认为固着和倒退是人们心理和人格发展受阻的原因。

（二）埃里克森的心理社会发展理论

美国心理学家埃里克森的心理社会发展理论认为，儿童人格的发展是一个逐渐形成的过程，它必须经历一系列阶段，每一阶段都有一个由生物学的成熟与社会文化环境、社会期望之间的冲突和矛盾所决定的发展危机，每一个危机都涉及一个积极的选择与一个潜在的消极选择之间的冲突。人格的发展贯穿于个体的一生，整个发展过程分为八个阶段。

1. 婴儿期：信任对不信任（0~1岁）

本阶段的主要发展任务是满足生理上的需要，发展信任感、克服不信任感，体验希望的实现。如果一个人在人生最初阶段建立了信任感，将来在社会中就会成为易于信赖和满足的人；反之，这个人将成为不信任别人和贪得无厌的人。

2. 儿童早期：自主对羞怯（1~3岁）

本阶段的主要发展任务是获得自主感、克服羞怯和疑虑，体验意志的实现。儿童在这一阶段已不满足仅仅停留在狭窄的空间之内，而渴望探索新的世界。如果父母对儿童的态度能够掌握分寸，利用儿童对自己的信任，在某些方面给予有节度的控制，同时在某些方面给予适度的自由，那么将有助于儿童形成宽容和自尊的性格。

3. 学前期：主动对内疚（3~6岁）

本阶段的主要发展任务是获得主动感、克服内疚感，体验目的的实现。本阶段儿童有了更多的自由，能从言语和行动上来探索和扩展环境，感到向外扩展并不难以达到的，但又感到在闯入别人范围，要与别人的自主性发生冲突，于是产生一种内疚感，阻碍主动性的形成。因此，个人未来在社会中所能取得的工作成绩、经济上的成就等都与儿童这个阶段的主动性发展的程度有关。

4. 学龄期：勤奋对自卑（6~12岁）

本阶段的主要发展任务是获得勤奋感、克服自卑感，体验能力的实现。这一阶段是儿童继续投入精力，尽自己最大努力来改造自我的过程，也是有关自我成长的决定性阶段。这时儿童一方面积蓄精力、勤奋学习，以求学业上的成功，另一方面他在追求成功的努力中又掺有害怕失败的情绪。因此，勤奋感和自卑感构成了本阶段的主要危机。其中自卑感的产生可以有各种不同的根源，原因之一就是前一阶段任务没有很好地完成。同样的，大多数人将来对学习和工作的态度、习惯则可溯源于这一阶段的勤奋感。

5. 青年期：自我同一性对角色混乱（12~18岁）

本阶段的主要发展任务是建立同一性、防止混乱感，体验忠诚的实现。其中自我同一性是指个人的内部和外部的整合和适应之感。埃里克森承认社会的冲突和要求促使青年变得困扰和混乱，但前面四个阶段为个人提供了建立"同一性"的"材料"，在这个阶段，个人必须同化这些材料。如果青年在这个阶段获得了积极的同一性而不是角色混乱，就会发展出明确的自我概念，对自己的未来产生方向性并形成忠诚的美德，否则就会觉得迷茫没有方向。

6. 成年早期：亲密对孤独（18～25岁）

本阶段的主要发展任务是获得亲密感、避免孤独感，体验爱情的实现。个体在这个时期需要与他人建立亲密的友谊关系、考虑建立伴侣或者恋爱关系，获得亲密感，否则就会感到孤独。这个阶段的发展决定了个体能否满意地步入社会，否则个体会与社会疏离，感到孤独和寂寞。

7. 成年中期：繁殖对停滞（25～65岁）

本阶段的主要发展任务是获得繁殖感、避免停滞感，体验关怀的实现。个体需要承担社会工作、照顾家庭、生育与抚养孩子的责任。此时个体的创造能力和抚养能力达到峰值，会产生关怀感。如果个体不愿意或者不能够承担这种责任，就会停滞不前和以自我为中心。发展顺利者会热爱家庭、关心社会、关爱他人、有责任感和义务感，发展不顺利者会不关心他人和社会，感觉生活没有意义。

8. 成年晚期：自我整合对绝望（65岁以上）

本阶段的主要发展任务是获得自我完善感、避免失望和厌恶，体验智慧的实现。个人回顾自己的生活时，觉得是有意义的、成功的、幸福的，抑或是没有履行承诺、没有实现目标的。发展顺利者会安享晚年，随心所欲，发展不顺利者会悔恨旧事。

二、何以为"我"——人格形成的影响因素

在人格的形成过程中，各个因素对人格的形成与发展起到了不同的作用。遗传决定了人格发展的可能性，环境决定了人格发展的现实性，教育起到了关键性作用，自我调控系统则是人格发展的内部决定因素。

朋辈说

从人生阶段看人格
发展

（一）遗传

许多心理学家认为，双生子研究是研究人格遗传因素的最好方法。研究者选择同性别、生活在同一家庭环境中的异卵双生子和同卵双生子进行比较，如果研究结果表明同卵双生子比异卵双生子更像，就可以归结为遗传的作用。但对这一结果还有不同的解释，即同卵双生子比异卵双生子的人格更相似，还可能是因为同卵双生子比异卵双生子受到父母更为相同的对待。于是心理学家研究那些出生后被分开抚养的同卵双生子，并将研究结果与过去对共同抚养的双生子的研究进行了比较，结果发现同卵双生子的人格特点比异卵双生子的更为接近，进一步证实了遗传对人格形成的作用。

（二）早期的人生脚本

一岁前，个体就开始勾画人生脚本的雏形，这个脚本将在相当大的程度上决定一个人的性格，决定他未来的命运。每个人都与环境有独特的互动模式，人们通过行动、感受获得经验，并在心里留下独特的印记，所有这些就构成了一个带有基本生活脚本的独特的人。这个基本脚本包括我、他人、环境以及三者之间的关系（比如，我是谁？我是否被他人和

世界喜欢、接纳、关注？），这些构成了个体关于自我的记忆，并将一直保留下去。随着年龄的增长，个体对他人和外部世界的感受会不断细化，并产生一些应对机制（比如，别人这么对我，我应该怎么办呢？），但都是在最初构建的底色之上。我们常说的"三岁看大，七岁看老"，在三岁的时候，一个人的人生脚本就基本完成了，也就是说个体形成了对他人和世界以及与自我的关系的基本看法，他们根据自己在关系中的行动探索所获得的反馈，形成了一套基本的行为模式，从而决定了自我人格的雏形。

（三）后天环境

后天环境的因素是多种多样的，大到社会文化因素，小到家庭因素，这些因素对人格的形成与发展都有重要的影响。

1. 社会文化环境

每个人都处在特定的社会文化环境中，文化对人格的影响极为重要。社会文化塑造了社会成员的人格特征，使社会成员的人格结构朝着相似的方向发展，这种相似性具有维系社会稳定的功能，又使得每个人能稳固地"嵌入"整个文化形态里。

2. 家庭环境

家庭结构、经济条件、居住环境、家庭氛围等和教养方式的不同对人格发展和人格差异具有不同的影响。研究发现，权威型教养方式的父母在子女的教育中表现得过于支配，孩子的一切都由父母来控制。在这种环境下成长的孩子容易形成消极、被动、依赖、服从、懦弱，做事缺乏主动性，甚至不诚实的人格特征。放纵型教养方式的父母对孩子溺爱，让孩子随心所欲，父母对孩子的教育有时出现失控的状态。在这种家庭环境中成长的孩子多表现为任性、幼稚、自私、野蛮、无礼、独立性差、唯我自尊、蛮横胡闹等。民主型教养方式的父母与孩子在家庭中处于一种平等和谐的氛围当中，父母尊重孩子，给孩子一定的自主权和积极正确的指导。

3. 学校环境

有人将学校称为"修正人格的工厂"，可见，学校对人格形成和定型有深远的影响。如果学校生活中的体验主要是紧张、压抑和沮丧的，那么个体就较容易出现各种心理问题，不利于人格的构建。反之，如果学校生活的体验主要是轻松、乐观和积极的，那么个体的心理状态就会倾向于积极良好，有利于人格的构建。校风也影响人格的形成，良好的校风、班风促使学生养成勤奋好学、追求上进和自觉遵守纪律等人格特征，不好的校风会使学生形成懒散、无组织、无纪律等特性。教师的言行对学生的人格的形成会产生潜移默化的作用。对那些具有高尚品格、渊博知识、强烈事业心和责任感、富有同情心的教师，学生会乐于听取其教育；而对没有威信、缺乏责任心的教师，学生不愿接受其教育，这可能会导致学生形成自暴自弃、不求上进等性格。

4. 自然物理环境

生态环境、气候条件、空间拥挤程度等物理因素都会影响到人格的形成与发展。比如，气温会提高某些人格特征出现的频率，如炎热的气候会使人烦躁不安；生活在辽阔地域的人们更易于形成豪爽、豁达的性格等。但自然环境对人格不起决定性的作用，在相同物理环境中，人也可以表现出不同的行为特点。

总之，人格是在个人与环境相互作用的实践活动中形成和发展起来的，但任何环境因素都不能直接决定人格，它必须通过个人已有的心理发展和心理活动才能起作用。各种社会影响因素首先要为个人接受和理解后，才能转化为个人的需要、动机和兴趣，从而推动其思考与行动。因此，个人的理想、信念、人生观、价值观等对接受社会环境的影响，以及对个人良好人格品质的形成与发展具有决定性作用。此外，个人已有的心理发展水平对人格品质形成的作用也会随着年龄的增加而日益加强。

三、洞见不足——人格障碍与问题

（一）大学生常见的人格障碍

人格障碍是指人格特征显著偏离正常人而使患者形成了特有的行为模式，不能适应正常的社会生活，是不伴有精神症状的人格适应缺陷。有人格障碍的大学生一般能处理自己的日常生活和学习，智能正常、意识清醒，但由于缺乏对自身人格的自知，常与周围人发生冲突，且很难从错误中吸取应有的教训加以纠正。人格障碍类别很多，在大学生中较为常见的人格障碍如下。

1. 强迫型人格障碍

强迫型人格障碍的核心特质是特别地追求完美，这种追求完美并不能让个体把事情做得更完美，有时甚至完全无法完成一件事情，从而给工作和生活带来麻烦，甚至造成阻碍。由于追求完美的动机太过强烈，所以即使是对自己能做成的事，也总是觉得不满意，会用大量的时间去修改、重做，导致行为拖延、工作低效，并且在很多具体的社会功能化层面都显示出了大量的问题和滞后。这是一种沉湎于秩序、完美，以及精神和人际关系上的控制，而不惜牺牲灵活性、开放性、和效率的普遍行为模式。这种行为模式存在于各种生活情景之下，主要表现为以下四项症状。①沉湎于细节、规则、条目、秩序、组织或日程，以至于忽略了活动或者是事件的要点。②表现出妨碍了任务完成的完美主义。③过度地投入学习或工作，以至于无法顾及娱乐活动和朋友关系。④对道德伦理或价值观念过度在意，他们脑子里常常有个想法：我觉得事情应该这么做，人和人之间应该是这个方式，这个事情的框架或者节奏应该如此。

2. 偏执型人格障碍

这是一种以猜疑和偏执为主要特点的人格障碍，表现为主观、固执、敏感多疑、好忌妒、心胸狭隘。一方面自我评价过高，过分自负，总认为自己正确，好与人争论，喜欢钻牛角尖，脱离实际地争辩，固执地追求个人不够合理的"权利"或利益，容易与他人发生冲突和争执。另一方面，猜疑心强，对人充满不信任和戒备，常将他人无意的、非恶意的甚至是友好的行为误解为敌意或歧视，容易感情冲动，并伴有攻击性行为。在遭遇挫折和失败时，习惯把责任推给客观环境和他人。这类人格障碍在大学生中较为突出，多见于男大学生，常常表现为酗酒闹事、打架斗殴等。

3. 反社会型人格障碍

反社会型人格也称精神病态或社会病态。这种人格引起的违法犯罪行为最多，同一性质的屡次犯罪、罪行特别残酷或情节恶劣的犯人，其中 1/3 ~ 2/3 的人都属于此类型人格。具有这种人格的大学生以行为不符合社会规范为主要特征，往往缺乏道德观念，对现实社会的主导价值和规范不仅没有吸收的欲望，而且总试图加以否定；行为自私，对他人冷酷、仇视、缺乏好感和同情心；危害别人时没有负罪感和内疚感，不能从挫折与惩罚中吸取教训，缺乏罪恶感；他们大多以自我为中心，以个人满足为目标，没有爱恋能力，对人也不忠实；这类人的情绪极不稳定，常被一时的冲动性动机所支配而发生不负责任的行为，没有社会责任感和羞愧心，对社会的不满和无知使得他们的社会交往充满对立和怀疑，社会适应困难，有时可能伴有畸形的侵犯动机，甚至走向犯罪。

4. 情感型人格障碍

情感型人格障碍在大学生中所占比例较高，包括三种形式：亚抑郁型人格、轻躁狂型人格及循环型人格。亚抑郁型人格多表现为忧郁过度、灵活性差、办事过分认真，但因精力有限，力不从心，常常发出"生活如此沉重"的感慨。看任何事情都会从悲观的角度出发，遇到一件小事就会引来一阵长吁短叹，自信心不足，常常闷闷不乐、少言寡语、情绪低落。轻躁狂型人格则与此相反，多表现为过度乐观、情绪高涨、精力过剩，喜欢夸夸其谈、办事不牢靠，有很多设想，但却有始无终，常常感情用事、招惹是非，易引起他人的不满和不信任。循环型人格介于两者之间，有周期性的起伏波动，时而情绪高涨、非常兴奋，对一切表现出极大兴趣，时而情绪低落、郁郁寡欢，干什么都没有兴趣。

5. 边缘型人格障碍

边缘型人格障碍主要以情绪、人际关系、自我形象、行为的不稳定，并且伴随多种冲动行为为特征。核心症状是具有由不稳定的冲动情绪所导致的长期的人际关系的不稳定。他们在人际关系中具有十分强烈的不安全感，害怕被抛弃，甚至害怕独处；对外界的信息非常敏感，总是需要他人的陪伴、帮助和理解，如果这样的需求不能得到满足，他们就会爆发出剧烈的情绪冲动，甚至做出自伤或自杀的行为；他们常常处于"情绪过山车"的状态中，强烈的焦虑导致强烈的抑郁，强烈的抑郁又导致另外一种强烈的情绪，这种状态一般会持续几小时甚至几天；他们的自我是不稳定的，他们对自我价值的认可或否定完全来自与他人的相处，并且常常觉得空虚与迷失。这一人格障碍在女性中更为常见，有这一人格障碍的人在恋爱关系中常常遭遇挫折，并做出过激行为。

6. 自恋型人格障碍

有自恋型人格障碍的人对人对己的基本看法通常是："我是卓越的、才华出众的，别人比不上我，所以都嫉妒我。"他们希望受到别人特别的关注，并且认为别人对自己的赞美、关心、帮助都是理所当然的；对无限的成功、权力、荣誉有非分的幻想，认为这些也理所应当是属于他们的。因此，他们会颐指气使地对待别人，要他人为自己服务；他们缺乏同情心、对人冷漠，有时会利用或玩弄他人的感情；他们没有责任感，更没有愧疚感，做错事总会寻找借口和"替罪羊"，对批评的反应是愤怒、羞愧和敌意，甚至会采取报复行动；他们热衷于与他人竞争和比较，希望能在竞争中打败他人，以证明自己的优秀。当他们无法胜过他人时，就会充满嫉妒与敌意，对竞争对手进行恶意攻击或陷害。

（二）大学生常见的人格问题

这里提到的人格问题，是指作为一种人格特质可能给个人的日常生活造成较大的困扰，但并未上升到人格障碍的程度。当然，正如人格障碍一样，我们也不能对大学生的人格问题予以尽述，以下只是举例，供大家参考。

1. 神经质人格

神经质人格是人类成长过程中，在先天气质和后天教养综合作用下，以焦虑、自我抑制（压抑）或自我否定的方式，以主观想象的形式满足人生重要的需求为特征的人格类型。其本质特点是对正常生活事件过于担忧和焦虑，及其产生的对真实需要和体验的抑制。所谓过于担忧和焦虑是指焦虑是出于想象和病态机制，不是如实反映现实的危险或威胁，而真实需要和体验的抑制则是过度焦虑的行为后果。这一人格可以从以下三个层次来加以描述。

（1）刻板、不灵活、偏执

主要表现：一是焦虑易感性，即对危险和损失等消极事件具有优先的反应。在一般人看来是中性或积极的事情，也会引起神经质人格者的焦虑反应。二是强迫与偏执，这是受焦虑影响的结果，做一件事情思前想后，重复无效思维，或过分投入、钻牛角尖，易产生着魔思想。三是抑制，即气质上具有抑制性和不兴奋性，人格以内向为主，遇事爱想象而不善于行动，不善于表达自己。当害怕某人时，对他的不合理行为不能有效地回应，越是对某人不满，越是压抑。

（2）意志缺陷（或称行为的被动性）

主要表现：一是行为选择缺陷，易生冲突，神经质人格者没有坚定的意志，做事优柔寡断、冲突不断、自己反对自己、遇事没有主见。二是缺少道德愉快体验，具有强烈的道德禁忌体验，即推动神经质人格者行动的主要动机是避免痛苦，而不是追求快乐，所以其行为决策总是以不要犯错为主导。三是行为的冲动性，神经质人格者虽然经常抑制自己、压抑自我真实想法的表达，但并不是出于人生原则和深思熟虑，而是出于焦虑，所以一方面不敢表达真实自我，另一方面表现为受冲动驱使，不能抵御诱惑。

（3）低自尊或自尊不稳定

主要表现：一是脆弱性，即承受失败的能力较弱，因为挫折和失败打击了自尊。二是对人防御与怀疑，即与人相处时不放松，不能主动关心与关爱他人。三是以超过他人、赢得荣誉、追求优越作为人生的主要目标。四是手段不能目的化，重结果不重过程，出于害怕落后而追求成功，因此格外紧张，缺少松弛和享受生活的能力。

2. 依赖性人格

如果父母过于溺爱孩子，不让他们有成长和自立的机会，久而久之，在孩子心中就会逐渐产生对父母或权威的依赖，成年后依然不能自主。依赖性人格具有两大典型特征。

（1）无助感。深感自己软弱无助，有一种"我很渺小可怜"的感觉，让别人为自己做大多数的重要决定，如该选择什么样的专业、该交什么样的朋友、人生规划如何制定，甚至衣食住行等琐碎小事都要父母或他人帮忙做主，一旦需要自己独当一面，就感到一筹莫展。

（2）无独立性。很难单独展开计划或做事，无意识地倾向用别人的看法来评价自己，理所当然地认为别人比自己优秀、比自己能干。他们宁愿放弃自己的兴趣和人生观，委曲求全来得到别人对自己的认同和关心，这种处世方式使得他越来越懒惰、脆弱，缺乏自主性和创造性，明知生活在父母或他人的控制之下也不敢做出改变，产生越来越多的压抑感。

（三）人格障碍成因分析

1. 生物遗传因素

已有证据表明，人格障碍具有遗传性。例如，如果父母有人格障碍，其子女更容易产生病态人格，同卵双生子比异卵双生子在人格障碍方面的一致率更高。有学者提出，人格障碍可能由于极端的遗传变异如染色体异常导致，但迄今没有直接证据论证这个假说。此外，现代神经心理学测验表明，人的大脑发育过程中的脑功能损害也会对人格形成产生一定的影响。

2．生活环境因素

在人格发展过程中，儿童早期的环境与家庭教育是非常重要的影响因素。例如，有研究发现，若儿童早期母爱被剥夺则易形成缺乏感情的性格，这类儿童往往对社会很冷漠，部分个体一直到青少年时期仍会表现出易冲动、爱挑衅与反社会行为。儿童时期人格的发展与父母的态度、教养方式都有重要关系。父母若过于严厉或专制，儿童则容易形成焦虑胆怯的懦弱性格；若父母溺爱或放纵，则易使儿童形成被动依赖的脆弱性格。同时，学校的环境与教育也对人格发展有一定影响。

3．社会文化因素

社会文化因素对大学生人格障碍的形成有着重要影响，例如，遭遇家庭变故、社会支持不良、受到歧视或欺凌、生活贫困、缺少受教育机会等，对个体的心理发展都会产生不良影响。因此，健康的社会文化氛围与积极的价值导向是人格障碍形成的屏障。

第三节 | 修身养性——人格的健全与发展

每一个人的成长都是一个蜕变的过程，一方面我们需要尊重自己的天性，同时受制于原生家庭对我们的影响，但另一方面，生命的意义在于如何成为更好的自己，修炼自己是我们终身的任务。

案例

一个阳光明媚的下午，一位眉头微蹙的男生走进心理咨询室，他急切地想要寻求帮助："我不快乐，我的很多时间都浪费在幻想中了，学习的时候老是走神，碰到一点小问题就会莫名其妙地思前想后、纠结很久……"

这个外表阳光的男孩背后藏着莫名的忧郁，波动的情绪状态常常打乱他前进的步调，一些强迫性的想法和行为更让他苦不堪言，他想要用一种"舒服"的姿态去生活，但却找不到。后来，他每周都来咨询，这样的习惯持续了整整一年。我了解到，他是学校程序设计大赛集训队的种子选手，每当谈起训练、比赛的事情，他总是神采飞扬、喜形于色。但每当谈到他的家庭，他的神色又变得黯淡下来，父母离异后，他一直与妈妈生活在一起，成长片段中的担忧似乎总是多于喜乐。我发现这是一个充满智慧和力量的生命，但又被另一股力量所限制，所以他始终找不到面对生活的"舒服"姿态。我想，那些阻碍他的部分，正是他的人格特质中需要修正和完善的。

慢慢地，他越来越多地谈及自己发生的变化：虽然原来的问题还是或多或少地存在，但他不再感到那么不安了，他可以更加从容地去应对，这大概就是一种"舒服"的姿态。

一、美好画像——健全人格的标准

健全人格的最简单定义就是人格的正常、和谐发展。心理学家们根据自己的人格理论研究基础，从不同的角度描述了健全人格的特征。

奥尔波特：具有健康人格的人是成熟的人。美国人格心理学家奥尔波特在哈佛大学长期研究高心理健康水平的人，并把他们称作"成熟者"。人格成熟者具有的八个主要特征：①自我扩展；②温暖亲切的社会关系；③情绪上具有安全感；④符合现实的知觉；⑤有用的技能；⑥有价值的工作；⑦对自己有一种客观性的了解；⑧自己的生活符合某种统摄性的人生哲学（即具有并符合某种长远的人生目标）。

罗杰斯：具有健康人格的人是充分起作用的人，他们具有五个特征：①情感和态度上是无拘无束的、开放性的，没有任何东西需要防备；②对新的经验有很强的适应性，能够自由地分享这些经验；③信任自己的感觉；④有自由感；⑤具有高度的创造力。

弗洛姆：具有健康人格的人是具有创造性的人。除了生理需要，每个人都有各种各样的心理需要，这正是人与动物的重要区别。具有健康人格的人将以创造性的、生产性的方式来满足自己的心理需要。

弗兰克：具有健康人格的人是超越自我的人。超越自我的人在选择自己行动方向上是自由的，自己负责处理自己的生活，不受自己之外的力量支配，缔造适合自己的有意义的生活，有意识地控制自己的生活，能够表现出创造的、体验的态度，超越了对自我的关心。

当代积极心理学则从人格优势的角度对一个人格健全的人做出了描述。人格优势的发现来源于美国哈佛大学的心理学家乔治·瓦利思特（George Vaillant）曾进行的一项追踪调查。这项调查开始于 20 世纪 30 年代，跨越 70 余年，被调查者包括 286 名哈佛学生和456 名波士顿当地的同龄人，目的在于探索某些人格特质（如利他、乐观、幽默、延迟满足等）的功能与意义。结果发现，那些在各个生命阶段中经常表现出这些特质的人，当他们年老时，生活更幸福、身体更健康，寿命也更长久。瓦利恩特将这些具有积极适应功能的特质叫作"成熟的防御机制"。后来，积极心理学家在对特质的研究中，构建了"人格优势的价值实践分类体系"，提炼出了人格特质中的六大美德，即智慧、勇气、仁慈、正义、节制与超越，它们与人类历史上普遍存在的美好德性是一致的，并且可以在生物学上通过物种进化研究找到证据。对于任何个体，完善人格的塑造与生命意义的达成需要具备这些美德。这六大美德分别对应个体人格中的 24 种优势，具体如图 3-1 所示。

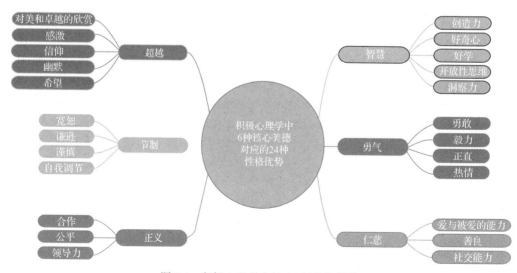

图 3-1　积极心理学中的 24 种性格优势

结合我国基于健全人格的已有研究和传统文化与实际情况，有研究者将健全人格定义为：人格结构中各种成分和特质都得到健康、全面、和谐、均衡的发展，也即个体的身体、心理、文化等各方面素质协调发展。具有健全人格的人应具备以下基本特征。

1．良好的社会适应能力

社会适应能力反映了人与社会的协调程度。人的社会适应能力是在社会化过程中不断发展的。人格健全的人能和社会保持良好的密切接触，以一种开放的态度，主动关心社会、了解社会，观察所接触到的各种事物和现象，看到社会发展的积极面和主流，在认识社会的同时，使自己的思想、行为跟上时代的发展，与社会的要求相符合，能很快适应新的环境。

2．和谐的人际关系

人际关系是人们在社会实践中形成的人与人之间的关系，是社会关系的直接表现，是构成人类社会最普遍、最直接的关系，最能体现一个人人格健全的程度。人格健全的人乐于与他人交往，能与别人建立良好的关系，与人相处时，尊敬、信任等正面态度多于嫉妒、怀疑等消极态度；常常以诚恳、公平、谦虚、宽容的态度对待他人，同时也受到他人的尊重和接纳。和谐的人际关系既是人格健全水平的反映，同时又影响和制约着健全人格的形成与发展。

3．正确的自我意识

自我意识是个体对自己和自己与他人、与周围世界关系的认识。具有健全人格的人，对自己的认识应是全面的、丰富的、客观的，能够做出恰如其分的自我评价，认识到自己的长处和短处，总体上认可自己、接纳自己、充满自信、扬长避短，在日常生活中能有效地调节自己的行为并与环境保持平衡。

4．乐观向上的生活态度

积极的人生态度是人类在社会生活中获得的本质力量的表现。乐观的人常常能看到生活的光明面，对前途充满希望和信心，对自己所从事的工作或学习抱着浓厚的兴趣，并在工作和学习中发挥自身的智慧和能力。即使生活中遇到困难和挫折，也能耐心地去应对，不畏艰险、勇于拼搏。相反，悲观的人常常看到生活的阴暗面，对任何事情都没兴趣、没心情，遇到一点挫折就情绪低落、怨天尤人，甚至自暴自弃。

5．良好的情绪调控能力

情绪对人的活动，对人的健康有重要影响。积极的情绪体验能使人精神振奋，增强人的信心，提高人的活动效率；消极的情绪体验会降低人的活动效率，长期消极情绪的积累甚至会使人生病。情绪与人格的成熟程度相关，人格健全的人情绪反应适度，具有调节和控制情绪的能力，可以经常保持愉快、满意、开朗的心境，并富有幽默感。当消极情绪出现时能合情合理地宣泄、排解、转移、升华。

6．能有效运用智慧与能力

人格健全的人，能把自己的智慧与能力有效地运用到工作和事业上。他们在学习、工作中被强烈的创造动机和热情所推动，并能将自我能力有效地运用于工作和生活之中，勇于创造、善于创造，经常有所发现、有所发明、有所革新、有所建树。他们的成功，往往又为他们带来满足和愉悦，并形成新的兴趣和动机，使他们的生活内容更加充实。

7．心理的和谐发展

人格健全的人，他们的性格和气质、兴趣和爱好、需要和动机、智慧和才能、理想和信念、人生观和价值观都能和谐地发展。他们的内心协调一致，言行统一，能正确认识和评价自己的所作所为是否符合客观需求，是否符合社会道德准则，能及时调整个体与外部世界的关系。一个人如果失去他的人格的内在统一性，就会出现认识扭曲、情绪变态、行为失控等问题。

二、日省吾身——自我成长

许多著名的人格心理学家，同时也是人格问题的治疗专家，他们通过解决人格发展中出现的各种问题，使他们关于人格的思想得到发展和完善，不同的方法反映了不同流派的专家对人格本质的不同看法。例如，精神分析流派的专家侧重于帮助人们分析导致问题的无意识层面的东西；人本主义流派往往以一种间接的方式为人们创造充满认同与接纳的氛围，使他们深入自己的情感世界，自己探索成长的动力与途径；认知主义流派注重帮助人们改变加工信息的方式，行为主义流派则创设环境，使人们希望的行为多出现，不希望的行为少出现。当然，我们在这里要探讨的重点不是针对人格障碍的治疗，如果我们发现自己的特质与我们描述的某种人格障碍相符并且感受到了这些特质对自己产生的消极影响，不要立即标签化自己，可以寻求心理咨询师的帮助，在专业的评估与指导下找到改变的方向。

对于绝大多数人来说，人格特质是独特而宝贵的，我们没有必要急于将自己塑造成另一个所谓的"更好"的人，事实上，要完全颠覆我们既有的人格特质是极其困难的，正所谓"江山易改，本性难移"。但是，我们可以在不断了解自己的基础上，在不背离我们的"人格底色"（那些已经通过遗传与环境等因素被塑造的部分）的前提下，建立更灵活的行为反应模式，这就是在拓展我们现有人格特质的适应性，在这一过程中我们会自然而然地习得一些更加积极的人格品质，从而健全和完善我们的人格。

（一）敢于成为自己

年老的母亲独自坐在偌大的房间里，除了整日守在电视机前漫无目的地观看各种电视节目，就是习惯性地不时看一眼手机，期待着儿子打来电话。每当从电话里听到儿子的声音，母亲总是非常开心。回想起春节时，儿子一家回来陪自己过年的情景，笑容便不自觉地绽放在她被岁月雕刻的面庞上。不知从何时开始，儿子成了她生命的全部。过去，儿子若是高高兴兴地回家，将一天的经历告诉她，她就会乐得合不拢嘴，儿子的成长与变化是她获得快乐的唯一源泉。

手提行李的少年缓缓走向大学的校门，青春洋溢的脸上没有金榜题名的喜悦，分明有着未能如愿的困惑与无奈。这一次，他又不得不听命于父母为自己做出的抉择，选择了不感兴趣的金融专业，来到这个自己并不喜欢的学校。从小到大，他一直没有勇气拒绝父母的安排，成长的每一步无一例外地渗透着父母的想法，印刻着父母人生之路的未尽之愿。

以上两个场景中的主人公都不快乐，前一个将自己的快乐寄托于他人的成就和快乐，后一个则将自己的快乐遗失于成就他人的期待的过程中。他们有一个共性——没有成为他们自己！这会让人陷入更多的自我怀疑、自我排斥与自我否定，这样的人会经历无数次这样的内心独白："我不喜欢自己的外表，我不喜欢自己的性格，我不满意自己的智商……即便有的时候我感觉自己很好，但更多的时候，我感觉很差，当我想要的没有得到的时候，我第一件事就是否定自己。"

我们会发现，这些想法和情绪耗费了很多能量，非但无法让自己变得更好，还会挫败、阻挠自己，因此，在人格完善的道路上，我们首先要学会的是成为并且接纳自己。虽然追求至善至美是好的，可是完美主义会给自己带来不必要的困扰，这就需要我们客观认识自己，敢于表现自己的优点，也接受自己的缺点，那些并不致命的小缺点恰恰可能成为我们身上最为宝贵的特色和亮点。千万不要因为别人而勉强改变自己，自我完善应该是一个主动而快乐的过程，永远不要为了追求八面玲珑而迷失自我。人格的完善不是一朝一夕就能做到的，如果因为迎合他人把真实的自己丢掉了，那么，"人格底色"也就变得模糊不清了，我们将会在自我的混沌中失去前行的方向。

只有当看到并接受当下这个有局限的自我的时候，才更有可能超越自己。奥地利著名心理学家阿德勒曾提出著名的"自卑情结"理论，他认为每个人在某一方面都可能存在自卑感，人就是在不断克服自卑的过程中成长的，这是人的基本需求。而阿德勒本人的生活经历恰恰验证了这一点。阿德勒在家中六兄弟中排行第二，从小驼背、行动不便。他的哥哥体格健壮、蹦跳自如，所以阿德勒总是自惭形秽。为了超越哥哥，他不断地努力，直到有朝一日，他发现自己成了一个名满天下的学者，人生完全是另一番风景。因此，那个不完美甚至令自己感到自卑的特质并不总是在限制我们，反而是在潜移默化地推动我们成长。

（二）时常觉察自己

想象一下下面的情景：女朋友以严厉的态度指责男朋友，这时，男朋友会因为感到丢脸而产生诸多愤怒的想法，然后，他可能会加以反击或辩护，于是，一场争吵就开始了。但是，如果男朋友能够跳出来，对自己说"我感到愤怒，我正在产生与愤怒有关的想法"，这就相当于把自己从事件和情绪中抽离了出来，全然地做一个观察者，他会发现产生争吵的原因或许与他们各自的立场并不相关，他们的争吵也并不能真正解决问题，他们是在为那一刻消极的情绪而战。那么，有没有其他的做法可以代替这种一贯的反应模式呢？如果他因为这样的觉察找到了更好表达情绪的方式，那就是一种成长。从情景中将自我抽离出来可以让我们展开自省，那么，我们所经历的每一件事情都可能成为用于完善人格的养料。

（三）不懈"驯化"自己

让自己日臻完善的良方没有比行动更重要的了，行动是改变自我、接近理想人格的最佳途径，即使是很小的一个行动也比停留在脑子里的计划要好一百倍。尤其是最初产生自我完善想法之时，是最有行动动力的时候，此时应该尽快行动起来。在行动的过程中，要注意两点。首先是在行动之前，要战胜"内在的批评"。所谓"内在的批评"，是指"这毫无用处，何必做呢""这是行不通的"等。这些想法会贬低我们的能力，更会削减我们改变的动力。其次，在行动中，要善于接受失败。在失败面前，要善于把抱怨变成目标。一旦开始实施自我完善计划，就要坚持到底，绝不可半途而废。林则徐曾在他的书房里挂一个大匾，上书"制怒"，林则徐每天都要看这个匾，这种做法对于他就是一种自我提醒和督促，时间一长就会产生潜移默化的作用，使得好的行为通过不断重复得以强化并逐渐模式化，最终固化为一种人格品质。

三、为爱前行——在关系中成长

当我们来到这个世界的那天起，就进入了一个充满关系的世界。除了和自己的关系，最重要的就是和家庭的关系。纵观我们的一生，没有人能够完全不受家庭对自己的影响。

当你20岁的时候，也许你并未发现自己和父母有哪些相似的地方，但是，随着年龄的增长，你会一次次惊讶于自己的身上原来带着那么多父母和家庭的印记。假如你是女生，可能你会发现你选择的丈夫在人生观、价值观甚至很多性格特点上都与你的爸爸接近，而你对丈夫的态度，和妈妈又是那么相似。当你有了自己的孩子，你可能又会发现你无论是性格、育儿理念还是对孩子说话的方式都像极了妈妈。既然当我们成为一个有着多重角色的人的时候，就会越来越清晰地感受到家庭和父母的影响。那么，我们是否也可以反过来，在我们尚未经历这些的时候，就从对父母和原生家庭的探索中，从自己与父母及其他重要的人的相处模式中，发现自己、完善自己。

（一）探索原生家庭

原生家庭就是"一个人出生和成长的家庭"。它对一个人有两重意义：既是塑造人格的重要因素，又是进入现实社会的演练场。一方面，原生家庭的影响可能会伴随我们一生；另一方面，我们必须从心理上逐渐脱离原生家庭，独立面对现实社会，这也是人格独立的标志。探索原生家庭的意义在于减少原生家庭对一个人内在的负面影响，让那些影响重新浮现出来，并学会利用已经取得的资源。与父母的关系是探索的内容中最重要的部分，因为它对我们的人格发展产生了重大的影响，我们往往能从个体与父母的关系模式中找到当前问题的成因。

（二）改写人生脚本

人生脚本与电影、戏剧的脚本类似，具有影响整体剧情的关键作用。也就是说，脚本是我们了解自己命运的重要概念，它决定了我们人生的计划和走向，是自我们小时候起就不断谱写而来的。我们小的时候对这个世界的感受、认知、体验，所受到的情感对待与态度反馈，我们如何认识、定位他人，都会影响我们对自己人生脚本的制定。精神分析学派的代表人物弗洛伊德认为潜意识具有很重要的指导意义，而人生脚本也是个体潜意识的一种体现，但两者不同的是，人生脚本还受到原生家庭、过往经历等的影响。人生脚本是一种决定，并且会被身边人的行为不断强化，被人生经验不断证明，但这种证明也是有局限的，因为我们总是用我们的参考框架解释事实，让事情看起来符合我们的脚本。有名前来咨询的大学生，说自己不敢上台演讲，也不敢跟人对视，见到老师等权威人物就特别紧张，他为自己这样的性格感到非常苦恼。后来了解到他儿时记忆中爸爸的眼神特别具有威慑力，他只要调皮，爸爸就会凶巴巴地瞪他一眼，所以，他的人生脚本可能是：人不应该表现得太张扬，那些有权威的人都是严厉、可怕的。在他后来的生活中，他会不断去演绎、验证这样的人生脚本，所以就形成了胆小、拘谨的性格。

因此，我们可以通过复盘过往经历的方式来了解自己的人格特质、人生脚本，以及这些东西是如何影响我们的，从而改变无法适应当前生活的行为。除此之外，我们的人生经历中出现过哪些积极、正面的人和事呢？在改写人生脚本的时候，我们可以把这些有力量的部分加进去。

（三）调整人际模式

人格的独立和完善需要我们在人际互动中保持好自己的边界，既要融入集体，又要保持自我。人际交往中界限感的建立并不是要疏远我们与他人的关系，相反，界限缺失反而会造成人际交往的过度卷入，我们分不清很多想法和行为到底是自己的还是他人的，关系不清会产生矛盾与纠葛。清晰的人际界限则会使每个人既有"我"的独立感，又有"我们"的归属感，利于人格的健康发展。所以，不要让别人对你的生活横加干涉、过度掌控。

此外，心理学家埃里克·伯恩（Eric Berne）从人际沟通的角度提出了关于人格结构的 PAC 理论。该理论的核心观点是：个体的人格特征由三种心理状态构成——父母（parent）、成人（adult）和儿童（child），简称 PAC 理论。人格的三种状态在每个个体都交互存在，就像个体内部有不同的成员在人际对话中出现，这三种状态构成了人类个体的多重人格结构特征。他认为每个人身上都存在这三种不同状态，只不过这三种状态在每个人身上所占比例不同，这就形成了千差万别的人格特性。每个人身上总有一种状态占优势，不同性格特征的人在不同的情况下会不自主地选择不同的状态。每当父母、成人、儿童这三种心理状态分别占主导地位时，就会出现与此相应的行为表现方式和言语行为方式。

当 P（父母）型状态在人格结构中占优势时，个体的行为表现方式通常是：凭主观印象独断独行，以权威和优越感为标志，甚至滥用权威，通常表现出统治、训斥、支配、教训、责骂等"家长"作风或其他权势作风。这种人在人际对话中常用"你必须""你应该""你不能"之类的言语行为方式。

当 A（成人）型状态在人格结构中占优势时，个体的行为表现方式通常是：注重事实根据，分析问题客观理智，善于从经验中估计各种可能性，然后做出理性决策，待人接物客观冷静、慎思明断、尊重别人、言语谦逊。这种人在人际对话中常用"我个人的想法是""客观地讲""理性地看""科学的方法是"等言语行为方式。

当 C（儿童）型状态在人格结构中占优势时，个体的行为表现方式通常是：服从、冲动、任性、任人摆布；一会儿逗人喜爱，一会儿又突发脾气；无主见、遇事退缩、感情用事、喜怒无常、易激怒。这种人在人际对话中常用"我猜想""我不知道""也许是""恐怕是这样"等言语行为方式。

如果能在人际交往中以成人型状态规范自己的思想和行为，以成人的姿态对待交往对象并且给对方以成人刺激，同时引导对方也进入成人型状态，双方处于有利的交往模式，那就有利于建立和谐融洽的人际关系，形成功能完善的人格结构。

心灵夜话

热爱生命

❤ 本章重点

（1）活在世上，最重要的事就是活出你自己的特色和滋味来。

（2）一个人的内在发生改变，不是通过努力获得的，而是通过放松和接纳获得的。

（3）每一个优秀孩子的身上都有其父母的影子，每一个问题孩子背后都有其家庭教育的缺失。

（4）人格类型的学习不是为了带着标签去预测自己和他人的行为，而是为了通过对人格类型的觉察帮助我们认识自己和他人的行为、改变自己与他人的关系。

绘制家庭图

如何探索原生家庭呢？我们可以尝试用绘制"家庭图"的方式来对家庭成员进行梳理，具体做法如下。

第一阶段：事实层面。先提供事实上的家庭成员信息，包括在你18岁之前与你同住的所有家庭成员：你的父母亲（如果父母离异并再婚，包括父母的其他伴侣）；你自己（你的手足，包括亲手足、继父母所生、收养的兄弟姐妹等所有跟你一起生活过的同辈人）；中途夭折的、流产或堕胎的其他成员；18岁前与你同住的其他重要人士。

在纸上把这些成员一一画出来，用圆圈代表女性成员，用方框代表男性成员，爸爸妈妈在上面横向并排，孩子在下面按出生的时间顺序纵向并排。如果有成员已经不在了，在圆圈（或方框）内画一个"×"。在主角，即你自己的圆圈（或方框）内画一个"☆"，表示自己。然后填写以下信息。①在圆圈和方框内填写每个人的基本信息：姓名、出生年份、现在的年龄或去世的年龄。②在圆圈和方框旁边填写每个人的以下信息：出生城市、宗教信仰（如有的话）、职业、受教育程度、爱好及兴趣。③父母的婚姻关系：他们结婚的时间（在父母中间画一条线，写在线上），如果他们分居/离婚，则加上分居/离婚的日期（写在线下）。④如果你成长的家庭不止一个，则把几个都画出来，例如亲生家庭和抚养家庭。⑤如果有夭折、流产或堕胎，亦加在适当的排行位置。写出你所知的有关他们的任何事实，比如出生日期、名字、性别等。⑥如果你不能取得真实的信息，则根据你听过的信息，或者将你曾经认为是真实的信息写下来。

这是事实层面的你的原生家庭，在开始第二阶段的探索之前，你可以暂停一下，回顾你看到了什么、感受到了什么及了解到了什么。

第二阶段：观点层面。我们在家庭中都有自己的视角和看法，对我们影响最大的不是事实上的家庭是什么样子的，而是我们认为的那个家庭是怎样的，那是被内化到我们心里的家庭。给自己一点时间安静下来，去和自己连接，像扫描仪一样扫描一下自己的过去。

首先把自己带到对家庭的体验里，然后进行以下操作。①添加特质形容词。当你还是个孩子的时候，你对家庭的体验是什么？你怎么看待每个家庭成员？试着从爸爸开始，为每个成员添加三个正向的形容词和三个负向的形容词。完成后，看一眼你的家庭图，你看到了什么？感受到了什么？在这张图里，哪些词是相同或相近的？哪些词是相反的？你从家庭里遗传了什么？②绘制家庭关系线。没有一个家庭可以在所有时间里都是积极正向的。当压力产生，总会有些人失衡。那时候，发生了什么？每个人都是怎样应对的？用不同的线来画出每两个成员之间的关系，当压力出现的时候：粗而实的直线代表纠缠不清的关系，曲折线代表狂暴的、骚动的或憎恨的关系，细而实的直线代表一种普通的、接纳的、少冲突的及正向的关系，虚线代表有距离的、负向的或冷淡的关系。如果在某两人之间有不止一种明显的关系，则同时加上第二种关系线，并可以加上箭头辅助说明是谁对谁。③加上应对姿态。根据你的记忆，为每位家庭成员加上他们在压力之下的主要应对姿态，如果有另外一个明显的在压力之下的次要应对姿态，则加注于主要应对姿态之下。做完这些后，如果你想更进一步了解家庭对你的影响，你可以再画出父亲的原生家庭图、母亲的原生家庭图，分别从父亲/母亲的视角去看待他们成长的家庭。

　　最后，我们可以从以下角度来探索家庭图。①家庭关系（如：父母的关系怎么样？你觉得你的家庭关系如何？谈一下你和母亲是怎样相处的？当父母有冲突的时候，他们是怎么处理的？）。②成员特质（如：父亲是一个怎样的人？对你有什么影响？你从父母那里继承了哪些特质？哪些特质是你讨厌又继承了的？）。③家庭资源（如：家庭给了你哪些资源？哪些是你所感激的？）。④家庭规条（如：在过去，你有哪些隐藏或公开的家庭规条是被期待遵守的？）。⑤未满足期待（如：哪些是你父母没得到，又希望你继续完成的？哪些是你喜欢却没有被允许的？）。⑥家庭失落（如：家庭中有什么让人感觉特别失落的事情吗？家庭中有过什么重大创伤或事件吗？你们是如何应对的呢？）。⑦家庭秘密（如：你的家庭中有哪些秘密？它们如何影响你？）。⑧感受（如：在你的原生家庭里，你是怎样表达感受的？有什么感受是不被允许的吗？）。⑨家庭主题（给予家庭图一个主题或标题，以隐喻形容家庭图）。⑩总结（如：你的感觉怎么样？你的经验是什么？你有什么新的发现吗？你有什么新的决定吗？你还有什么想补充说明的吗？）。

　　经过这样的探索，你对原生家庭的认识与感受会慢慢变得清晰、丰富起来，你可以把自己从家庭的影响中抽离出来，以一个成年人的视角去审视你的父母和童年记忆，这有助于解释为什么有时你会因一件小事就情绪反应强烈，在这个情绪背后有怎样的心理情结。当一个个心理情结被化解之后，你将拥有不一样的生命状态。

第四章
人际关系

阿龙·贝克（Aaron Beck）曾说："人类是社交的动物，我们需要彼此的存在。"即人类不是孤立地存在于这个世界上的，我们会在与他人的互动中不断发展社会性，适应和创造属于自己的生活。而这，就需要我们锻炼人际交往能力，掌握人际交往智慧，减少人际困扰，从而建立和维持良好的人际关系，以便将来更好地融入社会生活，为国家和社会的发展贡献自己的力量。

 本章学习目标

（1）理解人际交往是人的基本需求，熟悉人际交往的心理学理论。

（2）通过构建人际网络，整合人际资源，挖掘和丰富自己的"人际财富"。

（3）掌握人际交往的技巧和方法，并学会建立舒适、良好的人际关系。

第一节 | 五湖四海皆是缘——人际关系概述

"友谊万岁，朋友情谊万岁，举杯痛饮，同声歌唱友谊万岁，友谊地久天长。"提到"丰富多彩"的大学生活，脑海中出现的第一个画面就是来自五湖四海的小伙伴聚集在一起，在同一屋檐下共同生活，共同学习，相互帮助，携手成长。正确地处理人际关系是每个人进入社会前必备的生存能力，而大学期间的人际交往会影响大学生的学习和生活质量，进而影响大学生的心理健康。因此，培养人际交往能力对大学生尤为重要。

一、我与社会的联系——人际关系的概念

人际关系（interpersonal relationship）是指人与人之间通过交往与相互作用而形成的直接的心理关系，主要表现为人们心理上的距离远近、个人对他人的心理倾向及相应行为等。人际关系又称人际交往，反映了人际交往双方的情感距离和相互吸引与排斥的心理状态，其发展和质量取决于双方社会需要的满足程度。

人际关系包含认知（cognition）、情感（emotion）与行为（behavior）三种心理成分。认知成分包括对他人和自我的认知，是人际知觉的结果，是人际关系的基础。情感成分是指个体对人际关系进行评价后产生的情绪情感体验，包括交往双方相互间在情绪上的

好恶程度对交往现状的满意程度、情绪的敏感性等。行为成分是指双方实际交往的外在表现和结果，包括活动的结果、活动和举止的风度、表情、手势以及言语，即所能测定与记载的一切量值。这三种心理成分相互作用，其中情感因素起主导作用，制约着人际关系的亲密程度、深浅程度和稳定程度。由此可见，情感的相互依存关系是人际关系的特征。

人际关系是从何开始呢？在 20 世纪 60 年代，英国心理学家约翰·鲍尔比（John Bowlby）发现，婴儿对抚养者（主要是父母）的依赖会以不同的模式表现出来，"害怕与父母分离，害怕被父母抛弃"是进化造成的人类天性。1978 年，心理学家玛丽·安斯沃思（Mary Ainsworth）进一步研究后将婴儿与父母之间的互动模式分为三种，并用一个名词来命名——依恋：当婴儿需要照顾时，主要抚养者总是在身边，注意并及时给予积极的回应，婴儿就会感受到安全、爱和自信，这种互动下的婴儿会比较不拘谨、爱笑、容易和其他人交往，发展出"安全型依恋"；如果主要抚养者对孩子的照顾时有时无、无法预测，婴儿就会开始用各种行为试图找回自己的照料者，由于不确定照料者是否会回应，以及什么时候会回应，婴儿会表现出紧张和过分依赖，发展出"焦虑 - 矛盾型依恋"；当婴儿需要照顾时，如果父母总是不出现，态度冷漠或拒绝，婴儿就会认为他人是无法信赖的，从而对他人充满怀疑，甚至陷入抑郁和绝望，发展出"焦虑 - 回避型依恋"。

这三种依恋类型形成之后，婴儿在以后的人际关系处理、新环境的反应上都会出现差异。后续的研究者发现，成年人在处理关系时也会表现出类似的反应方式，并和童年时受到的父母对待方式和依恋模式一脉相承。

可能有的同学会说："老师，我的原生家庭并不幸福，父母总是吵架，那我这辈子是不是就完了？"其实，这点我们无须太过担忧。事实上，依恋是个终生建构的过程，这一关系建立以后并不是一成不变的，我们会在之后的生活和学习中，通过与父母以及其他身边重要的人不断地互动和交流，使原有的依恋关系呈现微妙的动态变化。即使成年之后，一个人的依恋模式也可能会因为自我成长、良好的朋友关系、良好的婚姻关系等人际关系的状态而发生改变。在电影《莫娣》中，女主角莫娣是一个身体有缺陷、早期成长经历特别艰难的女性，在与性格古怪的雇主相处中，慢慢打开其紧闭的心房，得到对方的欣赏和爱护。看完这部电影后，我们可能都寄希望于获得一位"治愈型伴侣"，当然，如果遇到，我们会感觉何其幸运，但比起寻找治愈型伴侣，更重要的是发挥自己的"治愈特质"，学会发展稳定的"自我价值感"，相信自己能够创造价值，并有一定的"松弛感"，尝试把关系往积极的方向引导，最后形成一种彼此治愈的关系。释怀并不等于原谅过去，释怀只是为了更好地拥抱属于自己的未来。

既然人际关系是需要我们积极主动去构建和维系的，那它到底有着怎样的作用呢？

（一）满足心理需要

我们的各种需要离不开人际交往。心理学家亚伯拉罕·哈罗德·马斯洛（Abraham Harold Maslow）将人类需求按从低到高分为五种（见图 4-1），依次是：生理需求、安全需求、归属与爱的需求、尊重需求和自我实现需求，并强调需求层次是按照优先级排列的，只有满足了基本的需求后，才会追求更高级别的需求。当我们的生理需求和安全需求被满足后，我们会追求更高层次的发展性需求，这离不开人际关系的建立和人际交往。

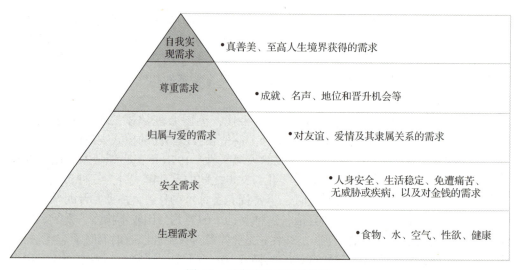

图4-1 马斯洛需求层次理论

奥地利精神分析学家勒内·A.斯皮茨（René A.Spitz）开展了一项关于母育剥夺的研究，观察对象是一出生就遭到抛弃的婴儿。在育婴堂，这些婴幼儿的生理需求都能得到基本满足，他们能吃饱穿暖，但没有任何可持续的、养育性的互动（比如正常家庭里抚养者和婴幼儿之间常见的拥抱、抚摸、说话交流等）。这些婴幼儿无一例外全都开始变得孤僻、无精打采、体弱多病。研究显示，如果"情绪饥饿"超过三个月，眼睛协同能力就会衰退，眼珠转得特别慢。这些弃婴每天只会安静地躺在婴儿床上，三分之一的弃婴会在两岁之前死亡。那些幸存到四岁左右的，仍不会站立、行走、说话。斯皮茨通过对当时孤儿院这类机构的长期观察，用大量的证据和深刻的分析使人们相信，从人一出生开始，人与人之间的互动交流，尤其是抚养者和孩子之间的交流是必需且至关重要的。这种需求如果被剥夺，往往会导致婴儿的发展延缓，婴儿可能遭受认知、情感和健康上的极大损伤。

大家可能有这样的疑问，当发生极端事件时，很多人会说："以前的生活条件那么差，现在的孩子比我们那个时候幸福多了，怎么总是出现这种令人心痛的事情？"如果我们以需求层次理论来解释，我们可将生理需求和安全需求列为经济比较困难、社会发展艰难时期的基本追求，祖辈因为国家的发展、社会的进步、小家的生活进行辛苦的劳作；但处于当今社会的孩子们，生活在物质相对丰富的环境中，成长中的大部分基本追求已经变成社交需求、尊重需求，而这些需求被满足源于关系融入、处于关系中、处于团体中，基本追求才能得到满足。

综上所述，当我们在人际关系中得到群体或他人的认可和尊重后才能获得满足。为了自身的健康发展及社会性需求，我们需要与他人和社会建立联系。

（二）利于心理健康

现实治疗法创始人威廉·格拉瑟（William Glasser）认为，所有的心理问题都是因为缺乏或没有满意的人际关系。精神分析学家乔治·瓦利恩特说，爱、温暖和亲密关系，会直接影响一个人的"应对机制"。他认为，每个人都会不断遇到意外和挫折，不同的是每个人采取的应对方式："近乎疯狂类"的猜疑、恐惧是最差的；稍好一点的是"不够成熟类"，比如消极、易怒；然后是"神经质类"，如压抑、情感抽离；最好的是"成熟健康类"，如无私、幽默。一个活在爱里的人，在面对挫折时，他可能会选择拿自己开玩笑，和朋友一起运动流汗宣泄，接受家人的抚慰和鼓励……这些应对方式，能帮助一个人迅速进入健康振奋的良性循环。反之，一个缺爱的人，在遇到挫折时往往得不到帮助，需要独自疗伤，这种情况下，酗酒、吸烟等是常见的自我疗伤方式，亦是伤害自我的方式。

综上，良好的人际关系可以为我们提供丰富的社会支持，使我们获得社会群体及他人的情感与关怀、信任与友谊。

二、"我自有风采"——大学生人际关系的特点

大学生随着自我意识的发展，独立和自尊的要求日益增强，加之进入了一个全新的人际环境，对人际关系的建立抱有积极良好的态度和愿望。

（一）平等性与迫切性

大学阶段处于生理和心理日趋成熟的发展阶段，处于世界观、人生观和价值观确立的阶段，有强烈的"成人感"，渴望独立，并期待在关系中获得平等的对待；就所处空间而言，大学学习和生活均在学校内部，这是一个与社会相对隔离而本质上又相互联系的环境，在这一环境中，大学生迫切希望别人了解自己，渴望得到别人的尊重和认可，培养踏入社会需要的专业技能和人际沟通能力。

（二）理想性与现实性

大学生每天的生活范围基本限于教室、食堂、图书馆和寝室，生活环境比较单纯，对人际关系抱有较高的期望，期望纯洁真诚。无论是对朋友，还是对师长，都希望不掺任何杂质，以理想标准要求对方，但随着交往和了解的深入，不同的成长环境、家庭背景、性格特点、教育背景、生活习惯都有可能成为继续交往的障碍，一旦发现对方身上存在某些不好的品质就会深感失望。与其他人群相比，大学生在人际交往中的挫折感较强，致使大学生出现渴求交往和自我封闭的双重性。

随着科学技术的迅猛发展，网络平台打破了时空限制，其自由性、共享性、隐蔽性为我们提供了尽情表达自己情感、思想、观念的途径。利用网络与他人进行交流逐步成为当代大学生人际交往的重要方式。网上信息丰富模糊，大学生一定要学会选择和分辨，增强自身的防范意识。

（三）情感性与功利性

大学生普遍希望通过交往获得友谊。大学生对友谊的珍惜与渴求，以及青年人情感丰富的心理特点，使其在人际交往中十分注重情感交流，讲求"情投意合"和心灵深处的共鸣，更加注重精神领域的交流（探讨人生、沟通感情等精神交往）。

近期，"饭搭子""游戏搭子""健身搭子"……横空出世，"搭子社交"话题冲上热搜榜，引起普遍关注，即只要兴趣一致，不必十分相熟，只要节奏合拍，就能结伴出行……这种各式各样的"搭子社交"似乎越来越受年轻人的喜爱和追捧，很多年轻人表示"搭子社交"就像是一种理想的交往模式：进可攻，退可守，凭兴趣交往，双方没有心理压力和负担，反而能够更好地享受关系，满足自己的心理需求，获得更好的活动体验。

当然，事物都具有两面性，"搭子社交"就一定是完全有益的吗？

我们知道，在人际交往中，对不同的关系，会有不同的需求，对越亲近的关系，需求

越高，需要投入更多的时间和精力，进而达成一种更为深入和持久的人际关系，但"搭子社交"恰恰相反，它只需满足我们某一项需求，所以，长此以往，"搭子社交"可能会对我们产生一种隐形的伤害，比如很难或不愿意进入更为深入的关系，因为"搭子社交"永远是新鲜的、刺激的、自我满足感超强的。激情褪去，我们又将如何面对平淡关系中的琐碎呢？正常的人际交往中，需求不可能是单一的，情绪体验更不可能只有愉悦而没有烦恼，人是多面的，需要在关系中体验不同的情绪。

所以，我们可以利用"搭子社交"接触志趣相投的朋友，但不要怕麻烦、预设自己在关系中一定会受到伤害而抵触进入一段更为深入的关系。

第二节 | 关系连接你我他——构建人际网络

"朋友一生一起走，那些日子不再有，一句话一辈子，一生情一杯酒。"我们都希望自己能够交到一些志同道合、同甘共苦的朋友。提高自己的人际吸引力，了解人际冲突对我们的影响并掌握解决的方法，能够帮助我们建立稳定、舒适的人际关系。

一、闻着"味道"找朋友——人际吸引概述

人际吸引是个体与他人之间情感上相互喜欢、相互需要、相互依赖的状态，是人际关系中的一种肯定形式。社会心理学家埃利奥特·阿伦森（Eliot Aronson）认为，被别人喜欢的方面涉及有相同的信仰、有成就、具有令人愉快的品质和自我悦纳的能力。

那我们如何才能成为一个受人欢迎的人呢？心理学家通过大量的研究总结出影响人际吸引的以下因素。

（一）距离远近

"近水楼台先得月""远亲不如近邻"，这说明空间距离的临近是交往的前提，能够给我们提供交往的机会，给人际关系的建立提供条件。当然，这个"空间距离的临近"不仅是居住上的临近，还包括工作、学习等场所的临近。社会心理学家利昂·费斯廷格（Leon Festinger）1950年通过对麻省理工学院已婚大学生眷属宿舍的邻里友谊与空间距离远近的关系进行调查研究后验证：时空的接近性是学生人际吸引的重要因素。空间距离越近，双方越容易产生吸引力以至成为知己。

（二）相似与否

"物以类聚，人以群分"，人们乐于同自己相似的人进行交往和发展良好的人际关系。因为某些方面相似会加深彼此在交往过程中对所交流信息的相同或相似的理解，以至双方产生相同的情绪，形成相互吸引。心理学家西奥多·纽科姆选取了17名大学生作为实验对象并且免费提供四个月的住宿，但是作为交换条件，他们要定期接受谈话和测验。进入宿舍前，先测定这些学生关于政治、经济、审美、社会福利等方面的态度和价值观以及他们的人格特征。然后将那些态度、价值观和人格特征相似和不相似的学生混合安排在几个房间里一起生活四个月，四个月以后，再来测定这些学生对上述问题的看法和态度，同时，让他们相互评定同寝室的人，喜欢谁或者讨厌谁。一系列的科学评定和翔实的访谈记录表明，在这些学生相处的初期，空间距离的临近性影响人际吸引，即同寝室的同学比较亲密，但是到了后期相互吸引发生了变化，态度、价值观和人格特征越相似的人，相互间的吸引

力越强。如果这些学生的态度一致，则彼此在感情上容易产生共鸣，同时在行为上容易相互支持，这样双方容易构建比较好的关系。因此，态度、价值观和人格特征相似的人的分歧会比较少，更容易发展友谊。

（三）互补与补偿

人际互动的双方，尽管有时彼此的态度、性格等大相径庭，但是当个性或需要互补时，会相互吸引。这种补偿性吸引表现在两个方面：一是个性互补吸引，即双方因在气质、能力、性格方面互补而产生吸引；二是需要互补吸引，即双方因需要互相满足而产生吸引。

1. 个性互补吸引

我们喜欢同各方面与自己相似的人交朋友，会感觉很有共同话题，但有时过于相似会使人际关系单调而缺乏变化，甚至发生冲突。比如，同属性格冷静、严肃的人之间会过于沉闷，同属脾气暴躁的人之间很难和平共处。相反，性格截然不同的人有时却能和睦相处。独断专行的人往往喜欢和优柔寡断的人在一起，性格急躁的人往往喜欢和有耐心的人在一起。即同类型的人在一起就会很难相处。比如，两个人同属主动型，都想支配对方，或两个人同属被动型，都希望对方来亲近自己，那么各自的需求都无法满足，交往就会受阻；但不同类型的人在一起就容易相处。比如，支配型的人与被动型的人、主动和别人交往的人与期待别人来和自己交往的人、对别人表示亲善的人和希望得到别人亲善的人，他们之间比较容易形成亲密关系。

2. 需要互补吸引

需要互补吸引是指在工作、学习、生活中，交往双方因物质和精神上的相互需求而产生的吸引。满足需要的期望是与生俱来的，需要产生动机，人与人之间相互满足需要是形成人际关系的前提，能否形成良好的人际关系在一定程度上取决于交往双方彼此满足需要的方式与程度。如果彼此的需要在交往中都能得到满足，人际关系就会融洽；如果只有一方在交往中得到满足，人际关系就难以持久。如果彼此的需要在交往中受到损害，双方就会产生排斥和对抗，人际关系就会紧张。根据社会交换论（social exchange theory），从经济学的投入与产出关系的视角，我们希望在交往中的代价和报酬自始至终保持平衡，投入与支出相匹配。如果在交往中代价和报酬是相等的，或者得到的利润是正的，那么交往的另一方对我们来说具有吸引力，愿意与其继续交往。反之，我们就会失去交往的欲望和动机。因此，双方能否建立、维持和发展关系，要看当事人是否觉得这段关系的维持对双方都有益处。当然，有部分关系对我们来说没有益处反而是阻碍，却很难割舍，因为付出越多，越期待回报，但我们需要及时止损，需要鼓足勇气离开一段错误的关系。

（四）交往频率

交往频率是指交往双方接触次数的多少。研究表明，交往频率越高，彼此增进了解的机会越多，越容易保持相似的态度，越容易建立起良好的关系。

但是交往频率对人际关系的促进有一个"度"，如果交往的频率过高，会破坏对方的生活，引起对方反感；交往频率过低又会使对方产生失落感，造成感情疏远。交往时，必须双方都感到愉快，相互间产生积极的印象，如果交往只是使双方生厌、不快或产生冲突，那么交往频率越高，双方在情感上会越不舒服，导致更多冲突。因此，在彼此或一方无好感的情况下，减少接触会相应减少反感。除此以外，交往质量很重要，如果双方只是应酬、寒暄，没有深度卷入，交往次数再多也不能建立良好的关系。

（五）人格品质

在影响人际关系的诸多因素中，人格品质是最重要的因素。在人际交往的初期，一个人的外表往往具有较大的吸引力，但随着交往的深入，这种影响会逐渐减弱，而个性品质的影响会逐渐增大。也就是说，与外表美相比，优良的人格品质更具有持久的人际吸引力。

心理学家在影响人际关系的人格品质的相关研究中发现，受喜爱程度最高的六个人格品质是：真诚、诚实、理解、忠诚、真实、可信。上述六个品质都与"诚"相关，这与"以诚待人"古训不谋而合。而糟糕的品质是撒谎、虚伪、作假和不老实。由此可见，真诚是一种巨大的人格力量，具备真诚的人格品质，很容易博得他人的好感。反之，如果我们在交流时遮遮掩掩、故作高深地讲一些看似深奥实则没有任何价值的东西，会使别人对自己形成一种不诚实、不踏实的印象，丧失和我们继续交往的兴趣。

（六）个人能力

我们对能够独立、果断解决问题，个人能力强的人是欣赏的，但对其的态度却很复杂。理论上，一个人的能力越强，越独立、优秀，就越受其他人欢迎，但实际却并不总是这样的。心理学家埃利奥特·阿伦森曾做过这样一个试验：把四段涉及不同人在类似情节下的访谈录像给测试者们观看，结束后请他们选出一位最喜欢的和一位最不喜欢的。结果发现，对于不喜欢的，几乎所有的测试者都选择了同一个，可奇怪的是，最受测试者们喜欢的不是录像中表现最为"完美"的人，而是出现一些"小失误"的人（有 95% 的测试者选择了他）。

在这个研究中，我们看到了心理学中著名的"出丑效应"（the pratfall effect），又叫"仰巴脚效应"。即对那些取得突出成就的人来说，一些微小的失误不仅不会影响别人对他的好感，相反，还会让大家感觉他很真诚，值得信任；如果一个人表现得完美无缺，别人看不到他的任何缺点，反而会觉得他不够真实，对他的信任度不高。换句话说，人是不可能没有任何缺点的，"金无足赤，人无完人"，是人都难免出丑犯错。如果我们一直和优秀的人在一起，就会因为己不如人而惴惴不安，这种失衡的人际关系是难以长久保持的，很可能导致一方生活在自卑和压抑之中。

由此，被认为杰出或优秀的人偶尔出丑，不但不会影响他的人际吸引力，反而会让他更具人格魅力。值得一提的是，出丑效应并不是让我们故意出丑来哗众取宠，而是让我们既不过分追求优秀，也能在不慎犯错的时候用一颗平常心接纳自己。

（七）外在形象

大量心理学研究表明，外在形象在人际关系中有一定影响，尤其是在亲密关系中，即从关系的建立、发展、维持到破裂，外在形象都会发挥作用。"一见钟情""爱美之心，人皆有之"，都表明外貌可以影响他人的态度。首先，对于那些外在形象较好的人，我们容易产生积极的态度和情绪，更愿意接近他们；其次，良好的外在形象带给我们的积极感受是具有持续性的，看到好看的人，我们的心情更容易变好，所以良好的外在形象对关系的维持也有积极的作用；最后，我们往往会将较强的能力和优秀特质与那些外在形象吸引力强的人联系起来，而且这种倾向很难改变，这也使外在形象良好的人在人际交往中颇受欢迎。

拓展阅读

《人性的弱点》节选

二、"人们内心的困扰"——人际冲突的行为模式

即使是同卵双生子，也会因不同的需要、目标和价值观等发生不可避免的冲突，这种人际冲突（interpersonal conflict）是一种十分普遍的现象，可以说，只要有人在的地方，就必然存在冲突。它既可能是隐性的，存在于心理或情感上的对立与隔离，也可能是显性的，表现为行为的对抗。

那是不是人际冲突都是不好的呢？或者说，人际冲突的出现一定会影响我们的人际交往吗？在我们的实际生活中，大家会清楚地发现冲突似乎不可避免，尤其是在关系亲密的人之间。在关系中，冲突往往跟双方在乎的事情有关，跟"我是不是被爱，是不是受到尊重"有关。

萨提亚模式总结出我们在面对人际压力（冲突）时的不同反应类型。

（1）讨好型：讨好别人，关注他人和环境，不关注自己。其言语表现通常为"都是我的错""我不值得""你喜欢什么样的""没事没事"等。具体而言，会表现出恳求的表情与声音，有种"我很渺小""我很无助"的感觉；行为过分温和，有哀求与乞怜的表现，认为自己一无是处、毫无价值。若长期这样，其可能会出现一系列消极的心理反应，易出现神经质、抑郁、自杀倾向等；对于躯体本身，易出现消化道不适、胃疾、恶心呕吐、糖尿病、偏头痛、便秘等症状。

（2）指责型：攻击别人，关注自己和环境，不关注他人，会试图表明不是自己的过错，让自己远离压力的威胁。其言语表现通常为"都是你的错""你到底在搞什么""你从来都没做对过""要是你……那就……""我完全没错"等。具体而言，指责型的人会表现出指责的心理状态，以及攻击、僵硬的行为姿态，隔绝内心感受。若长期这样，其可能会出现报复、捉弄、欺侮等一系列消极的心理反应；对于躯体本身，易出现肌肉紧张、背部酸痛、循环系统障碍、高血压、关节炎、便秘、气喘等症状。

（3）超理智型：压抑感觉，逃避感受，关注的只有环境，没有自己和他人，逃避来自现实的任何感受，也回避因压力所产生的困扰和痛苦。其言语表现总是客观的、引述规条，使用冗长的解释、复杂的术语，避开与个人或情绪相关的话题，很少涉及与人有关的感受，常说的话是"人一定要讲逻辑""一切都应该是有科学依据的""人需要冷静"。具体而言，其会表现出顽固、疏离的情绪，如"不论代价，人一定要保持冷静、沉着，决不慌乱"；行为上权威十足、顽固、不愿变更，会出现"我感到空虚与隔绝""我不能露出任何感觉"的内心感受。若长期这样，其可能会出现强迫心理、社会性病态、社交退缩、故步自封等心理反应；对于躯体本身，易出现内分泌疾病、癌症、血液病、心脏病、胸背痛等。

（4）打岔型：避重就轻，习惯闪躲，经常改变话题来分散注意力，不能专注在一件事上，避开与个人或情绪相关的话题，讲笑话、打断话题、词不达意、不愿意真正去面对，让别人在与自己交往时分散注意力，也减轻自己的压力，想让压力因素与自己保持距离，言语漫无主题，东拉西扯。具体而言，其会表现出不恰当的举动、忙碌、心不在焉，身体不停地动，会出现"没有人当真在意""这里根本没有我说话的地方"的内心感受。若长期这样，其可能会出现不适当、不合情理的心态混乱；对于躯体本身，易出现神经系统症状、胃疾、眩晕、恶心、糖尿病、偏头痛、便秘等。

（5）一致型：重视自我、他人和环境，具有高自尊，内在和谐。语言上带有感受、思维，可以表达自己的期待、愿望、不喜欢，是开放的，愿意聆听别人，愿意分享，尊重自己、他人，也能顾及环境。在压力环境中，其能够认可压力的存在，正视自己处于压力之中，

承担起自己的责任，为有效地应对压力而做出努力。具体而言，其稳重、乐观、尊重现实、尊重自己和他人，接纳压力并积极应对，顾全大局，乐于助人，虽有时惶恐，但仍充满勇气和信心，有坚强的毅力，事中和事后内心十分坦然和安稳，互动时心平气和、泰然处之，并充满活力。

我们以发生在大学生当中的事件（见下文）为情境，分别列出五种沟通模式的例子，如表 4-1 所示。

事件：小芳和小红准备外出玩耍，计划拍很多美美的照片。在小芳精挑细选出一件衣服后，小红却吐槽：你今天为什么穿这种颜色的衣服？

表4-1 沟通的5种姿态

类型	小芳的回答	特点
讨好型	不好看吗？那我换一件吧	忽略自己，内在价值比较低。言语中经常流露出"都是我的错""你喜欢什么"之类的话
指责型	我穿什么要你管！	常忽略他人，习惯于攻击和批判，将责任推给别人。"都是你的错""你到底是怎么搞的"是他们的口头语
超理智型	根据书上写的，我的肤色偏黄，穿这种颜色会衬得我气色好	十分客观，只关心事情合不合规定、是否正确，总是逃避与个人或情绪相关的话题
打岔型	小红，你这头发梳得有点歪，我来帮你弄弄	永远不抓重点，习惯于插嘴和干扰，不直接回答问题或根本答不对题
一致型	谢谢你注意了我的打扮。这件衣服是我精挑细选过的，如果你不喜欢，下次出去玩的时候你提前帮我挑吧	言语表现出一种内在的觉察，表情流露和言语一致，内心和谐平衡，自我价值感比较高

前面四种沟通模式，不论表现形式如何，内在的自我价值都是偏低的。只有一致型的沟通模式，才是真正的高自我价值，是既欣赏他人也悦纳自己的表现。

那是不是其他四种沟通模式就是完全不好的呢？答案：不是。

其实每种类型都有好的一面：

讨好型的人很善良；指责型的人很自信；超理智型的人很理性；打岔型的人很灵活。

所以，并不需要全盘否定，要想实现良好的沟通，首先要做到身心一致、内外一致。

在萨提亚模式的一致沟通中，我们可以根据自己的需要和期望做出反应，而不是仅仅为了摆脱困境，因为这样既可以帮助我们在沟通过程中觉察自己的自动化思维和行为模式，又可以让我们与他人建立更加良好的关系。

当我们应对外面的世界或和别人沟通的时候，我们的身体会不假思索地选择我们熟悉的应对方式（比如，早期关系模式中固化了的可能已经沉入潜意识的情感、情绪，如恐惧、不安全、不被认可、不被重视等）来保护自己，所以我们极易采用讨好、指责、超理智、打岔（有时逃避）等不一致的沟通方式。

当从自我防卫转换到自我觉察时，我们才有可能打开自己，打开所有的感官，自由地听、看、感、想、说，我们带着高的自我价值，能够活在当下，直接表达我们的想法、情绪和感受，表达我们的期待，同时带着好奇心和同理心关心对方的内心世界，自己和他人的能量才可以自由地流动。

如果你习惯于指责，那么请尝试放下指责，调整呼吸，带着好奇心和关爱看看和你沟通的人有什么样的观点、感受和期望，然后用一致的方式反馈给对方，通过不断练习慢慢学会一致的沟通。对于习惯指责的人来说，最重要的是练习关注、了解他人。

习惯于讨好，那么请不要着急取悦他人，而是首先关注自己，关注自己的感受，倾听自己内在的声音，鼓起勇气说出自己的真实感受。当然，这一过程是困难的，你可以从信任的对象开始练习。

如果你是超理智型的人，你需要先后练习关注自己、关注别人的感受。这也相当不容易。首先需要练习的是和自己接触，再练习如何关注别人的感受。超理智型的人，要注意的是不要一直用脑袋，要多多用心，多去听、去看、去感觉，觉察并了解自己以及他人的想法和感受。

打岔型的人，习惯了"活在别处"，回避了很多痛苦和不愉快。要做到关注环境、自己、他人非常不易，建议从关注环境开始，学会观察所处的环境、气氛，学会活在当下，才可能进入和自己接触、和他人联结的境界。对于打岔型的人，最重要的是活在当下。

三、"掌握争吵中的暂停键"——人际冲突处理

人是社会性动物，正如马克思所言："人的本质并不是单个人所固有的抽象物，它是一切社会关系的总和。"进入大学之后，大学生面临着新的环境、新的群体，重新整合各种关系、处理好与交往对象的关系便成为大学生新的生活内容。建立良好的人际关系，是一个人事业成功的基础。要建立良好的人际关系，需要一颗宽容的心，需要真诚，需要主动、积极交往，增进个人魅力，应"勿以善小而不为，勿以恶小而为之"，努力优化个人的社交形象。我们每个人都希望生活能充满阳光，都希望友谊能天长地久，但人与人之间的冲突是在所难免的，那应如何避免及处理人际冲突呢？

（一）理解人与人之间存在差异

每个人有自己独特的情感、理解和利益背景，因此，人与人之间出现不一致或冲突是不可避免的。无论什么样的关系，也无论交往双方关系多深、情感多融洽，都可能出现冲突。因此，我们在同任何人交往的过程中，都可能面对冲突的出现。

我们需要对人际冲突有心理准备，避免在冲突中付出不必要的代价。一般情况下，如果我们在毫无准备的情况下被直接卷入冲突，那么在整个冲突过程中保持冷静是十分困难的，我们的思维会受到明显的干扰，很难保持对事情的正确判断，在冲动之下做出对人际关系有害的事是有可能的。

（二）换位思考

在实际生活中，很多人际冲突都是可以避免的。《论语》里讲"己所不欲，勿施于人"，换位思考可以有效地帮助我们正确理解别人，避免判断错误，也可以防止发生不恰当的行为。对于已经发生了的冲突，如果处理得当，就事论事，往往不会给人际关系带来太大危害。尊重他人，包容差异，换位思考，是成年人的智慧。

（三）保持边界与坦诚表达

冲突或争吵升级常常是因为至少一方过于坦诚，我们可以将其理解为一种社交边界的"逾越"。即非要把自己的想法尽数表达，而不管对方能不能接受。坦诚代表真诚地表达自己的观点，而礼貌代表着关注对方是否想听或想继续谈话。

代际冲突（代沟）通常是由价值观的差异和沟通方式的不同引起的。请大家思考这样一个场景：面对长辈和权威时，我们无法完全坦诚，也不想把自己的观点强加给别人。但

是长辈和权威却常常强迫我们接受他们的观点，我们应怎么办呢？

那就请继续坚持内心坦诚，而外在动用"礼貌"能力吧。

如果对方持续输出观点，我们就变成"点头侠"。有的时候不反驳会让对方感觉我们默认了他的观点，我们会忍不住反驳。这也是我们很正常的一种反应，无可厚非。我们要做到外表礼貌，内心坦诚，没有人能强迫你改变那些经过仔细思考并决定坚持的想法。

坚定带来淡定。当我们面对不可避免的冲突时，我们并不需要因他人的建议而放弃自己经过深思熟虑的观点（做到坦诚），也不需要真情实感、苦口婆心地尝试用自己的想法去说服他人（做到礼貌）。

当然，对于无法改变他们的想法还要强迫你接受他们的想法的人，也许还是应该尽量回避相处和减少触及冲突话题。

第三节 | 一个好汉三个帮——整合人际资源

世界著名人际关系学家戴尔·卡耐基（Dale Carnegie）在《人性的弱点》一书中曾提到："一个人的成功，约有15%取决于专业知识和能力，85%取决于处理人际关系的能力。"当今社会，人际关系对我们的生活、学习和工作都具有非常重要的意义。良好的人际关系有助于建立互信、促进合作、增强情感连接，并为我们提供支持和帮助。因此，学习如何整合人际资源、培养竞争和合作意识，不断完善自己，建立更加和谐的人际关系就显得尤为重要。

一、"我的互动我做主"——人际关系的三种互动形式

（一）合作

合作，即相互配合，把任务完成。在人际关系中，合作是一种至关重要的互动方式，可以促进团结、增进互信，并能促进共同目标达成。对大学生来说，与他人在社团活动或者体育活动中通力合作，是建立良好人际关系的途径之一。通过合作，大学生可以与他人共同努力，共享资源和知识，取得更大的成就。

（二）竞争

物竞天择，适者生存。在人际关系中，竞争可以激发潜能，促使大学生努力提升自己的能力。当然，在人际关系中，竞争也可能会带来一些挑战和负面效应，竞争在人际关系中是一把双刃剑，它可以提供动力、激励个体的成长和进步。但同时，过度的竞争可能导致冲突、敌意和不平等。因此，在人际关系中大学生应该鼓励健康的竞争氛围，并注重合作、相互支持，保持积极的自我评估，不将自己的价值完全建立在竞争的结果上，而是注重个人成长及和谐的人际交往。

（三）合作与竞争

合作与竞争各有特点，那人类在面对目标和事件时，是会更倾向于合作还是竞争呢？社会心理学家对这一课题进行了大量研究后发现，即使知道合作是解决问题的最佳策略，大多数人仍会选择竞争而非合作。例如，在莫顿·多伊奇（Morton Deutsch）的卡车竞赛实验中，将受试者分为两人一组，两人分别扮演两家运输公司的经理。实验要求很简单，

受试者想办法让自己公司的车辆花费最少的时间到达终点（所花费时间越少，赚钱也就越多）。实验中有两条路线可选：一条个人专用，但较远；一条两人共用，但每次只能通行一辆车，好在路程较短。显然，为了多赚钱，双方应该合作，轮流走近路，节省时间。然而实验的结果却是，双方都选择了共用道路，但都试图抢先通过，结果谁也不肯让步，就有点类似于在狭小的路上大家都争相前进而发生堵车的情况。在对大学生竞争合作策略取向的研究中发现，大学生更偏好竞争策略。

其实，合作与竞争在我们的生活中无处不在，两者并不是完全对立的。可以说，合作与竞争是紧密相连的，二者相辅相成、密不可分。只有竞争，没有合作，竞争将会缺乏潜力；只有合作，没有竞争，合作将会缺乏动力。

在面对目标时，其实最好的选择就是合理安排竞争与合作的互动形式。比如我们可以在合作中鼓励良性竞争，激发潜力；在竞争中发现合作的机会，团队成员之间携手共进，达成共赢。简单来说，竞争本身并不是目的，而是达成目标的一种手段。因此，在竞争中双方不能完全相互排斥，而应该遵循合作的共赢原则，共同进步。

二、"我的人际财富"——合理利用人际资源

"高山流水遇知音，彩云追月得知己"，大家可能会羡慕伯牙和钟子期的友谊，感叹"知音难遇"。确实，在成长的过程中，能够留下来的朋友屈指可数。但在实际生活中，我们的身边除了一些知心朋友，还有一些天天见到但未深入交流和了解的人，他们可能是我们人际资源中的宝贵资产。

在实际生活中，我们不仅仅要有几个知心朋友，更重要的是需要把握交往机会，不断扩大自己的交际范围，学会合理利用自己的人际资源。很多大学生初入大学，会感到诸多不适，比如人际关系的变化，大学相比中学社交面更广，很多大学生感到无所适从。

首先，在这样的环境下，大学生要扩展自己的朋友圈，并在这一过程中适度展现自己的人格魅力。

其次，学会管理自己的朋友档案，不能有事情才想起请别人帮忙，平时没有事情时也要与别人多联系、多沟通。心理学中曾提到"见的时间久不如见的次数多"，在这样的前提下，长此以往，陌生人就变成熟人，熟人就会慢慢变成朋友。并且，大学生要充分了解每个人的特点，这样当需要朋友帮忙时，就不会"寻求无门"，而是可以直接向那些真正有能力帮助自己的人求助，提高解决问题的效率。

最后，大学生与他人交往时不能带有太多功利色彩。如果大学生总是一味地考虑别人能为自己做什么，而从来不为别人做任何事情，那么，宝贵的人际资源也会很难发挥作用，当真正遇到困难时，可能就会孤立无援、束手无策。因此，大学生在交往中还要把握互惠这一重要的原则，即有来有往才称为交往。

第四节 ｜ 一笑泯恩仇——学会人际交往

人际交往是我们在社会中与他人建立联系、相互影响的重要过程，它对个人成长、职业发展和社会和谐都具有深远的影响。良好的人际交往能够为我们打开新的机遇之门，增进人际关系。在此基础上，我们需要了解某些心理效应，理解相应的原则，掌握一定的技巧，减少或消除导致沟通不畅的因素，使人际关系朝着更长久、更稳定的方向发展。

一、"心理说人际"——人际交往中的心理效应

在人际交往中，交往的效果往往受到交往双方的交往技巧和交往方法的影响，也受到交往双方的个性、背景、价值观、态度的影响。通过理解心理效应，我们可以提高沟通技巧、塑造良好的形象、处理冲突和解决问题，增强个人幸福感。

（一）首因效应与近因效应

首因效应和近因效应是人际交往中的两个心理学效应，它们对人与人之间的认知和评估有着重要影响。

1. 首因效应

首因效应指的是人们在对一个人或一件事进行评价时，首先获得的信息会对他们的印象和判断产生更大的影响。当人们在交往初期接触到某种信息时，这些信息会对他们的评估产生持久的影响，而后续的信息往往无法改变第一印象。人们常说的"给人留下一个好印象"，实际上指的就是第一印象。

心理学研究表明，首因效应是人们对信息的加工方式所导致的。初始的信息更容易在人们的工作记忆中保持活跃，而后续的信息难以与初始信息竞争。因此，首因效应会导致人们对他人形成较为稳定的判断和印象。一是使人际认知具有表面性——第一印象常常是对一个人表面特征的认知，根据对方的外貌、表情、姿态、谈吐等做出初步的判断与评价，容易以貌取人；二是使人际认知具有片面性——由于先入为主，第一印象鲜明而强烈，对人脑对后来获得信息的理解和组织起到强烈的定向作用。因此，初次见面就显得尤为重要。当然，第一印象也并非完全不能改变，如果你给别人留下的第一印象不那么良好，不要自暴自弃，可以通过长期的交往让对方更加了解你。

请同学们牢记，真诚才是人际交往最重要的原则。

2. 近因效应

近因效应指的是在人们对一个人或一件事进行评价时，最近获得的信息对他们的印象和判断会产生更大的影响。心理学对首因效应和近因效应进行了深入研究，以揭示这些效应对人际交往和认知过程的影响。研究表明，尽管首因效应和近因效应都能够对人的评价产生影响，但它们的表现和强度可能受到多种因素（如信息质量、个体特征和认知处理策略等）的调节。

在人际交往中，与陌生人相处时，我们往往会更关注首因效应；与熟人相处时，近因效应起很大的作用。若熟人在行为上表现出某种新异性，就会影响或改变我们对他的原有看法。例如，你对某位同学颇有好感，但你俩一起去餐厅时，他对服务员态度恶劣，你会改变对他的看法，并产生"他怎么是这样的人？我真是看走眼了"的想法。又例如，某位让你颇有微词的同学在你生病时给你买了一份粥，你可能会突然间感觉"他这人也不是特别糟糕"，进而发展到想要进一步了解他的想法。仅凭某人在某一特定时间的某个表现就对他做出定性的评价，贴上不可撕掉的"标签"是不合理的。因此，我们在与他人交往时，不但要注意给对方留下良好的第一印象，也要注意在平时给对方留下值得信赖的印象。

（二）晕轮效应

晕轮效应是指人们在对他人或物品进行评价时，基于对其中一个特质或表现的积极印象，将其整体评价偏向积极的倾向，即人们的整体评价受到单一特质或表现的积极性所主

导，而忽视了其他的细节或缺点。心理学研究发现，人们往往倾向于认为外貌吸引力大的个体更有吸引力、更友善和更具魅力。这意味着外貌会影响他人对个体的整体评价。例如，当我们遇到一位气质优雅的女士，我们会倾向于对她进行较高的评价，因为我们坚信：积极的、良好的品质都会出现在这位女士身上，这就是晕轮效应。当然，在多数情况下，晕轮效应常使人出现"以偏概全""爱屋及乌"的错误认知。被浓烈爱情氛围包裹的同学在描述另一半的时候，会觉得对方是优秀的，浑身散发着光芒。这也就提醒我们，"晕轮"虽美，但在人际交往中我们更需要透过现象看到本质，冷静、客观地选择和面对交往对象，只有认识到可能存在的偏见，才能够进行全面和公正的评价。

（三）刻板印象

刻板印象是指对某一特定群体的人或事物形成的过于简单化、刻板化的认知模式或看法。刻板印象往往建立在一些不准确或片面的观察和经验之上，忽视了个体的多样性和差异性。

心理学研究表明，刻板印象是人们在认知处理环节中采取的简化方式，即通过这种方式可以节省认知资源，但当我们将大量的信息归类为某一群体或类别，从而快速地进行分类和理解时就会发现，这种简化和归类往往会导致误解和偏见，并在某种情况下忽视人群内的差异性和多样性，我们可能就会根据刻板印象形成偏见，对特定群体的人持有先入为主的看法，并在行为上表现出歧视性。刻板印象忽视了个体之间的差异，容易使我们产生偏见与歧视，阻碍我们与他人进行深入细致的交流。所以，我们要时刻提醒自己，不能让一时的刻板印象影响自己对他人的看法。在处世和交友过程中，我们应该给予自己和他人更多的理解和支持，花更多的时间和耐心来做判断，时刻提醒自己要透过现象看本质，不要被刻板印象所影响，以免失去一段本可经营的关系。

（四）投射效应

投射效应是指个体倾向于将自身的特质、态度、感情和意愿等内在经验投射到他人或外部环境中。这意味着个体倾向于认为他人或外部世界与自己的内在状况相似。在人际交往中，个体可能会将自己的内心体验、情绪或不满投射到他人身上，以此缓解自身的不适感。比如某位同学总是远离人群，认为"他们都看不起我"，这种先入为主的想法久而久之会将自己推出人群。"以小人之心度君子之腹"就是一种投射效应的体现，在这样的情景下，个体可能会误解他人的意图和动机，将自己的经验和感受投射到他人身上，认为他人的行为和想法与自己相似。而实际上，他人的内心体验可能与自我的相去甚远。如果我们总用自己的想法和态度去对待周围人，而不去了解周围人的真实想法，就会陷入到对他人的不信任和怀疑之中，这将对人际关系的发展产生不利影响。每个人都有属于自己的内在构建，我们要尽可能避免以己度人，应该把更多的注意力放到与他人实际相处过程中的客观观察上，真正地去理解事件本身。

二、"做好内心的准备"——人际交往的原则

人际交往是我们日常生活中不可避免的一部分，它涉及与他人建立联系、沟通和相互影响的过程。人际交往的成功与否，往往取决于我们遵循的原则和准则。

（一）真诚原则

古人云："以诚感人者，人亦诚而应。"真诚是人际交往的最重要的原则。以诚待人是

人际交往得以延续和深化的保证。在关于大学生最喜欢和最不喜欢的品质评价中，排在第一位的是真诚，排在最后一位的是虚伪，由此可见，真诚才能获得真正意义上的友谊。

（二）平等原则

平等是建立良好人际关系的前提。这里所说的平等是指交往双方在人格上是平等的、互相独立的关系。友谊并不存在高低贵贱之分，看似平等但一方将另一方看得低入尘埃的关系注定无法长久。在与别人的相处过程中，我们要尊重他人的独特性，与他人平等相处，这样才能使彼此感到安全、放松，才能发展出更持久、稳定的友谊。

（三）宽容原则

"严于律己，宽以待人"，宽容，即表现为对非原则性问题不斤斤计较，能够以德报怨。每个人都有优点和不足，对朋友不能事事苛求，应以包容的态度去对待朋友。每个人都有犯错误的时候，学会原谅别人是一种美德，有了这样的心境，就容易建立良好的人际关系，但面对原则性问题时，照顾好自己的内在感受最为重要的，请以平和的方式放弃消耗自己的关系。

（四）信用原则

信用是建立在互相尊重、诚实和守信的基础上的，它使得人们相信对方的承诺和行为，并愿意与对方建立良好的合作和交往关系。当我们相信对方是值得信任时，会更愿意与对方建立亲密的关系。在这样的前提下，建立关系的双方能够遵守承诺并真诚表达自己的意见，更容易达成一致，实现积极合作和资源分享，达到共赢。通过诚实、守信、尊重他人的隐私，并避免背叛，我们能够与他人建立健康、稳定且互惠的关系。

心灵夜话

篱笆与钉子

（五）互惠原则

互惠原则指的是在交往中双方相互给予，以维持平衡和公平，这样双方的交往就能继续发展。如果一方一味索取，另一方持续付出，即使短期内关系融洽，也无法发展为长期、稳定的关系。在实际交往中，要记得及时回报他人的善意和付出。当他人给予我们帮助时，我们要给予他们回报、回应或者表示感激之意。通过给予他人支持、回报他人的付出，我们能够与他人建立互相依赖、平衡和公平的关系。一段关系能否长期稳定地维系下去，往往取决于这段关系是否能够满足双方的需求，有的同学可能会有疑惑："那我们的关系岂不是不纯粹了？我不喜欢这样的关系。"不可否认，同学们可以想一下身边是否真正存在一位让你无条件想要和他相处的朋友。如果存在，他在关系中提供的情绪价值肯定是存在的，而这是你的潜在需求。

三、"我该如何和你相处"——人际交往的技巧

人际交往的技巧是在与他人互动过程中增进沟通和理解的方法。我们应该认识到每个人都是独特的个体，交往的方式是多样的，没有一种适用于所有人和所有情况的通用技巧。因此，这里给出几个关于人际交往的技巧供大家思考。

（一）自我关注与他人关注的平衡

很多人在人际交往中常常忽略一个重要方面，即平衡个人需求与他人需求。在交往中，我们需要关注他人的需求和感受，但也要确保不能忽视自己的需求。这意味着我们需要建

立有意识的平衡，既要给予他人关注和支持，也要照顾自己的情感和心理健康。

（二）真实性和自我表达

在人际交往中，真实性对建立深层次的关系至关重要。然而，真实性并不意味着我们必须将所有的细节都公开或毫无保留地展示自己。与之相反，真实性要求我们真实地表达自己的思想、感受和观点，同时尊重他人的感受和界限。有的同学初与他人相识，就迫不及待地、事无巨细地将自己的情况告知别人，殊不知这样的"坦诚"可能并不会加快双方的交往进程，反而会使对方颇有压力。故在交往中，我们应该勇于表达自己的想法和观点，但要适时地考虑他人的感受，尊重他们的观点和意见。

（三）适应和接纳多样性

进入大学后，我们会遇到来自五湖四海、形形色色的同学，他们的观点、文化和习惯都是不同的，了解并接纳他们的差异是至关重要的。适应多样性意味着要善于观察和了解他人的需求和偏好，以便更好地适应和互动。另外，通过培养对各种观点和文化的尊重，我们可以拓宽视野，增强理解能力。

（四）学会倾听和换位思考

在人际交往中，倾听是一项重要技能。积极且有效的倾听意味着全神贯注地聆听对方，即不仅要听到，还要听懂，更要真正理解对方所表达的情感，这样才能够把握对方要表达的有意义的信息，并给出真实的回应。要对对方的话有所反应，不要打断别人的话。如果不想继续当前的话题，可以巧妙地转移话题。除了倾听，换位思考也是提高理解和共情能力的关键。急人之所急，需人之所需，要经常从对方的角度去思考问题，学会换位思考，特别是当我们的观点和态度与他人不一致的时候，站在对方的角度去考虑问题就显得尤为重要。"己所不欲，勿施于人"，不能强人所难，不能让朋友一味地理解自己、包容自己。

（五）学会欣赏和真诚地赞美他人

"良言一句三冬暖"，我们每个人都希望得到他人的关注和肯定，而在人际交往中学会欣赏别人可以满足彼此的心理需要。"你真美""你真好"……真诚的赞美会给朋友或者即将成为我们朋友的人带来好心情。故在实际交往中，我们要善于发掘他人的闪光点，让对方感受到被欣赏。

朋辈说

亲密有间方能长久

四、保持边界，也是一种健康关系的体现

我们每个人都有自己的思想、情感和需求，若要将这些与外界的影响保持适当的距离，我们需要建立和维护良好的心理边界。心理边界可以看作是我们与他人、环境和社会互动时的防护盾，它为我们提供了一个私密、安全和尊重个人需求的空间。在现代社会中，日常生活中存在各种压力和挑战，因此保持健康的心理边界尤为重要。

（一）什么是心理边界

边界，顾名思义，指的是地区与地区之间的界线。对于我们来说，空间边界是很容易被看到的，也是很容易被理解的，在某种情况下，它也是不能够被跨越和侵占的。

这里提到的"边界"，指的是一种"心理边界"，或叫"个人边界"，它是我们与外界之间的屏障，保护我们的身心健康。严格意义上来说，心理边界是指一个人对自己和他人之间的界限及互动所产生的一种自我保护和自我管理能力，影响着个体如何对待他人的情感需求，界定个体的隐私和个人空间，并帮助个体区分何时接纳或拒绝他人的观点和行为。

简而言之，心理边界是一种"隐形""微妙"的边界，但它也是真实存在且重要的。如果我们的边界能够被理解和尊重，我们将会感觉到安全，并愿意与他人建立起互相支持的积极关系，为我们的心理健康提供切实帮助。

即使我们不知道自己的边界在哪里，我们也会在恰当的时候知道有些事情不对劲，觉察到自己的边界被打破了。而当我们感受到边界被打破时，怨恨就会出现。比如，你不遗余力去帮助别人，甚至到了"说教"的地步，这让对方感觉很有压力，感觉边界被侵犯，埋怨就会出现，你也会感觉"我付出了这么多，为什么他会这么想？"以致双方都不开心。

其实，侵犯边界的情况主要产生于我们通过牺牲自己的需要来取悦那些违反我们的意志和心理健康的人，而那些人会把问题归咎于我们，并认为我们需要为他们的问题承担责任。再次强调的是，"边界"并不是让我们与各种关系进行隔离，而是健康的、舒适的心理界限。比如，有些刚结婚的夫妻经常会面临这样的问题：妻子希望长辈不要过多干涉自己的生活，但长辈认为"你们刚刚结婚，有很多事情都处理不好，我们帮你们做，怎么还不领情呢？"这就体现了"边界被侵犯"。

边界，从本质上讲，能够培养我们的能动性，拒绝侵入性的物理/心理暴力伤害我们的身体和自我意识，保护我们的情感健康，并最终允许我们作为坚实的、支持性的伙伴参与任何类型的关系。但有些时候，当边界被侵犯但自己未能觉察时，我们不能够进行自我解释，可能从最初的简单争吵升级到试图伤害对方。这将是一个糟糕的循环。

如果我们在相处中侵犯了别人的边界，在某种程度上，直觉会告诉我们越界了，对方有可能会表达："您需要当场道歉。"这时我们应表达歉意："对不起，我有点太好奇了。"

（二）设定边界的原则

有效的边界反映了我们的价值观，这对我们和任何人建立健康的关系都至关重要。

1. 设定清晰的边界

通常，那些没有边界之人内心的怨恨会不断累积，他们会采取一些极端的措施来减轻痛苦，比如有的人会选择切断关系；有的人则会让埋怨在他们的体内积聚，当愤怒向内且不可排解时会抑郁。所以，我们要学会了解自己的需求、喜好和价值观，并为其设定清晰的边界。

2. 学会说"不"

那些让你很难拒绝的人都有谁呢？父母？领导？重要的朋友？请问自己："如果我说不，我害怕失去什么？爱？尊重？还是支持？"在和对方说"是"的时候，你得到了什么？在和对方说"不"的时候，你担心的事情是否发生了？请一定勇敢拒绝那些不符合个人需求或价值观的请求，不要被假设所束缚，要学会保护自己的权益。

3. 肯定自我价值，勇敢表达个人感受

大胆寻求自己需要的东西并不是自私或者刻薄，这仅意味着你是诚实的，明确自己的需求，并且认为自己是有价值的。在与他人进行互动时，要学会表达自己的感受和需求，同时尊重他人的立场，并建立互惠的关系。有的情侣，一方总是希望对方能够理解和照料自己，认为"如果他爱我，他就一定知道我需要什么？"但在现实生活中，明确自己的需

求且勇敢表达出来才会让你们的关系更为融洽和舒适。

4. 如果应对失效，请记得寻求心理咨询或治疗

当发生不好的结果时，我们应该让当事人对他的行为承担责任，而不是自己妥协。如果你感到自己的心理边界存在困扰或不健康的情况，已经无法妥善处理，寻求心理咨询或治疗是很重要的。

（三）设定边界的注意事项

1. 确定我们的边界

边界反映了我们的原则和价值观，因此我们必须了解这些原则和价值观，以便对边界进行确认。典型的边界包括知道何时对朋友和家人的要求说"不"，对亲密的爱人表达不满等。比如，当我们的计划被打乱，或者与爱人争吵时，我们要告诉对方，我们目前有更紧急的事情要去处理，不是对方不重要，所以，我们不能接受对方的安排或指责。当然，我们也需要尊重他人的边界，例如，我们需要准时赴约，不要因为某一件小事而频繁地给明知其工作比较繁忙的朋友发消息。

2. 推己及彼

在设定边界时，我们可以想一想在日常生活中有哪些事情会让自己感觉筋疲力尽、焦头烂额、无法控制情绪，在觉察自己身心感受的同时，评估这类行为是否同样会导致周围人出现这些感受。比如，你不喜欢在和别人争论时口不择言地说着最伤人的话，你很明白这样的行为只是在发泄情绪，会让对方受伤，进而影响关系的推进。那你在设置边界时，要考虑：当遇到矛盾时，我们需要坦诚地表达自己的情绪，但不能以伤害对方为目的，稳定情绪后，应找出解决问题的办法。毕竟，当违背心意的话说出口时，双方都会受伤。

开放和诚实是交往的关键。我们一方面需要为自己设定边界，另一方面需确保其他人知道他们何时越界了。重要的是，我们需要知道别人对我们的期望，这样我们就不会无意中越界。

（四）边界被侵犯时的处理方法

是不是在划定了明确的边界之后，关系就十分牢固了呢？其实不然，这种情况下会更容易出现侵犯边界的行为。一旦边界被触碰，双方都应尽可能保持平静，这时是划定彼此边界最理想的时机。在现实生活中，无论我们处于哪些类型的关系中，沟通需求都是一件极具挑战性的事情，重新检查自己的边界有助于我们以实事求是的方式做出回应，能够为关系提供一个清晰的路线图——什么可以接受、什么不能接受。

同样，当自己出现难以表达的负面感受时，可以问自己一些问题：这个人是否越界了？如果这个人越界了，我感觉如何？现在我知道我的感受了，我是想做出情绪化的反应，还是想面对我的界限，而这些都与情绪无关吗？

有很多初次恋爱的同学，在关系中热烈而恳切，想要和对方有一个好的结果，但这样的想法可能会将自己牢牢束缚在关系中：当面对对方给予的伤害时，无法及时地抽身，反而一次次给自己洗脑，掉入痛苦的深渊。其实，最简单的方式，就是在感情的最初，设定好自己的底线或边界，比如如何处理学习和爱情之间的关系、规定与异性之间的距离等。当你对这些问题有了清晰的认识，我相信，只要对方真诚，他会注意你的边界；相反，如果对方明知道你的边界，仍然在越界，这时你应该可以做出明智的判断。如果处理得当，边界，是爱和关系稳定的标志。同样，我们要确信，边界的出现是为了保持关系健康，而不是使关系破裂。

 本章重点

（1）释怀并不等于原谅过去，释怀只是为了更好地拥抱属于自己的未来。
（2）边界的出现是为了保持关系健康，而不是使关系破裂。

♥ 课后练习

一、我的"人际财富"

（一）操作规则

所有成员准备纸、笔，跟着指导者的指导语和示范，绘制自己的人际关系图。

（二）活动内容

（1）在白纸的中央画一个实心圆点代表自己。

（2）以这个实心圆点为中心，画三个半径不等的同心圆，代表三种人际圈。同心圆内任意一点到中心的距离表示心理距离。将亲朋好友的名字写在图上，名字越靠近中心，表明他与你的关系越亲密。

（3）这张纸仍有很大的空白区域，请大家尽量搜索你的记忆，在同心圆外的空白处把那些虽然比较疏远但仍属于你的人际圈的人的名字写下来。

（三）活动体验

"认识你自己"是刻在希腊德尔斐神殿上的一句著名箴言，直截了当地告诫世人，要认识自己，明确自己的本质和特性，懂得人生的意义和真正的价值。在人际关系中，你是否了解自己是什么样的人呢？

思考如何扩展自己的人际关系网络。

二、盲行

（一）操作规则

（1）指导者将一半同学分为"盲人"组，一半同学分为"哑人"组。选择好盲行的路线，道路最好不是坦途的，有阻碍，如上下楼、上下坡、拐弯、室内外道路结合等。

（2）在跨越障碍的时候要留一名培训助理协助负责安全监控。

（3）要时刻保持队形紧凑，避免队伍拖得过长，队首、队尾和队中各有一名培训师或助理进行安全监控。

（4）只剩最后一段路程时，在保证路面平整防滑的前提下可以带全员小跑。

（5）在项目结束后"盲人"摘眼罩之前，一定要进行提示：缓慢睁开双眼。

（二）活动时间

40分钟。

（三）活动场地

室内或室外。

（四）具体指导语

1. 对"盲人"组

（1）我们马上要踏上征途，很不幸，由于敌人使用了毒气弹，我们这支部队的全体官兵都暂时失明了。我们已经申请友军进行援助，他们会带领我们行进到终点。

（2）现在大家按照我所讲的方法来佩戴眼罩，黑色且有小三角的一面是对着我们脸部的，大家戴上后以看不到任何光线为合适。

（3）从现在开始到游戏结束，各位队友都不得摘下眼罩。如果途中遇到特殊情况，大家要及时大声通知老师。

2．对"哑人"组

（1）我们马上要踏上征途，很不幸，由于敌人使用了毒气弹，我们这支部队的全体官兵都暂时失声了，也就是说从现在开始到游戏结束，大家的嘴不可以发出任何声响。但更不幸的是我们的友军受毒气弹的影响已经全员失明了，上级命令我们在失声的情况下，带领我们的友军行进到终点。

（2）我们的行军路途比较辛苦，一路上都是敌人留下来的障碍物。因此，我们要在保障好队友安全的前提下，行进到终点。大家在行进的路线上会有培训师指导，因此，大家紧跟第一名培训师就可以了。

（3）现在大家跟我来，每个人按照次序找到队友进行帮助，记住：嘴巴不能发出任何声音。

（五）注意事项

（1）"盲人"（分组完毕已戴眼罩后）出发前原地转三圈，暂时失去方向感，"哑人"搀扶着"盲人"，沿着指导者选定的路线，带领"盲人"行进。

（2）其间不能有任何话语交流，"哑人"只能用动作等帮助"盲人"行进。

（3）若时间充裕，"盲人"组和"哑人"组互换角色，重复一次活动（可更换路线）。

（六）活动体验

（1）"盲人"有什么感觉？想起了什么？对队友的帮助是否满意，为什么？

（2）"哑人"怎样理解队友？是怎样想方设法帮助队友的？

（3）对自己或者他人有什么新的发现？在人际关系中我是一个怎样的人（善沟通、自以为是或能换位思考等）？我可以改善吗？

三、友谊在指尖

（一）操作规则

指导者将同学分成人数相等的两组，一组围成一个内圈，另一组站在内圈同学的身后，围成一个外圈。内圈同学转身背向圆心，外圈同学面向圆心，即内外圈同学两两相视而站。

（二）活动时间

20分钟。

（三）活动场地

室内或室外，周围空旷，没有障碍。

（四）活动内容

同学们在指导者口令的指挥下做出相应的动作。

当指导者发出"手势"的口令时，每位同学向对方伸出1~4根手指：

（1）伸出1根手指表示"我现在还不想认识你"；

（2）伸出2根手指表示"我愿意初步认识你，并和你做点头之交"；

（3）伸出 3 根手指表示"我很高兴认识你，并想对你有进一步的了解，和你做普通朋友"；

（4）伸出 4 根手指表示"我很喜欢你，很想和你做好朋友，与你一起分享快乐和痛苦"。

当指导者发出"动作"的口令时，同学们按下列规则做出相应的动作：

（1）如果两人伸出的手指不一样，则站着不动，什么动作都不需要做；

（2）如果两人都伸出了 1 根手指，那么各自把脸转向自己的右边，并重重地跺一下脚；

（3）如果两人都伸出了 2 根手指，那么微笑着向对方点点头；

（4）如果两人都伸出了 3 根手指，那么主动热情地握住对方的双手；

（5）如果两人都伸出了 4 根手指，则热情地拥抱对方。

每做完一组"手势 - 动作"，外圈的同学就分别向右跨一步，和下一个同学相视而站，继续跟随指导者的口令做出相应的手势和动作。以此类推，直到外圈和内圈的每位同学都完成了一组"手势 - 动作"为止。

（五）活动体验

刚才做了几个动作？握手和拥抱各做了几次？为什么这么多或为什么这么少？你的感受是什么？

第五章
学习心理

　　功夫不负有心人，同学们经过刻苦学习顺利考入大学，开始追求自己的理想，开始独立处理生活和学习中的各类问题。学习对同学们来说最熟悉不过了，但大学阶段的学习和中学阶段的学习有本质的区别，大学阶段的学习重要吗？我们为什么要学习？学什么？怎么学？这些是同学们都会面临和需要解决的问题。本章主要对"学习心理"进行讲解，带领大家思考学习的意义，解决在学习过程中遇到的问题，真正学会学习。

 本章学习目标

　　（1）了解学习的含义，理解大学学习的意义。
　　（2）认识大学学习的特点，学会适应大学学习。
　　（3）掌握大学生常见的学习心理问题及调适方法。

案例

　　某综合类大学的大一新生赵梅，18岁，从小到大从饮食起居到选择大学专业都是父母一手包办的，在父母的陪伴下长大，父母对她的要求和期望值很高，她的学习成绩一直很优秀。进入大学之后，远离了父母，刚开始的大学生活让赵梅很欢喜，她发现大学生活跟高中生活不大一样，好像一下子没有人管着自己了，终于感受到了大人们口中常说的"上了大学就轻松了"：老师讲课很快，上完课就离开教室，也不常常留作业，上课玩手机也不用担心老师在盯着自己，睡过头不去上课也不用请家长。一段时间后赵梅心里越来越不踏实，担心这样下去什么都不会，可是她的确找不到学习的动力和目标，上课打不起精神。马上期末考试了，她担心考不及格无法给爸爸妈妈交代，心里很难受但是又不知道怎么办。

　　赵梅之所以出现这种情况，就是因为她不了解大学学习的特点，不了解自己读大学的意义。大学学习与中学学习存在很大的差别，不适时地改变自身的学习习惯和学习方法，是很难适应大学学习的。

第一节 | 大学学习初体验——认识学习

大学生活因学习而丰富多彩，同学们带着憧憬和希望开始自己的大学生活，案例中赵梅同学出现的情况是进入大学后不适应大学学习的典型现象。大学学习和中学学习有很大差别，部分同学进入大学后不知道如何学习。那么本节就从"学习是什么"这个问题谈起。

一、遨游学海新气象——学习是什么

（一）学习的含义

"学习"这个词对大家来说再熟悉不过了，从学习走路说话到小学、初中、高中每天都和学习打交道，虽然同学们完成了以上阶段的学习任务，但其实还有很多人没有真正地学会"学习"。通常我们所说的学习是指学习知识和技能。心理学家认为，学习有广义与狭义之分，广义的学习指人和动物在生活中，通过反复的经验引起的行为或行为潜能相对持久变化的过程。目前许多心理学家较为认同的对学习的定义是"基于经验而导致行为或行为潜能发生相对一致变化的过程"。首先，学习是以行为或行为潜能的改变为标志的，学习是有机体获得新的个体行为经验的过程，比如大学生在学习专业知识之后，能够从本专业的角度对日常生活经验进行分析和解读；其次，学习引起的行为变化是相对持久的，比如游泳、骑车一旦学会就能经久不忘；最后，学习是练习和经验引起的。狭义的学习即人的学习，是人在社会生活实践中，积极主动地掌握社会和个体经验的过程。大学学习是人类学习的一种，在大学校园里，大学生在教师的指导下，有目的、有计划、有组织、有系统地进行学习，在较短时间内掌握科学知识，发展个人技能，形成一定的世界观和道德品质。

（二）心理学的学习理论

1. 行为主义学习理论

行为主义心理学认为学习是一个刺激和反应的联结过程，主张将人的外显行为作为研究对象，反对内省，认为行为的多次愉快的或痛苦的后果改变了学习者个体的行为，或使学习者模仿他人的行为，因此，行为主义心理学家重视环境在个体学习中的重要性，强调对刺激和反应的联结，比如斯金纳通过强化训练使鸽子学会打乒乓球。行为主义学习理论应用在学校教育实践上，就是要求教师掌握塑造和纠正学生行为的方法，为学生创设一种环境，最大限度地强化学生的合适行为，消除不合适行为。

2. 认知主义学习理论

自从20世纪60年代之后，认知主义学派的学习理论逐步取得了主导地位，与行为主义学习理论注重对学习者外显行为的研究不同，认知主义学习理论强调对人们学习的内部认知过程进行研究，它把知觉、表象、记忆等内部过程作为研究对象，认为学习在于内部认知的变化，学习是一个比刺激和反应联结要复杂得多的过程，注重解释学习行为的中间过程，即目的、意义等，认为这些过程才是控制学习的可变因素。认知主义学习理论中，具有代表性的有皮亚杰的认知发展理论、维果茨基的认知发展理论、布鲁纳的认知结构学习理论和奥苏泊尔的有意义接受学习理论等。认知主义学习理论丰富了教育心理学的内容，重视人在学习活动中的主体价值，充分肯定了学习者的自觉能动性，强调认知、意义理解、独立思考等意识活动在学习中的重要地位和作用。

3. 社会学习理论

社会学习理论对学习的解读即学习是通过观察而发生的，班杜拉认为人类学习有两种不同的过程：对直接经验的学习和对间接经验的学习。对直接经验的学习是通过自身行为反应结果而进行的学习，对间接经验的学习是通过观察示范者的行为而进行的学习。班杜拉认为人类大多数的行为不是通过自己的亲身经验而习得的，而是通过观察他人的行为及行为的后果而间接习得的。他认为来源于直接经验的一切学习现象，实际上都可以依赖观察学习而发生，其中替代性强化是影响学习的一个重要因素。

4. 人本主义学习理论

人本主义学习理论是建立在人本主义心理学的基础之上的，人本主义心理学家认为，人类具有天生的学习愿望和潜能，对人本主义学习理论产生深远影响的有两位心理学家，分别是马斯洛和罗杰斯。人本主义心理学家认为，行为主义学习理论将人类学习混同于一般动物学习，不能体现人类本身的特性，而认知主义学习理论虽然重视人类认知结构，却忽视了人类情感、价值观、态度等最能体现人类特性的因素对学习的影响。人本主义学习理论重点研究如何为学习者创造一个良好的环境，让其从自己的角度感知世界，发展出对世界的理解。人本主义学习理论认为，学习是一种自发、有目的、有选择的过程，是自我概念的变化，是价值与潜能的实现。人本主义学习理论认为强调学习者的中心地位，把学生看作一个有目的、能够选择和塑造自己行为并从中得到满足的人，教学任务就是创设一种有利于学生学习潜能发挥的情境。

5. 建构主义学习理论

建构主义学习理论认为学习是学习者主动建构内部心理表征的过程，它不仅包括结构性的知识，而且包括大量的非结构性的经验背景，强调学习过程中学习主动性的发挥。学习过程包含两个方面的建构：一是对新信息的意义进行建构；二是对学习者原有的经验进行改造和重组。学习既是个性化行为，又是社会性活动，建构主义学习理论强调认知主体通过与客观环境之间的双向作用来建构知识，注重研究学习活动所发生的学习环境中的各种影响因素，并将成果应用于教学实践。

二、要我学还是我要学——大学学习的特点

想要更好地适应大学的学习生活，我们需要了解大学学习的特点。中学的学习更多的是"要我学"的被动接受的方式，而大学的学习更倾向于"我要学"的主动学习。具体来说，大学学习具有以下特点。

拓展阅读

学习的分类

（一）专业性

大学是专业教育阶段，根据教育部发布的《普通高等学校本科专业目录（2024年版）》，目前我国大学有800多个不同的专业。大学教育的任务是为社会培养各类专业人才，大学生的学习活动是一种以掌握专业知识和技能为特征的社会活动，围绕如何使大学生尽快成为高级专门人才而进行。同学们根据自己的兴趣、爱好填报志愿，进入大学后在某一领域进行深入学习，各个专业在教学安排、课程设置、人才培养等内容上存在较大差异。同学们选定了某个专业，就要对这个专业进行深入的学习。当然，专业性并非单一性，学科之间是有联系的，是相互渗透、相互交叉的，要想成为"一专多能"的人，大学生必须在立足本专业学习的同时，广泛涉猎各学科知识，扩大

知识面，构建良好的知识结构，以更好地适应社会对人才的需求。

（二）自主性

大学的学习具有高度的自主性。自主性是指在学习的过程中，大学生主观能动作用增强，从被动学习转向主动学习。在学习方法上，大学生要从中学阶段的被"灌输"转向主动学习；在时间安排上，要有较强的计划能力，自我支配的时间较多，可以根据自己的兴趣爱好合理制订学习计划。对大多数大学生来说，离开了老师的时时监督，从"要我学"的学习状态转到"我要学"的学习状态是比较有挑战性的，所以大学生应该增强主动性。

（三）创新性

大学学习具有研究和探索的性质，大学生学习应具有一定的创新性，大学学习不仅仅在于掌握书本上的知识，更在于探究知识的形成过程与科学的研究方法。大学生对书本之外的新观点、新理论要进行深入的研究与钻研，了解学科发展前沿、存在的问题及未来的发展趋势，并将所学内容学以致用，完成理论和实践的结合，培养独立思考、探索创新的精神，在学和用的过程中形成自己的观点和思考方式。大学阶段是个人成为专业人才的关键阶段，因此，大学生在大学这种学术气氛浓厚的环境中应利用学校课程安排、课程设置等优势，在不断掌握前人理论成果的基础上，进一步深入探索，运用创新思维培养发现问题、分析问题及解决问题的能力，积极参与教师科研项目，申报大学生科技项目，发表高层次的专业论文，注重实践环节的表现，使自己的学习富有创新性。

（四）多元性

随着信息技术的发展以及高校改革，教师不再是知识的中心，获取知识的途径和方法的多元化带动了学习方式的变迁。学习的多元化，首先表现在学习途径上。除了课堂教学这一环节，大学生还可以通过多种渠道来获得知识，如社会实践、社团活动等。学习的多元化，其次表现在学习方法上，在中学阶段，更多的是"要我学"，而大学学习逐渐从"要我学"向"我要学"转变，提倡勤于思考，提倡采用多种方法进行学习。大学学习的多元性对提高大学生的综合素质起到了很好的作用。

（五）综合性

在大学里，大学生的任务是提高包括学习能力、交往能力、组织能力、管理能力、表达能力、创新能力等多种能力在内的综合能力。随着社会发展对高素质人才的要求，现代大学生要真正承担起社会和历史赋予的重任，必须做到德、智、体、美、劳全面发展，或者说德才兼备，一专多能。大学综合素质的培养十分重要，读大学，就像建房子，专业知识是建造过程中所用的材料，实践能力是建造过程中所用的手法以及学到的技能和经验，素质等则是对房子的装饰，三者缺一不可。

三、为谁辛苦为谁忙——大学学习的意义

心理学家维克托·弗兰克尔（Viktor Frankl）告诉我们，寻求意义是人类最重要的动机之一。同学们想要缓解学习不适现象，就要更新自己对学习的看法，思考大学学习的意义，明确学习对实现个人价值的重要作用。

读书学习，是我们改变命运、实现理想、成就事业的途径，纵观古今中外的成功者，他们都是具有广博的知识，具备才能的人，他们的成功无不来自勤勤恳恳地学习。只有不

断学习，才能不断积累新的知识，改变自己，改变命运，实现自我价值。大学学习的时间是短暂的，但是这一阶段却是特别的，大学学习的意义是让同学们意识到通过学习实现自我价值的重要性。

此外，同学们应主动把当前的学习和自己的理想联系起来，在主动思考意义的过程中增加对学习的热情。大学是一个跳板，是一次让同学们站在巨人肩膀上眺望未来的机会，大学学习能够帮助同学们到达一个更宽广的地方，见识更大的天地，认识到自己的不足，成为更好的自己。

四、我的学习我做主——大学学习的适应

很多同学初入大学时都知道大学应该好好学习，憧憬着美好的学习生活，但由于大学学习与中学学习截然不同，部分同学出现了对大学学习的不适应，主要表现在学习目标模糊、学习心理被动、学习方法低效等方面，同学们必须尽快改变以适应大学学习的要求。

朋辈说

《劝学》节选

（一）转变学习目标

同学们进入大学，站在新的起点，要有继续积极向上的学习态度，以饱满的学习热情进入新的学习生活，及时树立新的学习目标。只有树立了新的学习目标，进入大学学习状态，才能在新的起跑线上向前冲刺，到达新的终点。

（二）转变学习方式

大学的学习方式与中学有很大不同，比如，老师不再催促同学们学习，同学们需要自觉制订学习计划，主动设计学习方案，主动预习，主动复习，主动整理听课笔记，主动探讨问题，等等。同学们一进大学，就要从心理上做好准备，自己做学习的主人，通过自主学习，逐步养成自学的习惯，培养自学能力。

（三）转变思维方式

思维是推动群体行为的一种强大动力。与中学相比，大学的生活节奏快，活动空间大，学习任务繁重，要独立解决的问题多。面对这些变化，同学们必须要转变思维方式。进入大学之前，大家的学习重在解决"是什么"和"为什么"的问题，侧重研究事物在相对静止状态下的问题，偏形式逻辑思维；而大学学习重在研究事物运动、变化、发展过程中的问题，偏辩证逻辑思维。求异思维在很大程度上是一种辩证思维，勇于质疑是求异思维最显著的特点。在大学学习期间，在具体课程的学习上，甚至解决具体问题的过程中，同学们务必时常以辩证思维方式去思考，才能在学习中发现并提出较有深度的问题。

第二节 | 读书千遍也不倦——学习困扰

学习是现代人赖以生存的必要条件，学习能够促进人的全面发展。大学生的学习受到来自社会、家庭和自身等方面的影响，大学专业门类细，学习手段多样，会让大学生有点不知所措，大学学什么、怎么学成了大学生学习的难题，因而大学生出现了一些不良的学习心理。大学生常见的学习心理问题有以下几个。

一、学习拦路虎——学习动机问题

动机是指直接推动一个人进行活动的内部动力，学习动机是激发个体进行学习活动、维持已发生的学习活动并使行为朝向一定学习目标的一种内在的心理状态，是决定学生进行学习活动的动力因素。学习动机在大学生学习过程中具有重要的作用：一方面，它可以唤起大学生学习从而促进学习，比如，有的是为了报答父母多年来的养育之恩，有的是立志在事业上有所作为，有的是为了改变自己的生活现状等；另一方面，学习动机可以作为一种学习结果，强化学习行为本身。心理学家耶基斯和多德森的研究表明，动机强度与学习效率之间并不是线性关系，而是曲线关系，如图5-1所示。当学习任务比较简单，学习动机强度较高时，学习效率可达到较佳水平；当学习任务比较复杂困难时，此时学习动机强度较低，学习效率反而达到最佳水平。因此，学习动机缺乏或过强都会影响学习效率，带来一系列的心理问题。

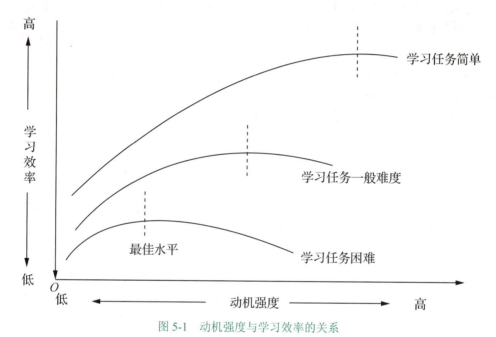

图 5-1　动机强度与学习效率的关系

（一）学习动机缺乏

👁 阅读材料　　　　　　　　　　**安安的困惑**

安安中学学业成绩一直非常优异，上大学后，忽然感到心中茫然，学习没有动力，生活没有目标，有时候想到年迈的父母辛苦挣钱供自己读书会恨自己不争气，可她还是学习上得过且过，生活上马马虎虎，上课打不起精神，自认为不是因为喜欢上网而荒废了学业，而是因为实在没有动力才去上网聊天、打游戏。安安很苦恼，但是又不知道怎么办。

大多数人可能都会和安安有同感，为什么会出现这样的情况呢？该如何改变呢？和安安一样，许多同学进入大学后缺乏学习动机，学习目标不明确，学习态度不认真，对所学专业不感兴趣，甚至厌倦学习。

1. 学习动机缺乏的表现

（1）缺乏学习的热情

一些同学存在一种"考上大学就轻松了"的错误想法。一些同学进入大学，从心理上摆脱了高中时的沉重压力，思想上逐渐松懈，一下子没有了学习的动力，缺乏必要的学习压力和心理唤醒水平，懒于学习，甚至一提到学习，心中便产生无聊感等不良心理反应，把主要精力放在娱乐等与学习无关的活动上，对自己今后的发展迷茫，对学习提不起兴趣。

（2）无目标、无计划

这类同学在学习上既无近期目标，也无长远目标，不给自己设定新的人生坐标体系，只是为了应付家长、老师和必须参加的考试而学习，只求考试能及格。他们对自己在大学期间究竟要达到什么水平心中无数，对每天的时间怎么安排、学习什么、读什么书、学习多少内容、如何在多门课程中合理分配时间和精力等不做打算，缺乏学习计划。

（3）学习方法不当

缺乏学习动机的同学把学习看成苦差，在学习上是被动的，不愿意主动探索学习的规律，也不愿意积极寻求适合自己的学习方法，学习只是为了应付考试，在学习过程中不善于掌握重难点，找不到学习的突破口，往往也就不能适应新的学习情境。

2. 学习动机缺乏的原因

学习动机缺乏是指大学生没有内在的驱动力，没有明确的方向，无知识需求、无学习兴趣而逃避学习。学习动机缺乏的原因是多方面的，归纳起来有内外两个方面。

（1）内部原因

内部原因指来自大学生自身的原因。比如部分同学刚刚经过紧张的高考冲刺，来到学习管理相对宽松的大学校园，产生喘口气、歇一歇的想法。又比如有的同学对所学专业不感兴趣，所学专业是家长选择的，而自己并不感兴趣。另外，缺乏自我效能感、对自己能力缺乏正确判断、不正确的归因等，也是学习动机缺乏的重要原因。

（2）外部原因

外部原因指来自学校、家庭、社会等方面的原因。从学校来说，课程设置不合理、教学内容陈旧、教学方法单一、教学效果不佳等，都是学生学习动机缺乏的原因；从家庭来说，有的家长急功近利，不考虑子女的实际需要为其选择专业，要求过高或过低，这也是大学生学习动机缺乏的原因；从社会来说，在现实社会中，多元化的价值观也会影响大学生的学习动机。

（二）学习动机过强

阅读材料　　　　　　**李欢的烦恼**

我今年已经大学三年级了，优秀的我一向对自己要求很高，当然这也与家庭的期望有关，父母都是具有高级职称的知识分子，在他们的言传身教下，我从小就知道努力与奋斗。在大学，我进行了认真细致的学习生涯设计，一步一个脚印向前走，成绩始终拔尖，大学二年级通过英语六级和托福考试，为将来留学做好准备；大学三年级竞选学生会干部，使自己的组织能力有所提高；与此同时，我也在锻炼自己各方面的能力。于是，在大学我像一只陀螺飞速运转着，珍惜大学的分分秒秒，因为我相信付出总有回报。但我却发现离自己的目标越来越远，我忽然怀疑起自己的学习能力，甚至多年积累的自信也受到挑战，对未来，我忽然担心起来，我该怎么办呢？

学习动机固然对学习起着推动的作用，但并不意味着学习动机越强，学习效果就越好。就如李欢一样，过强的学习动机会使人产生焦虑等情绪。学习动机过强与过弱一样，会降低学习效率，造成心理上不平衡，导致学生情绪紧张、过度焦虑等。

1. 学习动机过强的表现

（1）过于勤奋

学习动机过强的同学把学习看成世上最重要的事情，把自己的时间和精力全都投入学习。他们往往认为把时间花在别的地方是一种浪费。

（2）好胜心强

学习动机过强的同学事事都想超过他人，急于取得成就，他们把名声、面子、分数、名次和荣誉看得非常重要，希望自己总是第一，经常想得到他人的表扬和肯定，害怕失败，害怕他人小看自己。

（3）经常自责

学习动机过强的同学经常给自己设置一些很难达到的目标，为了实现自己的目标，不断给自己施加压力，总是对自己当前的行为和表现不够满意，不满足现状，总认为自己应该做得更好，并且容易自责。

（4）情绪焦虑

学习动机过强的同学往往伴随着学习焦虑和考试焦虑，经常感觉紧张不安，长期处于精神紧张、身心疲惫状态，致使注意力不能集中，记忆力下降，思维迟钝，甚至还可能出现头昏、耳鸣、失眠多梦等躯体症状，继而导致学习效率下降。

2. 学习动机过强的原因

（1）自我认识不足

学习动机过强的大学生，大多对自己能力认识不足，估计过高，抱负与期望超出自己实际水平，认为"只要我努力，我就能获得成功"。这种错误的认知模式容易使他们在现实生活中，不顾自身及现实的客观条件，为了一个不太可能实现的目标盲目努力。

（2）个人性格影响

学习动机过强的大学生，往往自尊心比较强，做事过于认真、追求完美、好强固执，遇事好争输赢，过分看重荣誉。

（3）外在强化影响

一些大学生因学习刻苦努力而常常受到家长、老师、同伴的赞扬和鼓励，这种赞扬会促使他们更加努力学习，但是有部分大学生不能很好地把握学习动机，他们看不到动机过强的危害，被外在压力左右，对自己要求过于苛刻，容易造成身心障碍。

心理测试

学习动机自我诊断测试

这是一份关于大学生学习动机的自我诊断量表，一共有 20 个问题，请根据自己的实际情况，对每个问题做"是"或"否"的回答。为了保证测试的准确性，请认真作答。

（1）如果别人不督促你，你极少主动地学习。

（2）你一读书就觉得疲劳与厌烦，只想睡觉。

（3）当你读书时，需要很长的时间才能提起精神。

（4）除了老师指定的作业外，你不想再多看书。

（5）在学习中遇到不懂的知识，你根本不愿意想方设法弄懂它。

（6）你常想：自己不用花太多的时间，成绩也会超过别人。

（7）你迫切希望自己在短时间内就能大幅度提高学习成绩。

（8）你常为短时间内成绩没能提高而烦恼不已。

（9）为了及时完成某项作业，你宁愿废寝忘食、通宵达旦。

（10）为了学习，你放弃了许多你感兴趣的活动，如体育锻炼、看电影与郊游等。

（11）你觉得读书没意思，想去找个工作做。

（12）你常认为课本上的基础知识没啥好学的，只有看高深的理论才带劲。

（13）你平时只在喜欢的科目上下功夫，对不喜欢的科目放任自流。

（14）你花在课外读物上的时间比花在教科书上的时间要多得多。

（15）你把自己的时间平均分配在各科上。

（16）你给自己定下的学习目标，多数因做不到而不得不放弃。

（17）你几乎毫不费力就实现了你的学习目标。

（18）你总是为同时实现好几个学习目标而忙得焦头烂额。

（19）为了应付每天的学习任务，你已经感到力不从心。

（20）为了实现一个大目标，你不再给自己制定循序渐进的小目标。

【结果解释】

上述 20 道题目可分成 4 组，它们分别测试大学生在 4 个方面的困扰程度。

（1）～（5）题：测试大学生学习动机是否太弱。

（6）～（10）题：测试大学生学习动机是否太强。

（11）～（15）题：测试大学生在学习兴趣方面是否存在困扰。

（16）～（20）题：测试大学生在学习目标上是否存在困扰。

假如你对某一组（每组 5 题）中大多数题目持认同的态度，则说明你在相应的问题上存在一些不够正确的认识，或存在一定程度的困扰。选"是"得 1 分，选"否"得 0 分，将各题得分相加，算出总分。总分在 0 ～ 5 分，说明学习动机有少许问题，必要时可调整；总分在 6 ～ 13 分，说明学习动机有一定的问题和困扰，可调整；总分在 14 ～ 20 分，说明学习动机有严重的问题和困扰，应调整。

二、人在心不在——注意力问题

👁 阅读材料　　　　　　　　　　　　　**注意障碍**

进入大学后，张勇感到学习比高中要困难很多。老师讲课速度快，自己稍不留神就云里雾里，不知老师讲到哪儿了，他很希望提高自己的学习效率，抓紧课堂上的每一分钟。可是上课时，他就是控制不住地老是走神儿，常常不由自主地想一些与学习无关的事情，一上课就开小差，每次等回过神来，课堂内容已经讲了一大半。在图书馆自习的时候，情况更严重，常常书摆在面前，自己不知道神游到什么地方了，注意力不能集中，学习效率低。

张勇同学出现的问题是学习心理问题中的注意障碍，同张勇一样，部分大学生在学习过程中会出现注意力不集中的问题。

注意是心理活动对一定对象的指向和集中，是伴随着感知觉、记忆、思维、想象等心理过程的一种心理特征。注意力是人意识的具体表现，是把自己的感知和思维等心理活动指向和集中于某一事物的能力。注意是人类活动的前提，是人的各种心理过程正常进行的保障，具有指向性、选择性和集中性等特点，也就是说，人只有在注意状态下，才能顺利地执行各种任务。大学生的学习更离不开注意，注意力不集中会直接导致学习效率降低、学习成绩下降等。

（一）注意力不集中的表现

1. 易受环境干扰

注意力不集中的同学，在学习时很容易受到外界无关刺激的影响，分散学习注意力，偏离当前的学习活动。外面汽车的喇叭声，建筑工地的机器声，窗外行人的谈笑声、脚步声等，都可能成为注意力的干扰因素，导致大学生出现"人在课堂心不在"的情况。

2. 频繁改变注意对象

注意力不集中的同学，在学习时不能有效地控制自己的心理活动，常常半途而废，上课时不能专心听讲，大脑开小差，有时眼睛盯着黑板心里却想着别的事情，看书时经常不自觉地干其他事情，如摆弄手指、玩弄笔杆，或者频繁地出现说话、找东西等行为，无法专心学习。

3. 学习效率低下

注意力不集中的同学，学习效率普遍较低，学习时需多次重复学习某一相同内容，因此经常进行重复性学习，花费时间较多却不见成效。这部分同学通常给人的印象是花在学习上的时间很多，却见不到成效，比如有的同学一个晚上都在看书，可是一页内容都没有看完。

（二）注意力不集中的原因

1. 没目标

目标具有结果导向性，可以给人明确的方向，学习如果没有目标，就会出现劲儿不知往哪使的情况，就更集中不了注意力。一些同学缺乏学习目标，没有学习规划，每天浑浑噩噩，学习提不起劲儿，更谈不上注意力集中了。

2. 没兴趣

兴趣是推动人们集中注意力的重要因素，有的同学对自己所学专业不感兴趣，学习只是为了应付家长、应付考试或尽快完成学业，总是处于被动学习状态，学习的注意力自然就难以集中了。

3. 没方法

一些不适应大学教育方法的同学不能适应大学里边听、边记、边思考的课堂学习，常常感到进度太快抓不住重点，加上大学学习相对缺少督促和压力，若自制力也较差，自然学习的注意力就难以集中了。

4. 没环境

不良的学习环境对注意力也有一定的影响。一方面，同学们会因重大变故、偶发事件、外界评价等思想负担过重，导致注意力分散。如有的同学特别在意别人如何评价自己等，势必将注意力引向这些焦虑点，引起注意力的分散，影响学习效果。另一方面，学习环境不安静、噪声过大、学习环境杂乱等因素都易成为集中注意力的干扰因素，影响学习效率。

5. 没精力

过于疲劳也是注意力不集中的原因之一，有的同学由于过度疲劳和焦虑，也容易注意力不集中。长时间用脑，不注意劳逸结合，不讲究学习方法，都会引起大脑过度疲劳，造成注意力分散。

三、任重道远——考试焦虑问题

◉ 阅读材料　　　　　　　　**张洁的考试焦虑**

张洁在期末高数考试的前3天来到学校的心理咨询中心，她说："很快就要期末考试了，我高中的时候数学就是弱项，特别害怕学习数学，进入大学后感觉高数更难了。第一学期期末考试的时候，因为对数学有阴影，在考场上特别紧张，大脑一片空白，好几道自己其实会做的题却怎么也答不出来，那次高数考试不及格。这段时间我一直在为高数考试积极备战，每天复习时间倒是挺长的，可是手里捧着书，却根本看不进去，我感觉自己快要崩溃了，每天吃不下饭，也睡不好觉，连做梦都梦见自己考得不好，害怕又出现上一次考试时的状况。如果这次再考不过，所有的评奖评优我都参加不了，我怎么给父母交代？我很担心……"

和张洁一样，一些大学生在备考阶段，感觉自己力不从心、烦躁不安。有的大学生说："知识点过了一遍又一遍，甚至可以倒背如流，然而当拿起笔时，脑子里却突然一片空白，而且这时候越着急，越努力要想起来，越想不起来，平时还蛮灵光的脑子，考试时居然跟没随身携带一样。"考试是一种复杂的智力劳动，要求考生的头脑清醒，但考试焦虑对大学生的考试学习和生活产生了严重影响。

考试焦虑是人由于面临考试而产生的一种特殊的心理反应，它是在应试情境刺激下，受个人的认知、评价、个性、特点等影响而产生的以对考试成败的担忧和情绪紧张为主要特征的心理反应状态。心理学认为，心理紧张水平与活动效果呈倒U形曲线关系，即紧张水平过低和过高，都会影响成绩。适度的心理紧张，可以对学生产生一定的激励作用，产生良好的活动效果；但过度的心理紧张则会导致考试焦虑，会降低学生的学习效率和考试成绩，还会引起一系列的心理问题，甚至会导致焦虑型人格。

（一）考试焦虑的表现

考试焦虑有明确的焦虑对象，如对考试情景、考试过程或考试结果的焦虑，从考试的时间进程来看，考试焦虑表现为考前焦虑和考试过程中的焦虑。考前焦虑表现为无法沉静下来认真学习，害怕学习不好，害怕考不好，总是想着考试失败给自尊带来的伤害等，就像张洁一样整日焦虑不安，没胃口睡不着觉，精神恍惚；考试过程中的焦虑，其突出表现为怯场现象，多表现为紧张不安、优柔寡断、不知所措、记忆力减退、大脑一片空白，就如张洁平时会答的题目考试时却答不出来。在表现上，考试焦虑产生时，会伴随一系列的症状，包括生理、认知、情绪方面均会产生改变。

1. 生理方面

对考试的担心和焦虑会导致有的同学生理失常，具体表现为头疼失眠、心跳加快、血压增高、呼吸加剧、食欲下降、手足发凉、多汗尿频等。这一系列的身体反应使自身感到不舒服，产生不安全感，从而分散了注意力，扰乱了正常的思维，例如在考试前的不安与失眠、考试中的茫然、考试后的头晕与恶心。

2. 认知方面

错误的自我认知会产生消极的自我评价。部分同学对自己的要求过高，心理状态以"担心"为特征，如担心考试成绩不理想，担心考试失败造成的后果，对自己没有信心，从而出现注意力不集中、记忆力下降、学习效率低。

3. 情绪方面

考试焦虑在情绪方面表现为经常莫名地心烦意乱、无精打采，出现紧张、担忧的情绪状态，感到孤独、无助、压抑，情绪不稳定，自我评价忽高忽低，一会儿自卑，一会儿自大。

（二）考试焦虑的原因

考试焦虑是对考试的一种心理反应，受主客观因素的影响。

1. 主观因素

一是自我期望过高，自我了解不够，部分同学过于看重考试，幻想自己考试能超水平发挥，当感觉自己力不从心时，紧张和焦虑的心态便油然而生；二是知识掌握程度和应试技能不足，俗话说"巧妇难为无米之炊"，如果平时没有认真学习，准备不充分，会加深考试焦虑；三是由于之前考试失败的经历，产生了失败的自我暗示，进而产生紧张和焦虑；四是自信心不足、自尊心强的同学总有一种害怕被淘汰的心理，其实自己已经很努力了，但一旦成绩不理想，就丧失信心，低估自己的能力和知识水平，遇到一点挫折就焦虑。

2. 客观因素

一是来自父母的压力，部分父母按照自己的期望来设计孩子的未来，在学习上不断地施压，使子女倍感压力，难以达到目标和要求，加重了心理压力；二是来自教师的压力，教师往往偏爱学习好的学生，而大多学生自己也十分珍惜教师的这种"关爱"，总希望自己能考出好成绩以得到老师的关注；三是同学之间的竞争压力，考试成绩反映了大学生的学习状况和学习能力，会影响大学生自身的切身利益，同一班级的同学，由于彼此之间存在竞争，相互暗暗努力，疲惫和劳累不断累积，久而久之就会产生无形的心理压力。

👁 阅读材料　　　　　　　　　　考试中的"舌尖印象"

　　很多大学生在考试中都有过这样的经历：一些平时很简单、很熟悉的字、单词或公式等，考试的时候怎么都想不起来，刚一交卷就蹦出来了。心理学上称这种特殊现象为记忆的"舌尖现象"，意思是回忆的内容到了舌尖，只差一点，就是无法忆起。其实这种现象在现实生活中也很常见。例如，有时遇见很熟悉的朋友，却怎么也叫不出对方的名字，弄得自己非常尴尬。

　　舌尖现象是大脑对记忆内容的暂时性抑制所造成的，这种抑制来自多方面，比如对有关事物的其他部分特征的回忆掩盖了所要回忆的那部分特征，又比如回忆时的情境因素以及自身情绪因素的干扰等。而消除了抑制，若经他人提示、离开回忆困难时的情境、消除紧张情绪等，舌尖现象往往就会消失。

　　针对考试中出现"舌尖现象"，大学生可以怎么办呢？

　　一是形成知识网。平时要扎实地学好知识，通过形成知识网络建立起有效的知识体系，借助理解记忆、多感官记忆，采取及时复习、分散复习、系统复习等方式调动复习的积极性，巩固所学的知识，建立起有效的检索体系，在需要运用知识的时候能准确、及时地提取出来。

　　二是保持冷静。无论平时学习多么认真，总会有些地方学得不是很扎实，特别是处在紧张的考试环境中，这时要保持冷静、放松，可以想一想与之相关的学习内容。

　　三是努力回忆。闭上双眼，做几次深呼吸，然后想象自己在平时熟悉的教室中上课，手中仍是那熟悉的书本，仿佛听到熟悉的老师在眼前讲课。进入"情景"后再思考，"舌尖现象"就有可能被攻克。当然，这种情景想象法仅对平常较熟悉的知识有效。如果大学生平时不用功，基础太差，考试时不管怎样进入情景都无法考出好成绩。

　　四是转移注意力。如果经过努力回忆还是不能记起来，就暂时放下这道题，把注意力转移到其他题目上，以免耽误太多时间，也许过一会儿就能找出答案，更有可能在做其他题的过程中受到启发而茅塞顿开。"舌尖现象"仅是记忆的一种特殊现象，不属于病态，无须为此担心。

四、想说爱你不容易——学习拖延问题

👁 阅读材料　　　　　　　　　　　学习拖延

　　你是否和刘艳一样有表5-1所示的经历？待收拾的桌面、待上交的作业、要看的书全堆在眼前，明明有很多事情要做，我们偏偏跟自己说："再等一会儿，等下再做。"于是，一分钟过去了，一个小时过去了，一天也过去了。这就是学习拖延，学习拖延即"有目的地推迟或拖延必须完成的学习任务的行为"。学习拖延在大学生中是一种普遍现象，几乎每个大学生都曾有过学习拖延的经历，如：总是要等到考试前才突击复习；要读的书总是没有读；老师布置的作业和学习任务，也总要等到上交或检查时才匆匆忙忙完成……

表5-1 刘艳同学完成作业的流程

1．睡了午觉起来，背上平板电脑拿着书去图书馆找个舒服的位置坐下
2．打开平板电脑，拍张照片发个朋友圈"学习让我快乐"
3．翻开参考书，找到作业要求开始写作业
4．担心打瞌睡，到小卖部买杯咖啡，以集中注意力
5．回到座位，再次拿起参考书阅读作业要求
6．打开音乐网站下载新歌，准备边听歌边写作业
7．照镜子，看脸上的痘痘有没有变好
8．打开社交软件和闺蜜闲聊自己的痘痘变好了
9．听新下载的歌，感觉意犹未尽，继续更换歌单
10．手机响了，拿着手机走出图书馆接电话
11．挂了电话，坐在图书馆门口凳子上玩手机，回复朋友圈的评论
12．逛一下社交媒体，把好友更新的日志看完，然后一个个评论
13．到各大社区网站逛逛
14．看看时间，差不多该吃晚饭了……
15．回到图书馆收拾平板电脑去食堂吃饭
16．回到宿舍，玩会儿游戏就到九点了
17．重新打开平板电脑和书，开始马不停蹄地写作业
18．凌晨一点多终于完成了明天一早要交的作业

　　国内外相关研究表明，大学生普遍存在学习拖延的现象。学习拖延是指个体要在预期时间内完成学习任务的一种自愿延迟，即使知道这种延迟会带来不良后果。学习拖延会不同程度地影响大学生的学习生活，长期的学习拖延还会引发学生焦虑、抑郁、内疚和自责等。

（一）学习拖延的表现

1．缺乏自信

　　在学习中难免会遇到困难，而一旦遇到困难，有拖延心理的同学就会想逃避，因为他们不够自信，认为自己处理不好这些问题，于是就采用逃避的方法，拖拖拉拉。

2．只想不做

　　有拖延心理的同学在学习中往往只想不做，缺乏执行力。对自己的学业充满幻想，在跟人家谈起来的时候滔滔不绝，但是从来没有付诸实践，知与行是完全分开的。

3．各种借口

　　有拖延心理的同学对未完成的任务总是有各种借口拖延，诸如"一直拖着没做是因为我一直很忙""时间还够先不慌""明天更适合做""身体不太舒服"等。这些同学从一开始的拖延，到后来的干脆不处理，从心里就对要解决的问题抱有抗拒的态度，什么都不想做。

4．被动接受

有拖延心理的同学往往不会主动学习，而是被动接受，学习任务在他们看来都是负担。每当被分配学习任务时，他们会不由自主地反感，于是能拖就拖，学习状态懒散，感觉做什么都很难。

（二）学习拖延的原因

1．主观因素

（1）缺乏学习目标

一部分同学进入大学后没有了高中时明确的学习目标，学习兴趣下降，导致内在学习动力不足，形成学习拖延。

（2）时间管理能力差

进入大学后，自主支配的时间增多，同学们一下子放松下来，感觉有大把的时间属于自己。有的同学整天"忙忙碌碌"，不知道有效地利用这些自由时间，眉毛胡子一把抓，不能在规定的时间内完成学习目标，造成学习拖延。

（3）存在完美主义

有部分同学事事追求完美，设置较高的学习目标，并对达到目标抱有很高的期望。如果没有完全的把握可以高质量完成某项学习任务，他们通常不会开始学习，因而造成学习拖延。

（4）情绪影响

随着年龄的增长，大学生在学习、生活等方面遇到的事情越来越多，各种事情无形中对他们的情绪产生积极或消极的影响，消极的情绪状态会使大学生失去学习兴趣和学习动机，结果导致不能按时完成学习任务，出现学习拖延。

2．客观因素

从客观方面来看，父母具有拖延习惯、周围同学有学习拖延倾向、教师监督力度不够等，都有可能造成大学生不愿意完成或推迟完成教师布置的学习任务，导致学习拖延。另外，学习任务本身对大学生的学习拖延也有直接影响，学习任务的难度太大、学习内容量过大、学习任务要求不具体等都会导致大学生学习拖延的可能性提高。

 心理测试

拖延行为测量

请使用 5 个等级来评价表 5-2 中的描述和你的实际情况相符的程度。"1"表示完全不符合；"2"表示基本不符合；"3"表示不能确定；"4"表示基本符合；"5"表示完全符合。

表5-2　一般拖延量表

序号	描述	完全不符合	基本不符合	不能确定	基本符合	完全符合
1	我经常不会在做前几天就已经打算要做的事情	1	2	3	4	5

续表

序号	描述	完全不符合	基本不符合	不能确定	基本符合	完全符合
2	临交差时我才会去做作业	1	2	3	4	5
3	读完借阅的书后，不管有没有到期，我都难以立即归还	1	2	3	4	5
4	早上到起床时间，我总是不能马上就起	1	2	3	4	5
5	信写完后，我可能会放几天才寄出	1	2	3	4	5
6	我经常不会迅速回电话	1	2	3	4	5
7	即使是非常简单、容易的工作，我也很少会在几天之内做完	1	2	3	4	5
8	我通常难以迅速做出决定	1	2	3	4	5
9	我总是推迟必须要做的工作	1	2	3	4	5
10	我通常匆匆忙忙地赶着去做，才能按时完成作业	1	2	3	4	5
11	我常会在临出门时发现还有一些事情没有准备	1	2	3	4	5
12	在任务完成的最后期限，我经常浪费时间去做其他事情	1	2	3	4	5
13	我一般不会提前出发赴约	1	2	3	4	5
14	作业布置之后，我通常不会很快就开始做	1	2	3	4	5
15	我通常不会提前完成任务	1	2	3	4	5
16	我似乎总是到最后一刻才去选购生日或节日礼物	1	2	3	4	5
17	即使是必需品，我也拖到最后一刻才去买	1	2	3	4	5
18	我通常不会在一天内完成计划好的所有事情	1	2	3	4	5
19	我经常说："明天再做。"	1	2	3	4	5
20	在晚上休息之前，我通常不会处理好必须完成的所有任务	1	2	3	4	5

【结果解释】得分越高，拖延行为越严重。

第三节 | 书山有路心为径——学会学习

学会学习，就是掌握学习方法和技能，从而培养自我调控学习过程的能力，做学习的主人。一些大学生存在不良的学习心理，如学习动机不足、学习动机过强、注意力不集中、考试紧张焦虑等问题，这不仅会对大学生的学习成绩产生影响，而且会对大学生身心健康产生不良影响。这一节将介绍相应的调适方法，从而优化大学生学习心理品质，提高大学生整体心理素质。

一、动力发电站——学习动机问题调适

（一）学习动机不足调适

1. 提升自我效能感

自我效能感的概念最早由美国心理学家班杜拉提出，班杜拉将自我效能感定义为"个体面对特定情境，对自己组织和执行以达到特定目标的能力判断，用于衡量个体完成预定目标任务的自信程度"，他认为，自我效能感的水平会增强和削弱个体的动机，从而影响行动。自我效能感会影响大学生的学习行为，而学习行为又影响学习能力。大学生培养自我效能感，从而调节和控制学习行为，增强掌握和运用学习策略的意识，提高学习兴趣，提高学习动机水平。根据班杜拉的自我效能感理论，大学生提高自我效能感、增强学习动机的方式主要有3种。

（1）增加学习成功经验

以往在学习中取得的成功经验会使大学生建立起稳定的自我效能感，一旦尝到成功带来的喜悦，学习动机就能获得强化，同时增强自信心。例如，学习成绩不佳、学习动力不足的大学生，可以从简单处入手，把目标设置在一个可实现范围内，不断积累成功体验，享受成功的喜悦，促进学习动机的增强。再如，在考试时，教师总是指导大家要先易后难，这不完全是出于时间分配上的考虑，还因为简单、容易攻克的题能带来情绪上的满足感，如果先从难题入手，则会造成挫败感，对整个考试不利。

（2）学习成功的榜样

班杜拉提出的"替代经验"即通过观察某些与自己在能力、性格上相似的榜样的行为而得到的替代性的经验。对同学们来说，榜样是无声的力量，是大家学习的典范，是行为规范化的模式。很多学习是从观察、模仿别人学习开始的，如果自己缺乏成功体验，那么，从他人的成功中同样可以获得通过努力走向成功的经验，从而激发自己学习的动力。同学们在学习过程中，多向身边的榜样学习，并想象自己也能够成功，从而产生较强的学习动机。

（3）寻求他人的激励和帮助

在自我效能感形成的过程中，社会评价和他人的说服起着重要的作用。他人的积极反馈，能为同学们提供一定的效能信息，帮助同学们更好地预测行为的结果并更有效地控制行为的过程，从而提高自我效能感。

2. 明确目标，提高学习兴趣

学习目标是大学生奋斗的方向，若大学生没有学习目标，就易导致学习处于盲目和被动状态。同学们应根据当前社会对人才的要求以及自己的实际需要来制定学习目标。明确学习目标不仅能让大学生知道如何去做，而且合适的学习目标能够激励大学生产生学习动机，调动大学生的学习积极性。学习兴趣是学习过程中一种积极的心理倾向。爱因斯坦曾说过，兴趣和爱好是最好的老师，它远远超过责任感。兴趣是大学生不懈学习的内部动机，是大学生学习的强大动力。同学们要想在学习中发挥积极性和创造性，就要培养对所学知识的浓厚兴趣，可以通过阅读专业相关书籍、听专家学者的学术报告会、参加学校的各种科技文化社团活动、与朋友交流等不同方式，培养自己的学习兴趣。当对学

习产生兴趣后，同学们不但在校期间能自觉主动地学习，而且在离开学校以后仍然能坚持学习。

3．学会正确归因

在生活中不难发现，有些大学生明知学习重要，但总是提不起学习的劲头。有些大学生考试失败后，常常会抱怨自己能力不够、没时间复习等，而考试成功后又会觉得是自己运气好或考题简单等，那么为什么会出现这种情况呢？不同的归因方式导致不同的认知、情感与行为反应。所谓归因，指的是个体对他人或自己行为的原因的推论，是个体从可能导致行为的多种因素中认定原因并判断其性质，进而弄清行为产生的前因后果，预测评价人们行为的过程。积极正确的归因不仅能使大学生端正学习态度，客观合理地面对现实，而且会带来愉快的情绪体验，有助于大学生积极地看待学习中的成败，从而加强学习动机。同学们要正确对待学习中的成败，学会积极归因，大家应当多从自己的努力程度、学习方法、学习基础方面找原因，以便及时找到问题的症结所在，有针对性地进行改进。要相信努力才能带来成功，从失望的状态中解脱出来，当通过不断努力获得越来越多的成功体验后，学习就会变成一种主动行动。

（二）学习动机过强调适

1．建立正确的认知模式

学习动机过强的大学生都有潜在的不合理信念，要建立正确的认知模式首先要找出不合理的信念，然后与不合理信念进行辩论，使认知模式发生改变。例如，把"只要我努力了，我就能获得成功"这一片面的认知观念调整为"只有努力了，才有可能成功"，把"我必须总是成功"调整为"我希望优秀，但这并不总是可能的，我对自己已经取得的成绩感到满意"，把"我必须每件事情都做得尽善尽美"调整为"我喜欢做得很好，但我也愿意从错误中学习，并可以因为自己确实完成的事情而表扬自己，而非拿自己与不切实际的标准比较"等。强调学习、成长和接纳而非评判、拒绝和放弃，一旦自己放弃原有的不合理信念，过强的学习动机就会减弱。

2．设立适宜的学习目标

如果个体对自己有高标准和不切实际的期待，在获得不及预期的结果时，就会产生失败感和无力感。同学们在学习中应该设立适宜的学习目标，脚踏实地，循序渐进，将宽泛的总体目标分成多个具体的子目标，将长远目标分成多个近期子目标，并且可以根据不同情况能动地调整自己的目标，让自己既能达成又不会轻易达成目标，从而使目标成为自己有信心的保障和激发自己不断努力的动力。

3．注重学习过程

在学习过程中，同学们应学会看重过程而不是强求结果。同学们应把学习变成一种享受，增强主动探究的欲望，调动自己对知识的热情，学会问自己学到了什么，这段经历里什么是有趣的。对于任何一次学习，同学们都应该关注自己学到了什么，如果失败，也只是遇到了弯路而已，不要把分数看作衡量自身价值的唯一因素，而应把学习看成一个挑战，看看自己从失败中收获了什么，体会学习过程中的参与感、充实感，正确对待学习中的成败问题。

4．以宽容的心态对待自己

只有对自己宽容的人，才能心平气和地面对人生、面对社会、面对挫折，也才能有博大的胸怀去宽容社会、宽容他人。学习动机过强的大学生应该调整自己的抱负和期望水平，以宽容的心态对待自己，不苛求自己，把"只有成功才是完美"的认知观念调整为"只要尽力就是进步"，这样大学生可能更有控制感，并更能感到有希望。此外，大学生应允许自己犯错误，允许自己有非致命的缺点，如考试中因为粗心或者复习没到位造成失误，不要过分责备自己，而要汲取教训、积累经验。

二、志坚者智达——注意力问题调适

注意力是个体的各种心理活动正常进行的保证，也是大学生有效进行学习所不可缺少的条件。教育家乌申斯基十分强调注意力在教学中的作用，他说："注意力正是那一扇从外部世界进入人的心灵之中的东西所要通过的大门。"注意力与学习效率具有非常密切的关系，高度集中的注意力是大学生高效学习的重要条件之一。针对注意力问题，大学生可以从以下 4 个方面来进行调适。

拓展阅读

成就动机

（一）明确学习目标，制订学习计划

明确目标是很有帮助的，因为具体明确的目标可以产生具体结果，即目标具有结果导向性。同学们进入大学并适应新环境后，应立即确立一个学习目标。从心理学角度来说，有一个明确的目标，会使心理指向集中于一处，削弱心理问题对心理的影响，并有了内在驱动力。具体而言，同学们只有很清楚地知道每个时间段自己要做什么，有明确的目标，有效地减少胡思乱想，大脑才会提前做好准备，调整好状态、心态去面对接下来要做的事情。同学们应根据自己的条件，为自己确立一个适当的目标，并依据目标制订详细的学习计划。每次学习时都应根据学习计划，完成具体的学习任务，要带着任务和问题进行学习，这样学习才有动力，才不易分心。大家可以试试下面的办法。

（1）在每天或每周的开始时，给自己拟一个待办事项清单，贴在自己的桌面上，完成一项就勾选或划去一项。

（2）针对任务，一般情况下要考虑二八原则，也就是把主要精力、精力最旺盛的时间段用来做最重要或有难度的任务，因为人的注意力和意志力有限且会在做事过程中慢慢消耗。

（3）最好给每个任务设置一个"截止时间"（截止时间的设置要具有现实可行性），这样既可以在无形中学会珍惜时间，也可以有效提高学习效率。

（4）适当休息。很多时候，能让自己再次集中注意力的方法就是休息。如果给自己一点空闲时间，重新调整（洗把脸、跳动一下等）后，会更容易再次集中注意力。

（二）寻找学习方法，提高专注力

对大多数人来说，集中注意力不难，难点在于长时间地集中注意力。想要提高专注力，长时间高效地学习或工作就要学会科学用脑，我们的大脑有左右两个半球，其功能不同，左半球主要负责如数学计算、语言分析等与逻辑思维活动有关的抽象的智力活动，大脑右半球则同形象化的思维活动有关，如色彩、空间想象等。要克服疲劳，就要学会交替使用左右大脑，把逻辑思维活动同音乐、绘画等活动交替进行，这样能够缓解疲劳，提高专注力。

👁 **阅读材料**　　　　　　　　　**舒尔特训练法**

舒尔特方格是一种训练注意力的方法，通过动态的练习锻炼视神经末梢。心理学上用此方法来研究和发展心理感知的速度，可以培养注意力集中、分配、控制能力。练习的时间越长，看方格所需的时间会越短。随着练习的深入，眼球的末梢视觉能力会逐步提高，初学者可以有效地拓展视幅，加快阅读节奏，锻炼眼睛快速认读，进入提高阶段之后，此练习同时对拓展纵横视幅，达到一目十行、一目一页非常有效。

具体做法是在一张方形卡片上画上25个方格，格子内任意填写上阿拉伯数字1～25共25个数字。训练时，要求被测者用手指按1～25的顺序依次指出其位置，同时诵读出声，施测者在一旁记录所用时间。数完25个数字所用时间越短，注意力水平越高。

舒尔特方格不但可以用于简单测量注意力水平，而且是很好的注意力训练方法，普遍用于飞行员、航天员的训练，也是学生提高注意力的有效训练法。寻找目标数字时，注意力是需要高度集中的，将这短暂的高强度的集中注意力过程反复练习，大脑的集中注意力功能就会不断巩固提高，注意力水平会越来越高。

练习：在图5-2所示的两个5×5的方格上用手指以最快速度把1～25指出来，同时读出声音，开始倒计时。

4	13	22	15	11
19	21	7	1	25
23	2	10	24	8
20	14	17	17	3
6	18	16	9	12

18	15	16	9	22
5	20	10	25	11
24	14	6	21	19
7	4	2	12	13
17	3	1	23	

图 5-2　练习用图

（三）减少外部刺激干扰，在舒适的环境中学习

同学们常常会发现这样的现象，自己坐在桌子前，想学高数了，桌上有一张报纸，本来是垫在书底下的，上面有些新闻，控制不住就开始看了，看了半天，才想起本来是要学高数的，一张报纸就把注意力分散了；或者本来是要学习的，笔记本电脑还开着，看着看着，从高数跳到游戏网站去了。我们周围充斥着大量的刺激信号，这些信号都可能引起我们大脑的关注，使注意力自然而然地被转移。在平时的学习或工作中，多留意自己的整个学习或工作过程，当注意力被转移或者分心的时候，就把促使自己分心的事或物记录下来，经过一段时间的观察和记录之后，就可以基本明确哪些事物会导致注意力不集中了，然后就要主动去调整。比如手机时常转移自己的注意力，那在学习时就可以把手机调成静音，或关闭消息提示等。由于每个人的心理特征不同，个人所喜好的学习环境也就不同，要根据自己的情况，选择适合自己的舒适的学习环境，减少与学习无关的活动，排除干扰。另外，在无法排除学习中的干扰时，要有意识地锻炼自己的抗干扰能力。

（四）科学合理地安排作息时间，劳逸结合

科学合理地安排作息时间，学习上做到劳逸结合、张弛有度。一定要善于在短时间内

一下子集中注意力，高效率地学习。同时，养成良好的生活习惯，充足的睡眠可以让你的大脑充满活力，让你更容易集中精力投入学习和工作，提高效率。

三、我信我能行——考试焦虑问题调适

考试焦虑是大学生普遍存在的一种心理现象，考试焦虑不仅影响大学生的学习，也危害大学生的身心健康。有考试焦虑的大学生应该学会正确面对并学会一些调适方法，以降低考试焦虑程度，减轻紧张情绪，顺利通过考试，促进身心健康发展。

（一）树立正确的考试观

心理学家埃里克森曾指出：人的认识直接影响情绪，错误的、不合理的信念会导致不良情绪和不适应性行为，进而会导致躯体和心理症状。有考试焦虑的大学生首先应该改变不合理的认知，许多紧张、焦虑都是由不正确的自我认识和自我评价引起的，大学生应当客观正确地认识考试，树立正确的考试观。

大学生应认识到，考试的目的是巩固所学知识，检验知识掌握情况，检查教与学的成效，同时检查自己的学习态度和能力，这有助于更加清晰地认识自我。大学生应明白考试成绩只是衡量学业的一项指标，尤其要明白考试成绩不是自己命运的决定性因素，不要把考试的意义夸大，甚至把考试与个人终身的成就、事业和幸福等紧紧联系在一起。即使考试失败也不要灰心丧气，要从失败中汲取教训，从而提高和完善自我。

（二）积极自我暗示

一到考试，有考试焦虑的大学生首先想到的往往是"我肯定考不好""我要是考砸了，父母一定会很失望"。这些想法导致大学生焦虑水平上升，影响考试正常发挥。面对考试的压力，不妨问问自己："我到底在怕什么？""我为什么会怕？""最坏的情况会怎样？""即使真的没有考好，会出现什么结果呢？"在这种自问中，包含了评估和理解两大步骤，这两步很重要，要认真地思考，并清楚地写下来，因为只有清楚可能发生的最坏后果，大学生才能从容地面对现在。做了最坏的设想之后，再来分析一下自己的现状，及时做出调整，保持适度的学习压力，进行积极的自我暗示，增强考试信心。

（三）科学设置目标

部分大学生存在考试焦虑是因为把目标定得过高，高估了自己的真正水平和能力，在考试之前会因没有把握实现目标而失去信心，影响复习的质量和效果，最后导致过度考试焦虑。大学生在考试前应对自己掌握的知识和已具备的能力做出正确的评价，根据自己的实际水平和基础制定契合自己的目标，避免考试焦虑。当发现自己把目标定得太高时，就要及时做出调整，保持适当的学习压力，消除不必要的顾虑和担忧，保持良好的心态以减轻心理压力，分析并看到自己的优势或长处，树立信心。

（四）做好考试准备

考试前要做好充分准备，包括以下 3 个方面。

1. 知识上的准备

克服考试焦虑最直接的方法就是平时认真学习，考前再进行全面系统的复习，在考前对考试题型、解题思路、答题要点以及评分标准尽量做到心中有数。只有做好考试准备，才能真正消除考试焦虑。

2．生理上的准备

部分大学生不懂得科学用脑，平时过于放松，考前拼命复习，作息不规律，生理功能紊乱，睡眠不足，致使大脑过度疲劳，体能下降。在考前复习阶段和考试阶段，大学生要保证充足的睡眠，注意科学用脑，有必要的话要重新调整生活规律，适当补充营养，适当参加文体活动，放松身心，劳逸结合，保证充沛的精力、清醒的头脑和强健的体魄。心理学家认为这种状态有利于激发人的心理潜能，有利于超常发挥。

3．心理上的准备

大学生在心理上也要有所准备，保持中等程度的动机水平，保持平静，考试中正确对待考场里可能出现的各种因素对考试情绪的影响，变被动为主动，消除不必要的顾虑和困扰，以平常心应对考试，就不会感到紧张和焦虑。

（五）放松训练

考试前及考试中出现的消极情绪可以通过放松训练进行缓解。放松训练是一种通过训练有意识地控制自身的心理与生理活动、降低唤醒水平、改善机体功能的心理治疗方法，通过放松身心来提高免疫力和抵抗焦虑的能力，具体可分为生理放松和心理放松。生理放松包括丹田放松法、自主训练法、全身肌肉放松法、深呼吸法等，在指导者的帮助下，这些方法能够有效地缓解大学生考试前的焦虑；而心理放松一般是指想象放松法，指导者引导大学生想象一些宽广、恬静、舒缓的画面和情景，比如大海、雪山、森林等，再配以相应的放松音乐。平时大学生可以选取一些比较简单易行的放松训练自行练习，这样能迅速、有效地帮助大学生缓解在考试前或考试中出现的焦虑情绪。下面简要介绍深呼吸法、全身肌肉放松法、想象放松这 3 种方法。

1．深呼吸法

学会深呼吸，对调节情绪很重要。正确进行深呼吸是调节情绪简便易行的方法。闭上眼睛，尽量让脑海空白或者想一些愉快的场景和事情，深深地吸气，感觉自己的头部、肩膀等部位因为吸气而紧张，仔细体验这种紧张感，吸气后停 1 ~ 2 秒再呼气，呼气时最好嘴微张，注意感受呼气带来的头部、肩膀等部位的放松体验，就像千斤担子落下的感觉。这个方法随时随地可以使用，特别适合在考试紧张时使用。

2．全身肌肉放松法

全身肌肉放松法是通过交替收缩和放松自己的骨骼肌群，体会肌肉的放松程度，最终达到缓解紧张和焦虑的一种自我训练方法。方法要领是先使肌肉紧张，并保持紧张状态 10 秒，然后慢慢放松，并注意体验放松时的感觉（如发热、沉重等）。在进行放松训练时，大学生可以站着、坐着或躺着，先调整好身体的位置，全身放松，两脚分开与肩同宽，让自己感觉很舒适、很舒服，慢慢地、轻轻地、自然地闭上眼睛，心中默念：头部放松、面部放松、颈部放松、前胸放松、后背放松、腹部放松、腰部放松、大腿放松、小腿放松、脚背放松、脚掌放松。按照此顺序，反复默念，可使身体得到放松，精神也得到放松。每次放松训练持续 20 ~ 30 分钟，可在晚上睡觉前进行。如果能持之以恒，则不仅能消除考试焦虑，而且能全面促进身心健康。

3．想象放松法

想象放松适合在不被打扰、安静的地方进行，环境尽量舒适，躺在床上或者坐在舒适的沙发上。最好有指示语，大学生可以事先将它录下来，伴随柔和的音乐，指导自己做想象放松训练。坐好或躺好，闭上眼睛，注意聆听，随着指示语开始想象放松。刚开始训练时，要注意仔细体验当时的感觉，哪怕是一点点的感觉，即时回味记录，加深对这种感觉的印象。这是一个循序渐进的过程，一直到能够完全放松身心，找到感觉为止，然后把这种感觉扩散到你必须完成的每一件事情当中。

四、学习直通车——学习拖延问题调适

大学生长期拖延会伴随产生沮丧、自卑、内疚、焦虑、抑郁等消极情绪，失去应有的竞争意识和竞争力，给生活和就业方面带来负面影响。因此，大学生要主动认清学习拖延的危害，主动进行自我心理调适。

（一）设定明确目标

大学生设定可实现的、可量化的、有意义的目标要比设定抽象的目标，更有动力完成。大学生可根据以下 3 点制定明确的目标。

首先，明确自己的使命，设定有能力实现的、现实的或通过努力能够实现的目标。当个体根据目标的指引，去经历心中所想的过程时，会更愿意、更有激情去实现目标。

其次，根据使命拆分目标。当自己制定的目标被拆分成一个一个的小目标后，大学生就有动力克服拖延心理。原理是划分的阶段越多，任务期限就会相应缩短。大学生把所有时间、资源和精力一次性投入一个目标，更容易使每个目标顺利完成，获得成功体验，从而循序渐进地完成整个拖延心理调适。

最后，要制定绩效目标，这些目标应该是量化的、有限的。

（二）高效利用时间

1. 合理分配学习时间

时间对每个人来说都是公平的，大学生如果能够合理地规划时间、高效地利用时间，就会使学习效率大大提高，减少拖延，增强个人的学习自信。通常而言，学习时间的分配有两个维度，包括学习任务的紧急程度和学习任务的重要程度。依据重要程度和紧急程度进行学习任务的划分，基本上可以分为 4 个象限（见图 5-3）。

图 5-3　时间四象限图

第一象限：重要又紧急，非常紧迫，且有最后解决期限的事情。

第二象限：重要但不紧急，可从重要性角度来考虑。

第三象限：既不紧急又不重要，可做可不做，可以自由安排。

第四象限：紧急但不重要，可抽出一定时间进行处理。

在明确学习任务的轻重缓急之后，应当首先处理第一象限的学习任务，如第二天上午上课时需要交的作业；其次处理第二象限的学习任务，并且应当投入大部分时间，如3个月后进行的六级考试；然后处理第四象限的事件；最后处理第三象的事件。要注意结合实际情况合理分配时间。

2．科学安排黄金时间

在不同时间里，人的体力、情绪和智力状态是不一样的，因此，大学生可以根据生理规律安排学习活动。心理学中将人的生理规律分成4种类型：第一种属于早睡早起型，这类人在早晨的学习效率比较高，夜晚则需要按时休息；第二种属于熬夜高效型，这类人早晨起得比较晚，但在夜深人静时学习效率比较高；第三种属于白天规律型，这类人上午和下午各有一个学习效率的高峰，但一定要午休；第四种属于间歇兴奋型，这类人一天中有多个学习效率的高峰，但是每个高峰的持续时间都不长。如果能合理安排好学习时间，充分利用最佳用脑时间段，常能事半功倍。

3．有效利用零碎时间

一些大学生认为只有在较长的时间段内进行学习才有效果，殊不知将生活中的零散时间充分地利用起来，进行学习，也会有惊人的效果，日积月累会有很大的收获。比如，如果每天临睡前挤出半小时看书，那么，按照每分钟读300字的速率计算，半小时就能读9000字，每天读半小时，一年就可以读15～30本书。再如，可利用在食堂排队打饭、买东西排队、外出等车、开会等候的时间，背背英语单词、听听英语录音等，也可以利用这些时间思考规划一些事情。

（三）发挥群体作用

很多大学生发现，拖延行为是在大学里突然出现的，在中学阶段，学习任务明确、学习监督到位，很少出现拖延现象，进入大学后，每个人好像都在做着自己的事情。大学生可以积极发挥群体的作用，合作学习，寻找志同道合、与自我调控能力强的同学组成学习小组，大家相互监督、相互支持，有助于减少拖延行为，一个共同的目标会让一个组织具备强大的凝聚力。

好书推荐

让学习轻而易举的
心理学规律

本章重点

（1）觉得为时已晚的时候，恰恰是最早的时候。

（2）此刻打盹，你将做梦；而此刻学习，你将圆梦。

（3）学习并不是人生的全部，但连人生的一部分——学习也无法征服，还能做什么呢？

课后练习

（一）数字划消

下面有 4 行数，其中的数字是无规则排列的，请大家按照从上到下、从左到右的顺序完成下列测试内容，不可跳行、不可回扫。完成后请大家将任务结果和对应时间记录在纸张的相应位置。

1 3 5 6 7 3 4 5 6 8 9 0 5 3 4 6 7 9 4 2 1 4
2 3 4 3 5 6 8 7 6 4 5 8 9 0 6 4 3 4 5 6 4 2
5 4 3 6 7 9 0 8 7 6 5 4 7 8 7 6 4 3 5 6 8 9
3 5 6 8 6 3 2 1 8 9 0 8 7 5 9 0 6 5 2 8 9 0

（1）用"\"划去"6"。

共划去 ＿ 个数字；完成时间：＿＿＿＿＿。

（2）用"×"划去位于"6"前面的数字。

共划去 ＿ 个数字；完成时间：＿＿＿＿＿。

（3）先判断"6"前面的数字是单数还是双数，再用"○"圈出单数。

共圈出 ＿ 个数字；完成时间：＿＿＿＿＿。

（二）优秀学习习惯清单

大学阶段的学习，更重要的是养成优秀学习习惯，自主设计并完成既定的学习任务。这需要大学生刻意练习，不断反思，付出努力。彼得·布朗在《认知天性》中结合多项认知心理学成果，提出了以下优秀学习习惯，同时对有效的学习策略进行了总结。大家可以将自己原来的学习策略与下面的学习策略进行对照，找出自己的薄弱环节，主动调整。

（1）上课前要阅读相关材料。

（2）在阅读材料的时候，给自己出模拟考试题，并尝试作答。

（3）在课上努力回答（2）中问题，从而验证对阅读内容的记忆效果。

（4）复习时找到那些记不清或者不知道的术语，重新学习。

（5）在阅读笔记中抄写重点术语和定义，确保自己能够理解。

（6）做模拟测试题，找出自己学习中漏掉的概念，重点学习。

（7）用自己的方式（可以是思维导图）把课上的信息重新组成一份学习指南。

（8）写出复杂或重要的概念，不时地进行自测。

（9）在整个学习过程中，把复习和练习间隔开。

（10）对于需要创造性学习的内容，不要设限。

（三）做自己的时间馅饼

请根据你的思考先绘制一张最理想的时间馅饼图，而后再请你尽量回忆在过去一周中参加的各项活动，包括花在各项工作、学习、家庭和朋友身上的时间，以及在身体锻炼、休闲活动等花的时间，然后根据每项活动所用时间的多少按照百分比绘制实际的时间馅饼图（见图 5-4）。

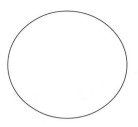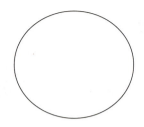

（a）最理想的时间馅饼图　　　（b）实际的时间馅饼图

图 5-4　时间馅饼图

完成实际的时间馅饼图的绘制后对照最理想的时间馅饼图，看看自己对时间的分配和利用是否合理。可以尝试回答自己以下问题。

（1）我是否合理地安排时间去吃饭，有足够的睡眠，有规律地锻炼？

（2）我是否知道未来的几个星期或几年想要去哪里？

（3）我完成每天为自己定下的目标了吗？我想要做的是什么？

（4）我能平衡娱乐、工作和学习吗？

（5）我觉得自己太匆忙了吗？

（6）我有时间来培养自己与一些重要朋友的关系吗？如果我没为朋友留出时间，这意味着什么？

（7）我每天是否有时间来满足自己的精神需求？我留出时间来做自己生活中重要的事情了吗？

（8）我喜欢自己运用时间的方式吗？我愿意做得更多吗？我愿意减少或去掉我日常的一些活动吗？

（9）我今天利用时间的方式和昨天有什么不同吗？

最理想的时间馅饼图与实际的时间馅饼图有何区别？是什么造成了这种情况？能不能进行改进？请你写出你的时间管理具体计划。

_____

_____

_____

_____

_____

第六章
情绪健康

大学生一般处于 18 ~ 24 岁时会在生理上趋于成熟但又未完全成熟，在心理上趋于稳定而未完全稳定。这个时期的大学生在心理上正经历着急剧的变化，情绪波动大，情感体验丰富，容易陷入情绪困扰。长期持续的不良情绪会给大学生学习和生活的各个方面带来困扰。全世界目前大约有 5% 的人患有不同程度上的精神疾病，其中有 80% 左右的精神疾病的主要症状是情绪障碍。大学是一个微观社会，在这个环境中，大学生不仅会体验到学业、生活的丰富多彩，同时也承受着来自这些方面的压力。学习管理情绪是一门重要的学问，也是人生的必修课。通过对本章知识的学习，大学生可以学习如何有效地调节自己的情绪。

朋辈说

人人都有情绪

🚩 **本章学习目标**

（1）了解情绪的内涵、分类和作用，了解情绪智力。
（2）了解大学生常见情绪问题，情绪的生理和心理机制。
（3）学会识别、探索和管理情绪。

第一节 ｜ 读懂"我"心——情绪概述

👁 阅读材料 　　　　　　　　　**小星的情绪问题**

小星刚进入大学，不知道为什么感觉这段时间心情很不好，他曾经是一个活泼开朗的人，最近他感到自己的心情变得沉重。种种负面情绪如潮水般涌来，他感到莫名的烦躁和悲伤。在课堂上他也变得比较容易走神，常常表现出心不在焉的模样。课后，小星不像其他同学那样与身边同学交谈，经常一个人坐在位子上。作业虽能够按时完成，但完成质量不佳。在日常生活中，他发觉自己内心不平静，发呆的时间变得越来越长，更愿意独自一人待着。小星对自己的状态感到困惑，开始质疑是不是自己变得太敏感了。

他意识到，这种状态给他的学业和生活都带来了一定的影响。为什么会这样呢？小星能做些什么？

一、多愁善感——情绪的内涵及构成要素

案例中的小星正经历着情绪上的波动，这种波动不是单一的情感体验。小星还感受到了其他的一些情绪，比如烦躁、悲伤、低落、焦虑和害怕等，这些情绪交织打破了他以往的平静心境，他现在的情绪时常伴随着煎熬。他也无法确定这种状态将持续多久，最终会将他引向何方？这种复杂的情绪体验让小星当前的心理状态变得更加复杂而具有挑战性。

想一想，你有没有这样的时候，比如，我们有时候听一首歌，上一分钟觉得很好听，旋律很美，但是下一分钟就可能会觉得这首歌很难听，可能是因为这首歌突然让我们回忆起了一件不愉快的事。又或者原本心情非常好，但是情绪突然因为一些事情发生一百八十度大转弯。有时我们也会持续一段时间情绪高涨，比如收到自己心仪的学校的录取通知书；有时我们会在很长一段时间内情绪很低沉，比如失恋了。我们的情绪体验时常还伴随着我们的身体动作，比如高兴时我们会手舞足蹈，伤心时会垂头丧气。小星的经历和你自己的一些经历也许让你觉得情绪是一种感觉，比如"我感到很焦虑""我感到很难过""我感到很开心"，但我们需要对情绪的概念进行更广泛的定义。

（一）情绪的内涵

情绪体验在我们日常生活中随处可见，其常伴随着我们的身体动作、内心感受，还有身体上的变化等。当代心理学家将情绪界定为一种躯体和精神上的复杂的变化模式，认为情绪往往伴随着生理唤醒、感觉、认知过程以及行为反应，也可以说是个人受到某种刺激在内心活动过程中所产生的心理体验。外界事物带给个人的刺激可以分为外在刺激和内在刺激两种。外在刺激如变化的天气、安静的自习室和嘈杂的广场等。内在刺激如生理变化（内分泌失调、器官功能失常）和记忆、联想等心理变化。当我们经历失恋的时候，我们可能会整天都无精打采，很难高兴起来，好像做什么事情都丧失了兴趣，会觉得失恋真的是太糟糕了、太难受了（内部感受），这些体验会反映到我们的身体上，比如我们会觉得胸闷、身体无力、脸色不好等（身体变化）。

（二）情绪的构成要素

情绪具有心理和生理反应的特征，我们无法直接观察和检测到个体内在的感受，但是我们能够通过其外显的行为或生理变化来进行推断。心理学家伊扎德（Izard）把情绪分为主观体验、生理唤醒、外部表现三部分。这三部分构成了一个完整的情绪体验过程。

1. 主观体验

主观体验是指个体对不同的情绪体验产生的不同感受。不同人看到同一种事物，感受可能是不一样的，这就是我们的主观体验。每种具体情绪的主观体验色调都不相同，给人的感受也不同。每种情绪都有其主观体验，这构成了情绪和情感的心理内容。比如，有些人看到玫瑰花会想到浪漫，感觉心情愉悦；而有些人会感到难过，因为玫瑰花让他想起了不愉快的经历。有些人下雨天会难过，有些人却喜欢雨天的清新空气，这都是不同人看

到同一事物会有不同的主观体验的体现。有关情绪的性别研究发现在面对相同的情绪刺激时，与男生相比，女生更多地关注情绪的变化，女人会比男人更能了解别人的情绪。

2．生理唤醒

生理唤醒是指在主观体验的支配下，情绪带来的生理反应和变化，它与我们身体里的各个系统有关。情绪不同，生理反应是不一样的。例如我们快乐的时候会激活下丘脑前额叶皮质、杏仁核、海马、丘脑等，生气时呼吸频率会加快、血压会上升，而当我们伤心时呼吸频率会下降，当我们心情平静的时候呼吸会变得比较均匀等。

3．外部表现

外部表现，我们通常称之为表情，包括面部表情、姿态表情和语调表情。

（1）面部表情

面部表情是我们常见的表情，它是由面部肌肉与眼部、口部的变化组成的。面部表情是情感沟通的主要途径之一，通过面部表情我们可以更快、更准确地了解与我们互动的人。

拓展阅读

说谎的真相

眼睛是心灵的窗户，心理活动可以通过人眼的变化来表达，如"眉开眼笑""目瞪口呆""双眼无神""瞠目结舌"等。面部表情具有跨文化的共通性，同一种面部表情在不同文化背景下通常会被人们普遍认可和使用，以传达相同的情感体验。在识别面部表情的研究中，发现最容易辨认的情感是快乐和痛苦，而较难辨认的包括恐惧和悲哀，而怀疑和怜悯则被认为是最难辨认的表情之一。一般而言，情感成分越复杂，相应的面部表情也就越难以准确识别。

（2）姿态表情

姿态表情（肢体语言）是指我们用来交流的非语言信号，这些非语言信号构成了日常交流的很大一部分。事实上，肢体语言可能占所有交流内容的60%到65%。肢体语言可以帮助我们了解他人和自己，它为我们提供了有关人们在特定情况下的感受到的信息。其中，手势是最直接、最明显的肢体语言。

拓展阅读

刺猬效应

以下示例是一些常见的手势及其可能的含义。

紧握的拳头在某些情况下可能表示愤怒，而在另一些情况下则表示团结。

竖起大拇指通常表示赞同。

将拇指和食指碰在一起形成一个圆圈，同时伸展其他三根手指，可以用来表示"好的"或"好吧"。然而，在欧洲的某些地方，同样的手势被用来暗示对方一无是处。在一些南美国家，这个符号实际上是一种粗俗的手势。

在身体接触上，亲密的身体接触在有些文化中可能是正常的表达方式，而在另一些文化中可能被视为侵犯个人空间。低头和仰头的含义在不同文化中也有所不同。在某些文化中，低头表示尊重或谦逊，而在其他文化中可能被解读为羞愧或懦弱。

（3）语调表情

语调表情是指在情绪活动中，人们说话时声音的变化，如声音的高低、起伏、节奏、音域、转折、速度，以及腔调等方面的变化。

在人们的日常情绪活动中，以上三种类型的表情并不是孤立的，而是相互联系的一个整体，人们的任何一种情绪活动都会不同程度地表现在面部、姿态和语调上。

二、心情色彩——情绪分类

情绪的分类复杂多样，学术界也难对其进行统一的界定，但是古今中外的学者们从不同的角度对情绪进行了分类。

（一）我国的情绪分类

我国《黄帝内经》用"阴阳喜怒"将情绪划分为两大类，喜为阳，怒为阴。用"喜"表述当我们的需求获得满足时所产生的积极、正向的情绪，称之为阳；用"怒"表述需求未获得满足时所产生的消极、否定的情绪，称之为阴。《中庸》以"喜怒哀乐之未发，谓之中；发而皆中节，谓之和"明确将情绪分为"喜、怒、哀、乐"四种。《礼记•礼运》中记载"何谓人情？喜、怒、哀、惧、爱、恶、欲，七者弗学而能"，将情绪分为七种，就是常说的"七情说"。《荀子•正名》中提到"说、故、喜、怒、哀、乐、爱、恶、欲以心异"，把情绪分为九种。

除了古代的情绪分类外，目前我国心理学家孟昭兰从婴儿情绪的发生角度，认为人有六种基本情绪：快乐、兴趣、厌恶、恐惧、痛苦（悲伤）和愤怒。

（二）西方的情绪分类

情绪的分类源于达尔文（Darwin）的进化论思想，后续的科学家们如汤姆金斯（Tomkins）、伊扎德（Izard）和埃克曼（Ekman）也认为情绪是个体在进化过程中发展出来的对外部刺激的适应性反应，他们关注的是情绪的各个组成部分，如伊扎德认为人的情绪是先天就有的，称之为基本情绪，基本情绪不是后天学来的。他提出人的基本情绪有10种，分别是：快乐、惊奇、痛苦、厌恶、轻蔑、恐惧、愤怒、悲伤、害羞、自罪感。埃克曼（将人的情绪分为基本情绪和复合情绪：基本情绪具有各自独立的神经生理机制、内部体验与外部表现，其发生模式具有共同性，常见的如愉快、惊喜等；复合情绪则由不同的基本情绪组合而成，如高兴 - 痛苦等。他在自己的研究的基础上提出存在快乐、悲伤、愤怒、恐惧、厌恶和惊奇6种基本情绪，这也是目前影响最大的情绪分类。

此外，普鲁契克（Plutchik）根据自己的研究提出了恐惧、惊讶、悲伤、厌恶、愤怒、期待、快乐和信任八种基本情绪，每一种基本情绪都可以根据强度上的变化而再细分，如表6-1所示。

表6-1 普鲁契克的情绪分类

强度低	基本情绪	强度高
兴趣	期待	警觉
宁静	快乐	狂喜
接受	信任	赞赏
忧虑	恐惧	恐怖
分心	惊讶	惊愕
忧伤	悲伤	悲痛
厌烦	厌恶	憎恶
生气	愤怒	狂怒

三、心情"模样"——情绪的状态

根据情绪发生的强度、持续度和紧张度，可以把情绪的状态分为心境、激情和应激。

（一）心境

心境是指一种微弱的、持续很久的、平静的且具有渲染性的情绪状态，它具有弥散性和长期性的特点。它给人的感觉是不强烈的，让人感受不到，但是它是我们在一段时间里的情绪状态，容易让人忽略，它也会影响个体的行为表现，构成其他心理活动的"背景"。比如当我们考了好成绩，那么我们可能会很愉快地和父母交流，在路上碰到同学也会笑脸相迎，走路的脚步也会很轻快，并带着这种情绪状态认真学习。但是当我们遇到不开心的事情，比如我们被老师批评或者和室友闹矛盾，我们可能会持续一段时间处于郁闷的状态，可能会成天都想着悲伤的事情，和亲戚朋友说话也会不耐烦。

导致心境产生的原因有很多，政治因素、社会因素、个人因素等都会对我们的心境产生影响，世界观、人生观、价值观也会影响我们的心境，因此我们也可以通过调节三观进而调节心境。大学正是树立三观的关键时期，大学生可以通过多读书、多实践等方式树立正确的三观，做一个能真正理解人与社会、人与自然、人与人关系的人，做一个对社会有用的人。

（二）激情

激情是一种持续时间比较短暂的、表现比较剧烈的、爆发式的且容易失去控制的情绪状态。它常常是由强烈的欲望或者明显的刺激引起的，具有明显的、突出的原因和指向性。激情往往伴随着生理剧烈变化和明显的外部行为的变化，比如当我们取得重大成就后的惊喜、被朋友误解后的勃然大怒等。激情常常使人的意识减弱，容易任性妄为、做出让自己后悔的决定。

但是激情并不总是坏的，在某种情况下激情可以使我们产生上进心。比如我们在某种刺激情境之下，易受人鼓舞，于是此后勇往直前取得了好成绩。

（三）应激

应激是一种在出乎意料的情况下引起的个体情绪状态。它会把个体的所有资源都用来应对当前的局面，在应激状态下，个体会产生一系列的情绪体验。比如在生活中遇到一些突发事件时，我们会迅速地运用身体机能应对当前的状况，如当我们在开车时，有人突然跑到马路中间来，我们本没有料想到，但是只有迅速反应才能避免撞到别人，这时的我们会处于高度紧张的情绪状态和产生剧烈的情绪波动。

四、幸福密码——情绪智力

有些人经常和人发生冲突，即便有好的意图却也往往受到误解；有些人却可以通过与各种人的交流沟通，得到他们想要的结果；有些人容易紧张，紧张会使部分人发挥失常，甚至形成恶性循环；有些人却在压力状况下也能发挥得很好。之所以出现这些差异，是因为每个的情绪智力不同。

（一）情绪智力的定义

情绪智商（emotional quotient，EQ），即情商，指的是人们辨识、整合、理解、调节与表达情绪的能力。情商有时也被称为"情绪智力"（Emotional Intelligence）。

心理学家彼得・沙洛维（Peter Salovey）和约翰・迈耶（John Mayer）在 1990 年提出了"情绪智力"，指识别和处理自己的感觉以及他人的感觉的能力。丹尼尔・戈尔曼（Daniel Goleman）拓展了情绪智力概念，提出情绪智力包括同理心、动机、社会能力、乐观和尽责等素质。1996 年，戈尔曼将情绪智力定义为："情绪智力是知觉情绪，浸入和引导情绪促进思维，理解情绪和情绪的意义，成熟调节情绪，促进情绪和思维向更积极方面的能力。"我国学者卢家楣在 2005 年提出情绪智力，指人成功完成情感活动所需的个性心理特征，即情绪智力是人以情感为操作对象的一种能力。

（二）情绪智力的内容

心理学家彼得・沙洛维和约翰・迈耶认为情商包含四个维度：①感知情绪的能力；②使用情绪的能力；③理解情绪的能力；④管理情绪的能力。

心理测试

情绪智力量表

感知情绪的能力指的是从自己和他人的情感体验、思维活动，以及生理反应中辨识与表达情绪的能力。情绪智力较高的人可能通过各种艺术形式（如绘画、音乐、舞蹈、写作等）来表达自己的情绪。而情绪智力较低的人则往往会忽视自己的情绪信号，如：你正在经历繁重的学业压力和个人挑战，尽管你感到情绪上的焦虑和疲惫，但出于一种强烈的自我期许或者为满足他人的期待，你选择忽视自己的情绪信号。在这种情况下，你可能过度努力地投入学习和工作，不给自己足够的休息和放松时间。你可能会一味地推动自己超越极限，而不停下来思考是否需要调整学习和生活的节奏。这样的行为可能导致身体和心理健康问题，因为忽视自己的情绪信号可能会积累压力，最终影响到学业和生活质量。在这种情况下，学会倾听并觉察到自己的情绪信号是很重要的。

使用情绪的能力指的是个体能够有效地运用自己的情绪。情绪智力高的人在思考时，能注意到自己的情绪信号，意识到它对思维造成的影响，并善于利用情绪信息来更好地做出决策。举个例子，当你考虑是否要参加一个国际交流项目时，你感到兴奋和好奇，同时也有一些紧张和不安。这些情绪信号可能反映出你对新的文化和环境的期待，以及对离开熟悉环境的担忧。通过感知自己的情绪信号，你开始深入思考这些感受的原因。你可能意识到兴奋可能是因为对新奇体验的渴望，而紧张可能是因为将离开家乡和熟悉的朋友，你将运用这些情绪信息来做决策。你可能会列出一份利弊清单，在这个过程中，你能够更全面地理解自己的感受，从而更明智地做出是否参加国际交流项目的决定。你会凭借自己面对信息时的情绪变化，来挑选出对自己而言更重要的信息。而情绪智力低的人则容易忽视情绪信号的提醒。

理解情绪的能力指的是对情绪进行认知和分析的能力。具备这种能力的人能够理解情绪具有的含义。比如：你的朋友最近在学术和人际关系上都感到很沮丧，你能够更深入地理解他的感受。除此以外，情绪智力较高的人也能理解"人的情绪是复杂的"，明白人们可能会同时感受到多种情绪，而这些情绪甚至彼此冲突，例如对一个人"又爱又恨"。情绪智力较高的人也能分辨出情绪与情绪之间的细微的差别，比如紧张和焦虑的不同；并可以理解情绪在一定程度上能够互相转换，比如从羞耻变成愤怒。

管理情绪的能力，指根据情境，做出恰当的情绪反应，对自己和他人的情绪进行调节的能力。例如，你最近因为与室友之间的沟通问题而感到烦恼，室友经常在半夜播放音乐，影响你的睡眠和学习。这种情况让你感到愤怒和疲惫，若你具有良好管理情绪的能力，则你能够冷静地审视这种情况，并避免过度的情绪反应。你可能会选择不立刻发火，而是给自己一些时间冷静下来，然后采取积极的行动来解决问题，如通过与室友进行开诚布公的谈话，表达你的感受和需求，寻求共同的解决方案。你可能会在处理这类冲突时学会使用适当的沟通技巧，以避免情绪恶化。通过表达自己的感受并倾听室友的观点，你能够更有效地解决问题，维护良好的室友关系。值得注意的是，管理情绪不代表一味地强行压抑、消除情绪，而是使用恰当的方式，对情绪进行积极的调节，从而维护自己的积极情绪、舒缓自己的消极情绪。

情绪智力高的人能保持较好的心理状态，因为他们能在负面情绪萌芽时就对其进行识别和干预。调查发现，情绪智力较高的人，患有抑郁症的概率较低。此外，高情绪智力者会用更健康、适当的方式来应对负面情绪，所以他们不容易形成不健康、自我伤害的行为习惯。道理我们都懂，但是要做到健康应对负面情绪并不是特别容易的事情，所以我们需要训练，因为情绪智力是可以培养的。经过练习，人们能够对情绪更加敏锐，也能提高自己的情绪调节能力。

五、心情保护伞——情绪的作用

拓展阅读

如何提升我们的
情商

能控制好自己情绪的人，比能拿下一座城池的将军更伟大。

——拿破仑

达尔文提出应该从人类的种族发展和个体的发展角度认识情绪的功能和作用。情绪对人的活动有着显著的影响，一般而言，情绪具有适应功能、动机功能、组织功能和信号功能。

（一）适应功能

情绪能够帮助个体适应环境。根据奥特雷（Oatley）和约翰逊 - 莱尔德（Johnson-Laird）的观点，情绪具有适应环境的功能，能帮助个体应对各种挑战和机遇。奥特雷和约翰逊 - 莱尔德提出了五种基本情绪及其诱发的原因和行为转变，如表 6-2 所示。

表6-2　五种基本情绪及其诱发的原因和行为转变

情绪	诱发原因	行为转变
高兴	实现子目标	继续当前的计划
悲伤	重大计划或积极目标的落空	什么也不做 / 寻找新的计划
焦虑	自我保护目标受到威胁	停止活动 / 提高警惕或逃避
愤怒	实现目标受到阻碍	更加努力或者产生侵略性行为
厌恶	违反目标	回避

情绪的适应功能可以帮助个体更好地应对环境和生活挑战。恐惧和焦虑等负向情绪可以促使人们对潜在威胁快速做出反应，帮助人们远离危险或做出保护性决策。高兴、喜悦和爱等积极情绪有助于建立和维护社会关系，它们促使人们分享愉快的经历，加强社交连接，从而提高个体的生活满意度和幸福感等。

（二）动机功能

情绪的动机功能是指情绪能够激发和维持个体的行为并影响个体的行为效率，激发和引导个体采取特定的行为。如感到兴奋可以驱使人们主动探索新领域、学习新知识。好奇心和兴趣能引起个体不断学习，不断提高自己。情绪动机是一种道德动机，比如当我们对某一件事情感到内疚或者羞愧时便不会去做，对某个人感到认可、钦佩、感激等时，我们就会表现出亲近行为。

（三）组织功能

情绪具有组织作用，一般来说积极情绪有协调组织的作用，而消极情绪会有破坏、瓦解或者阻断的作用。情绪产生时会引起身体各方面的变化，使人应对所面临的情境。中等强度的愉快情绪。有利于提升认知活动的效果，而消极的情绪如痛苦、抑郁等则会产生负面影响，消极情绪的激活水平越高，负面影响越大。如当我们在愉快的情绪中时，我们会较为包容，表现得更加友善，会注意到很多美好的事物。但是当我们处在悲伤的情绪当中时，我们的思维会变得迟钝，做事情会变得不利索，也更容易失望。

（四）信号功能

情绪的信号功能是指它具有传递信息、沟通思想的功能，它服务于人际通信。如一个人微笑的频率会影响他人对其的友善度。我们也可以通过情绪传递的信息领悟别人的态度，当对方愁眉苦脸时，我们可以看出对方不开心。

第二节 | 阴晴不定的心——大学生情绪发展

世界如一面镜子：皱眉视之，它也皱眉看你；笑着对它，它也笑着看你。

——塞缪尔

人类的情绪的发展最先表现出生物属性，之后更多地反映出社会文化属性。情绪在婴幼儿期更多表现为先天的基本情绪，这时是人际互动的社会化的开端。随着心智的成熟，个体慢慢地表现出社会化的情绪。

情绪的发展有婴幼儿期、儿童期、青少年期、成年期以及老年期。大学生的生理机能基本成熟，但是大学生的心智尚未完全成熟，容易受到外界的干扰，有其自身的情绪特点。

一、心情标志——大学生情绪的特征

（一）丰富性与复杂性

大学生处于由青春期向青年期过渡阶段，情绪体验具有丰富性，即情绪的表现也较为饱满、敏感、细腻。复杂性表现在时而沉浸在一种情绪当中，时而又沉浸在另一种情绪中。比如有时沉浸在欢乐的情绪体验当中，有时又沉浸在悲伤的情绪当中，但大多数的大学生能调节自我情绪。

（二）阶段性与层次性

大学各个年级面临的问题不同，不同年级的大学生的情绪特点也不同，总体而言，大学生的情绪呈现出阶段性和层次性。

（三）波动性与两极性并存

大学生的情绪具有波动性和两极性并存的特点。相对于成年人，大学生的情绪带有明显的波动性，容易从一个极端走向另一个极端，情绪有时会表现为大起大落、大喜大怒的两极性。

（四）外显性与内隐性并存

大学生对外界刺激引起的情绪体验反应迅速，喜、怒、哀、乐常常形于色，相较于成年人比较外露和直接，情绪具有外显性。但比起中学生，大学生也会掩饰自己的真实情感，表现出内隐、含蓄等特点，比如当大学生通过大学英语四六级考试时，容易喜形于色，但是在特定的情况下又会收敛、隐藏自己的情绪。

（五）冲动性与爆发性

大学生有着丰富、强烈而又复杂的感情世界，其情绪体验转变快速，心理学家常用"疾风暴雨"来比喻这种情绪特征。在大学生群体中，这种冲动性的情绪体验会比较强烈。大学生的情绪还具有爆发性，因为心智发展不成熟，所以他们在情绪上都比较敏感，有时情绪爆发，难以控制，具有一定的冲动性。

二、探索谜底——情绪的生理和心理机制

（一）情绪的生理机制

情绪的起源可以追溯到大脑的不同区域，特别是边缘系统和扁桃体。扁桃体对情绪的加工和产生起着关键作用，而边缘系统负责情绪的生成、表达和调节，因此这部分俗称情绪脑，是人类的情感中心；理性脑通常指的是大脑的皮层区域，包括前额叶（特别是前额皮层），这些区域涉及认知、逻辑思考和决策制定。除此以外，大脑中的神经元通过神经递质的释放进行通信，多种神经递质，如血清素、多巴胺和去甲肾上腺素，会涉及情绪的调控。情绪脑反应速度较快，能够在瞬间产生强烈的情感反应，是一种更原始、本能的反应系统。理性脑反应速度相对较慢，需要更多的时间来处理复杂的信息，制定决策。

总体而言，两个大脑——情绪脑和理性脑，几乎同时接收外界信息，它们相互作用、协同工作，帮助我们在不同情境下做出适当的反应和决策。它们的平衡对有效的认知和行为至关重要。当两个大脑矛盾不断时，我们无法开心；当情绪脑和理性脑合作时，我们会感觉到内在的平静。

（二）情绪的心理机制

情绪的心理机制，可以用萨提亚提出的冰山理论来解释。影响情绪的内在冰山模型见图6-1。萨提亚用了一个非常形象的比喻：情绪就像一座漂浮在水面上的巨大冰山，能够被外界看到的行为表现或应对方式，只是露在水面上很小的一部分，而隐藏在水面之下更大的山体，则是长期被我们压抑并忽略的内在。揭开冰山的秘密，我们会看到生命中的渴望、期待、观点和感受，看到真正的自我。

冰山理论认为，人各种各样的行为和应对方式来源于其内心的一些感受。情绪是内心的感受经由身体表现出来的状态。它与我们大脑中储存的经验、回忆有

拓展阅读

大脑是如何处理
情绪的

关，反映的是我们真正的感觉，绝对诚实、可靠和正确。情绪的出现来源于一个人内心所持有的一套信念系统。它由信念、价值观和规条组成，是一个人的人生观、意念行为的思想基础，是在个人成长的过程中经由生活体验而产生的一种处事模式。

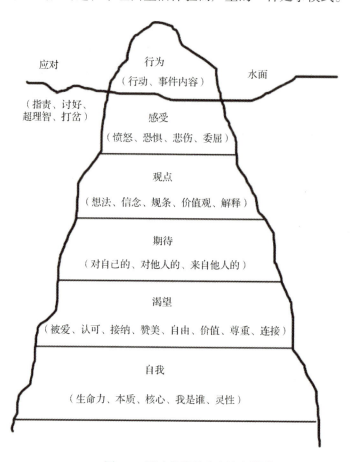

图 6-1　影响情绪的内在冰山模型

情绪对行为影响的特殊之处在于，它既有隐于水面之下的心理体验部分，也有显于水面之上的应对方式的表现部分。

当你负面情绪更多的时候，不妨找一个独处的环境，聆听自己的情绪，深入地体会自己的感受：内疚、怨恨、害怕、惊讶，还是哀伤？人的情绪通常不是单一的，常常是几种情绪混杂在一起。面对负面的情绪，比如委屈、悲伤、愤怒、恐惧、孤独等，不需要逃离、回避或忽略，允许自己与它们共处。虽然，我们不喜欢某些感受，但可以学着去接纳它们。当情绪被接纳或者看见时，它便会安静下来。

三、心绪回声——情绪对大学生的影响

（一）情绪对大学生健康的影响

你是否在一个紧张的期末考试周，感到压力很大，心情焦虑？又或者在社交场合中，遇到挑战，感到自己在人群中有些迷失？这些都是大学生常常面临的情境，而这些情境又如何与大学生的健康息息相关呢？

在充满挑战和变化的大学阶段，大学生会遇到很多不同的情境，产生很多不同情绪，情绪不仅关系到大学生的学业或社交，更直接关系到大学生的身心健康。大学是一个情感激荡的时期，而大学生的情绪状态深刻影响着大学生的身体和心理健康。

在当代医学领域，对情绪与身体健康之间关系的研究日益深入。生理学为我们提供了窥探身体内部运作的窗口，而情绪则被认为是这个复杂生理网络中的关键调控因素。如长期的压力和负面情绪可能导致交感神经系统激活，增加血压和心率，从而对心血管健康构成威胁。例如，慢性焦虑可能增加患高血压或心脏病的风险。如果拥有愉快的心情，积极向上，人体免疫功能活跃，身体会更加健康。除此之外，良好的情绪也会使我们对生活充满希望，对自己充满信心，让我们思维更加敏捷、富于创造力、易于建立良好的人际关系，促进我们全方位成长。

与此相反，研究表明，强烈的紧张情绪会破坏大脑皮层的兴奋和抑制的平衡，使人的意识范围变狭窄、判断力减弱，失去理智和自制力。消极的情绪对我们的身心健康有巨大的危害。如果一个人长期有压抑、紧张、焦虑、恐惧等消极情绪，则免疫功能会下降，也会容易患各种传染性疾病，内脏功能受损。研究表明，大学生中的一些常见的心律失常、消化性溃疡、神经性皮炎等都与消极情绪有关。

（二）情绪对大学生学习的影响

大学生的情绪状态对其学习过程和学习成绩有着显著的影响。如在注意力方面，积极的情绪状态，如兴奋和愉悦，可以提高大学生的注意力，使其更容易投入学习任务。负面的情绪，如焦虑和沮丧，可能导致注意力分散，从而影响学习效果。在记忆和认知功能方面，积极的情绪有助于加强记忆和认知功能，促使大脑更高效地处理信息；负面情绪可能导致记忆力减退和认知功能下降，使学习变得更为困难。在创造力和问题解决能力方面，积极情绪有助于激发创造力并提升问题解决能力，使大学生更善于应对学术挑战；负面情绪可能会抑制创造性思维，使得解决问题变得更为困难。

（三）情绪对大学生人际关系的影响

在社交互动和沟通方面，积极的情绪，如愉悦和喜悦，有助于大学生建立积极的社交互动。大学生在愉快的情绪状态下更愿意与他人分享和交流。负面情绪，如焦虑和沮丧，可能导致社交回避和沉默。情绪低落的大学生可能难以表达自己，从而影响自我的人际关系。

在友谊和社交关系方面，积极情绪有助于建立积极的友谊和社交关系。乐观的态度和良好的情绪可以吸引他人，促进友好关系的形成；负面情绪可能导致人际关系的紧张和疏离。在合作和团队工作方面，具有积极情绪的大学生更有可能在团队环境中展现出合作精神；负面情绪可能给合作和团队工作带来挑战，情绪低落的大学生可能难以积极参与团队活动，从而影响整体团队效能。

在冲突解决方面，积极情绪有助于有效地解决冲突，情绪稳定的大学生能冷静面对冲突，并寻找建设性的解决方案；而负面情绪可能导致冲突的升级和难以解决，情绪不稳定的大学生容易产生敌意，影响冲突的处理方式。

在社交支持和亲密关系方面，积极情绪有助于建立健康的亲密关系，乐观和愉悦的情绪可以强化大学生对社交支持的感知，提高亲密关系的质量；负面情绪可能对亲密关系造成压力，焦虑或沮丧的大学生可能难以维持健康的人际关系，因为情绪问题可能影响他们对他人的态度和行为。

总体而言，大学生的情绪状态对其人际关系有深远的影响，因此情绪管理对大学生建立健康、积极的人际关系至关重要。通过发展情绪智力和采用积极的应对策略，大学生可以更好地处理情绪，建立稳健的人际关系。

第三节 | 不快乐的"我"——大学生情绪问题

面对太阳，阴影将落在你的背后。

——惠特曼

让我们一起回到大学的第一天——新的校园、新的室友、新的课程。你或许兴奋而期待，也可能有些紧张和不安。在这个新奇且充满可能性的环境中，我们开始了一段不同寻常的旅程。想象一下，你刚刚搬进寝室，迎接你的是未知的脸孔和充满未知的空间。在这个瞬间，你或许感到了一种莫名的情绪，有期待，也有对未知的恐惧。这可能是你第一次离开家，独自面对一个全新的世界。

大学是一个令人兴奋但也充满挑战的阶段。每个大学生都有属于自己的大学故事，而这些故事里往往交织着各种情感色彩。在这个独特而复杂的时期，我们经历着各种情绪的洗礼。

一、黑色情绪——识别常见的消极情绪

（一）焦虑

焦虑是一种以内心混乱状态为特征的情绪，通常是一种泛化的、不集中的、对某种情况的过度反应，伴随着紧张感、担忧的想法以及躯体变化（例如血压上升）等。焦虑是一种情绪状态，它的主要表现是对某件事情的担心、紧张。比如当我们要上台做一场演讲，但是没有任何准备，我们可能会觉得很担心、很紧张，这就是焦虑。在认知上，焦虑可能给思维带来负面影响，包括难以集中注意力、害怕出现糟糕的结果等。有时候，焦虑还可能伴随着对事物的过度解读或过度担忧，导致我们不是因为事情本身而焦虑，而是因为焦虑而焦虑。如果持续时间过长，就变成了病理性焦虑，符合相关诊断标准的就会被诊断为焦虑症，也称为焦虑障碍。

不确定性是焦虑的最大来源。现代人越来越广泛的焦虑，不仅与每个人能感受到的不确定性程度有关，还与每个人对不确定性的容忍度有关。调查显示，人们对不确定性容忍度越低、对生活感受到的不确定性越高，焦虑水平也就越高。

焦虑是大学生是常见的情绪状态，大学生可能会有自我形象焦虑、学习焦虑与情感焦虑。自我形象焦虑可能是过度关注自己的外貌，包括体重、身形、容貌等，焦虑的人大多都对自己外貌的不满。这类焦虑主要与自我认知有关，有自我形象焦虑的大学生需要通过调整自我认知重新接纳自我，建立新的自我形象。学习焦虑在大学生的情绪反应中最为强烈，需要引起大学生的重视。情感焦虑多数是由于恋爱受挫而引发的自我否定，有情感焦虑的大学生通常认为自己不具备爱人与被爱的能力，因而过度担心，引起焦虑。

👁 阅读材料　　　　　　　　　**如何缓解焦虑**

（1）认知重建

尝试把自己焦虑的想法看成是"猜测"，而不是"事实"。与其一味沉浸在负面的揣测里，不如寻找一些客观的证据，不要让自己和自己的想法绑定。把你的想法看成大脑中的数据，有选择地去筛选、确定自己的想法。

焦虑只是一种情绪，情绪本身没有好坏，但人们对情绪的认知会影响情绪带来的结果。提醒自己焦虑只是一种情绪反应，这就是接纳的开始。消除或对抗焦虑只会使得自己状态变得更糟，接纳焦虑并不意味着要喜欢焦虑或者让自己陷入痛苦中。相反，当我们接纳了焦虑，我们会从中获益。接纳焦虑只是一种态度，即使焦虑的感觉依然强烈，它也不是让人无法容忍的。如果我们只想着消除和对抗焦虑，只会使状态变得更糟，可能会产生"焦虑是无法容忍的"想法。

（2）观察焦虑，并具体化自己的感受

一些焦虑背后可能有更深层的情绪，因为焦虑只是人们的"防御手段"。如果很多缓解焦虑的方法对你无效，那么识别其背后的真正情绪源头才是关键。

（3）学会放松而不是逃避

人们感到焦虑，通常是因为对未来可能发生的小概率事件忧虑不断，因此要先对自己说"暂停"，然后呼吸并体会此时正在发生的事，这有助于缓解焦虑。即使糟糕的事情真的发生了，聚焦于当下也能有效帮助我们提升危机应对能力。当你在为同一件事反复纠结，找不到解决的办法时，你可以做些跟当前目标无关的事情，比如听让你感到放松的音乐、找朋友倾诉，做些至少能帮助你不再一直被困在焦虑中的事情。

（二）抑郁

抑郁是负面情绪增强的表现，表现为情绪低沉，整日忧心忡忡，对自我才智估计过低，对周围困难估计过高。造成抑郁的原因有很多种，比如基因等。但不管由什么原因导致，抑郁人群都有一个共同特点，即自责。在心理学家弗洛伊德看来，自我责备的根源是愤怒——本来这种愤怒是指向他人的，之后却转向了内部，指向自己。

注意，"抑郁情绪"和"抑郁症"是两个相关但不同的概念，它们描述了不同程度和类型的心理状态。

抑郁情绪是指一定时期内的情感体验，通常是短暂的、有适应性的、与特定事件或生活困境相关的情绪。每个人在生活中都可能经历情绪低落、沮丧或失望，这些情绪通常是正常的反应。抑郁情绪可能是对生活中的压力、失落或挫折的一种自然回应，而不一定是一种病理状态，通常这种情绪在适当的支持和应对下会逐渐缓解。

抑郁症是一种临床诊断结果，是一种更为严重和持久的心理障碍。有抑郁情绪的人，往往都是自我评价过低、喜欢贬低自己的人。其中，贬低自己中最简单也是最常见的方式，就是同他人进行不恰当的比较。抑郁症的症状包括持续的、显著的低落情绪、失去兴趣或愉悦感，以及其他一系列症状，如睡眠不佳、食欲减弱、容易疲劳等。抑郁症可能不是直接由生活事件引起的，而是与神经生物学、遗传学和环境因素等多种因素有关。抑郁症需要接受专业的心理卫生评估和治疗，包括药物治疗和心理治疗。

抑郁被称为"心理病理中的普通感冒"，因为几乎人人都或多或少地体验过悲哀或沮丧的情绪，在一个人的一生中，有一段时间感到情绪低落几乎是不可避免的，但当这种情绪变得极端时，就会影响正常的生活。

👁 阅读材料　　　　　缓解抑郁的方法

（1）写日记

不是只记录发生的事件，而是要记录围绕这个事件的感受和想法。处于抑郁状态的人时常会描述自己的思想像是"被困住了"，好像头脑结成了一块，不知道自己在想些什么。写日记可以帮助我们同自己的心智对话。在写作的过程中，我们可能会察觉自己过去没有意识到的、一闪而过的念头。当个人主观的想法变成客观的文字呈现在纸上时，就可以去观察它、改变它，久而久之，可能会发现面对同样的事情，可以用一种与当时不同的方式去描述，用不一样的感受去应对。

（2）积极的自我对话

积极的对话并不是"打鸡血式"的自我肯定，例如："我是最好的！"而是我们可以试着为自己的情况"量身定做"一些积极性自我对话。有研究证明，坚持每天拿出几分钟的时间，对着镜子里的自己说一些积极的话语，可以有效缓解抑郁。

（3）和朋友聊天

有心理学家发现，每天和朋友进行一次高质量对话，就能增强我们的日常幸福感，让我们在一天结束时更快乐，压力更小。

（4）与情绪相处

当我们承认情绪是自己的一部分之后，我们可以用保持距离的方式与之相处，比如做一些其他的事情，暂时将聚焦在情绪上的注意力转移到其他地方，或是在自己陷入情绪时有意识地提醒自己。但记住，不要试图否认和对抗情绪。

（三）愤怒

愤怒是一种在面对威胁、侵犯或不公平对待时产生的强烈情感反应。愤怒是一种能量很强的、保护自己的情绪。根据美国心理学会的定义：愤怒是一种基本而正常的人类情绪，它通常是由外部触发因素或压力或是内部事件所引起的。人本主义心理学的主要创始人马斯洛认为，愤怒的背后，是我们的需求没有被满足或是遭到了剥夺。这种侵害可能包括对我们的自尊、个人边界、人格、权利等方面的伤害。在我们的利益或安全受到威胁时，我们就会愤怒，这是我们受到侵害时最直接和真实的反应。

愤怒适当，也是有帮助的。愤怒可以让我们在关系中建立健康边界。愤怒可以提醒我们受到侵犯需要抵抗，如果我们成功保护了自己，这种情绪就会消散；而如果我们压抑了愤怒或未能捍卫自己，就会带来不好的后果。

也许我们总会认为愤怒是不好的情绪，在愤怒时会质疑自己：我的愤怒是正当的吗？但情绪没有正当、合理之说，它只是一种真实存在的体验。愤怒是你内心真实的声音，它在提醒你要正视自己的情绪，保护自己，认真对待让自己愤怒的事。

但是，如果你经常性地感到愤怒，或者愤怒已经严重地影响了你的日常生活和人际关系，你或许就需要注意了。

如何管理愤怒

（1）识别愤怒

管理愤怒的第一步，就是识别愤怒。当你意识到自己生气的时候，将你的注意力转移到你的身体感受上，比如：我身体热了吗？我呼吸急促了吗？我身体变紧绷了吗？我的嗓子是不是有点堵？了解你愤怒的身体信号能够帮助你更好地识别愤怒，然后尝试接纳愤怒的情绪。

（2）认知重建

通过认知重建，个体可以审视并改变对引发愤怒的事件的认知。这包括挑战不合理的思维模式，采取更积极、客观的视角，以降低愤怒的强度。

（3）保持冷静

当感到愤怒时，可以采取一些行动来使自己冷静下来，例如远离引发愤怒的场景、数到十等。这有助于防止冲动的行为。

（4）学习沟通技巧

学会有效地表达愤怒，而不是通过攻击性的言语或行为来释放愤怒。使用"我"语句表达自己的感受，避免指责和攻击对方。在感受到愤怒时，正确地表达愤怒才是消解愤怒的途径。比起大声指责对方——"你怎么又没有做到？你总是这样！"，更好的方式是以"我"开头的陈述来表达你失望或受伤的感觉，比如"你没有遵守约定，这让我觉得受到了忽视"。

（四）恐惧

恐惧情绪是一种生理和心理上的反应，通常伴随对潜在威胁或危险的感知而产生。从心理学的角度看，恐惧是一种基本的情绪，属于人类和其他动物的自然反应之一。恐惧是一种担心、害怕的情绪体验，是身体应对潜在威胁的一种自动化生存机制。恐惧情绪会触发生理反应，如心率增加、呼吸急促、肌肉紧张等。在认知上，个体对潜在威胁的感知和解释会影响恐惧的程度。这种认知成分包括对威胁的评估、对控制和逃避的期望等。

对于一些同学来说，害怕失败和对自己表现的负面评价可能成为恐惧的源头。这可能涉及学业、职业、个人目标的失败等。一部分同学有社交恐惧症，担心他人的评价、害怕被拒绝或孤立，即在社交场合中可能会产生恐惧情绪。

那你是这样的吗？如果有这样的情况，我们要做什么？让我们来看看吧！

如何管理恐惧情绪

（1）暴露疗法

暴露疗法是一种系统性地暴露个体于他们害怕的刺激或情境的方法。通过逐渐面对恐惧引起的刺激，个体可以逐渐减轻他们的恐惧反应，增强对恐惧的适应能力。逐步放松技巧可以帮助个体逐渐适应他们恐惧的刺激，包括逐渐增加对引起恐惧的情境的暴露，同时个体保持放松的状态。

（2）认知重建

认知重建涉及识别和改变与恐惧有关的负面思维。个体要学会审视并挑战这些思维，同时用更现实和积极的思考方式，从而减轻恐惧情绪。

（3）积极思考

采用积极的思考方式，关注自己能够应对和掌控的方面。强调我们的资源和能力，有助于建立更积极的情绪状态，从而减轻恐惧情绪。

二、心结根由——大学生情绪问题产生的原因

（一）社会因素的影响

从社会背景来看，随着当代生活的节奏越来越快，需要学习的技能越来越多，人们对自我的要求越来越高，导致压力越来越大。大学是一个重要阶段，在这个阶段大学生会面临各种各样的压力，会体验到与高中时期不一样的经历，不同的人际关系和生活状况、学业、个人成长、情绪等，这些方面的问题都影响着大学生的心理健康水平。

（二）学校环境的影响

学校也是影响大学生情绪的一个重要因素，大学是一个重要的生活转变期。校园环境对大学生的影响是很重要的，好的校园环境有益于学生的学习和成长，不良的校园环境会导致学生产生抑郁等情绪。学校应该给学生一个良好的环境，积极引导和帮助学生，让大学生更加了解自我心理状态，引导大学生重视自我心理健康。学校也可以通过一些活动促进师生之间的互动和交流，为学生营造和谐的学习气氛，促进校园环境的稳定以及大学生之间的友好相处。

（三）家庭因素的影响

在大学生的心理问题中，家庭问题也是重要的影响因素之一。詹启生等研究发现大学生的成长背景与个体的心理症状有关。每个人都不能避免原生家庭对我们的影响，但是我们可以通过改变自身，拥有一个更加健康的心态。

（四）大学生自身因素的影响

自身因素包含个体生理和心理两方面。人类的情绪活动依托于大脑和周围神经系统复杂的生理、化学反应，生理损伤和病变可以造成个体性情变化。同时，个体人格特质也在情绪问题的产生中扮演了重要角色。具有某些人格特质的个体往往情绪更不稳定，易受外界影响，甚至在面对某些重大挫折和困难时失控。

第四节 ｜ 成长法则——学会情绪管理

大学生面临着来自多方面的压力，包括学术、社交关系、未来职业规划等。心理学研究表明，大学时期是一个情感体验丰富、自我认知深刻的时期。这时，学业压力、人际关系、自我身份认同等因素交织在一起，构成了一张复杂画卷，许多大学生在适应这一阶段

时，可能出现情绪波动、焦虑、抑郁等。因此，学会情绪管理十分重要，喜、怒、哀都是人的正常情绪，所谓情绪管理并不是压抑消极情绪，而是提倡从觉察情绪开始，学会表达情绪、转化情绪，用适合自己的方法来达到情绪平衡。让我们一同踏上这场情绪管理之旅，探索情绪管理的世界。

一、念由心生——认知调节

（一）改变不合理的信念

低落的情绪和焦虑会影响许多人的生活。有时生活会很艰难，由于伤心或焦虑，我们可能会感到沮丧，而由于金钱问题或必须参加工作面试时，我们可能会感到压力重重。尽管我们通常无法改变生活经历，但是我们可以改变对这些经历的反应方式，并且可以学习如何管理自己的情绪。

美国心理学家艾伯特·埃利斯（Albert Ellis）创建了 ABC 理论，该理论认为激发事件 A（activating event）只是引发情绪和行为后果 C（consequence）的间接原因，而引起 C 的直接原因则是由个体对激发事件 A 的认知和评价而产生的信念 B（belief），即人的消极情绪和不良行为结果（C），不是由某一激发事件（A）直接引发的，而是由经受这一事件的个体对它不正确的认知和评价所产生的错误信念（B）引起的。错误信念也称为非理性信念。

埃利斯认为情绪的很大一部分就是某种特定的思维，思维与情绪紧密地联系在一起，以至于它们通常彼此相伴，并以一种循环的因果关系起作用。ABC 情绪理论框架如图 6-2 所示。

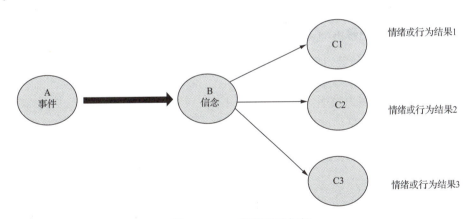

图 6-2　ABC 情绪理论框架

由图 6-2 可知，A 可以看作一件事情的起因，C 可以看作一件事情的结果，有前因必有结果，但是同样的前因 A，可能产生不一样的结果（C1、C2 及 C3）。从 A 到 C 会受到 B 的影响，即信念对情境的评价与解释会影响情绪或行为结果，即有时候并不是事件对情绪产生了影响，而是我们所持有的信念影响了情绪。比如，在同一情境（A）之下，不同的人的理念以及评价与解释不同（B1 和 B2），会得到不同结果（C1 和 C2）。因此，结果源于我们的信念、评价与解释。比如，当小李走在路上碰到心理老师，小李跟老师打了招呼，老师没有理她而是径直走了（事件）；如果你是小李你会有什么感受呢？

如果小李想的是"老师应该没有看见我，如果看见我，他肯定会跟我打招呼"（信念），那么小李可能没有什么不良情绪（情绪或者行为结果）。但是如果小李想的是"老师没有跟我打招呼，肯定是不喜欢我"（信念），这样他可能会很伤心地度过这一天（情绪或者行为结果）。

埃利斯在长期的临床观察中提出了11种不合理信念，概括起来，这些不合理的信念具有以下三个特征。

一为绝对化的要求，这是指个体常常以自己的意愿为出发点，认为某事必定发生或不发生。它常常表现为将"希望""想要"等绝对化为"必须""应该"或"一定要"等。例如，"我必须成功""别人必须对我好"等。

二为过分概括化，这是一种以偏概全的不合理思维方式的表现，它常常把"有时""某些"过分概括化为"总是""所有"等。

三为糟糕至极，这种观念认为如果一件不好的事情发生，那将会非常可怕和糟糕。

因此，一个人如果要调适自己的情绪，那么必须找到其所持有的信念，分析自己是不是有不合理信念，再对不合理信念进行调整。

（二）寻找事物的积极意义

我们要学会找到事物的积极性，在挫折中锻炼品格。处于消极状态时我们需要有意识地去发现生活中积极的部分。我们可以做一本"愉悦日记"，记录我们的愉悦事件。坚持长期记录生活中的积极感受，能够帮我们了解日常生活中的事件对我们的影响。长此以往，我们会明白哪些事件能让我们感到更舒服，从而有意识地在生活中多做这类事，增加积极情绪在生活中的比重。

我们也要看到事物的两面性，有些事虽然可能会给我们带来消极的情绪，但是经过"化悲愤为动力"，它也会促使我们积极前进。

（三）形成积极的思维方式

我们可以对自己进行积极的心理暗示，比如：每天清晨醒来，我们可以给自己打气，并思考如何过一整天。我们每个人的一生中总会有事情令人不满意，不要因此而气馁，不要受限于结果，也不要因为没达到目标而一蹶不振，专注于过程，而不是过度执着于可能的结果。过分在乎结果不仅可能导致挫败感和烦恼，还会造成注意力不集中。

二、身体力行——生理调节

（一）饮食调节

心理学家和营养学家研究发现，饮食对情绪有着重要的影响，合理的饮食习惯可以帮助人们维持心理健康。保持均衡的饮食，摄取足够的蛋白质、碳水化合物、脂肪，这有助于维持身体的生理平衡，从而维持情绪稳定。而过度饮食或暴饮暴食可能导致身体的能量波动，引起情绪不稳定。保持适量的饮食，规律进食，有助于维持血糖水平的稳定。镁是一种有助于身体放松、缓解紧张和焦虑的矿物质，可以通过食物摄取镁，如绿色蔬菜、坚果、全谷类食物等。血清素是一种与情绪稳定相关的神经递质，色氨酸是合成血清素的前体，富含色氨酸的食物包括鸡肉、牛奶、坚果等。研究发现，三分之一的抑郁症患者有轻或中度的维生素B缺乏。维生素B可以促进碳水化合物和脂肪的代谢，在能量代谢中起辅酶作用。缺乏维生素B，会导致糖代谢失调，引起精神抑郁、焦虑、淡漠、易激惹等。食物中富含维生素B的有绿色蔬菜、全谷类食物、坚果等。

饮食对情绪的影响是复杂而综合的，建议保持多样化、均衡的饮食，根据自己的需求适度调整饮食结构。在情绪波动较大时，可以通过合理的饮食调节来维护心理健康。

（二）音乐调节

音乐在调节情绪方面有着重要作用，它能够激发情感、传达情绪、提升心境。欢快、轻快的音乐，如快节奏的流行曲、轻松的古典音乐，能够激发愉悦感，帮助我们缓解压力和焦虑；柔和、抒情的音乐，如钢琴曲、小提琴曲，有助于平复情绪，放松身心，减轻紧张和疲劳感；动感的音乐，如流行摇滚、电子舞曲，可以激发积极向上的情绪，适合在运动、工作时使用；与特定时期或特殊经历相关的音乐，能够唤起回忆，让人回想起过去的美好时光中，帮助调节情绪，带来温馨感。

音乐本身就是一种情感表达方式，通过听音乐，人们可以借助歌曲中的情感来表达自己的情绪，达到宣泄和释放情感的效果。当然，对音乐的反应因人而异，因此我们可以根据喜好和情绪状态选择合适的音乐类型。在特定情境下，合适的音乐能够成为一种有效的情绪调节工具。

（三）运动调节

运动对情绪的调节作用在现代研究中得到了充分的证实。运动可以促使身体释放多巴胺、内啡肽等神经递质，提高血液中的血清素水平，从而对抗压力、焦虑和抑郁等负面情绪。如运动能够促使身体释放多巴胺，这是一种愉悦激素，有助于提升情绪。运动还能够促使内啡肽的释放，这是一种天然的镇痛剂和抗抑郁物质。运动也有助于降低身体紧张度，减轻压力和焦虑。有氧运动，如慢跑、游泳、骑自行车等，也有助于缓解紧张感、提升身心的舒适感。运动有助于调整生物钟，提高睡眠质量。充足的睡眠对情绪的稳定和身体的恢复至关重要。运动可以成为释放负面情绪的一种途径，在运动中，我们有机会将压力、愤怒或不安的情绪通过身体活动释放出来，从而宣泄和舒缓情绪。

适度而有规律的运动对调节情绪、维持身心健康有着积极的作用。不同类型的运动适合不同的人，因此可以因人而异的，选择适合个人兴趣和身体状况的运动方式。

三、幸福的技巧——具体的情绪调节技术

（一）正念冥想

正念冥想（mindfulness meditation）要求人们以非判断性和非反应性的方式关注生活，以培养一种平静和宽容的心境去面对生活。正念冥想主要是让人们学会有意识地对当下进行察觉，以一种不评判的态度进行注意，学会觉察自己的心理，当消极的情绪出现时，学会把以往习惯性地评价和批判自己的注意力转移到对当下的感受和体验。大学生应学会使用正念冥想的方式去应对消极的思维模式，学会接受当下，并打破消极的自我评价。正念冥想的关键在于以下几点。

（1）有意的关注

对我们正在体验的当下进行关注，因为如果没有有意的关注，我们的注意力会无法集中，很容易被各种东西所吸引。比如我们现在在上课当中，但是有一位同学突然闯门而入，我们的注意力会立即被他吸引，但这时老师吼了一声，我们的注意又会回到老师的身上来。在正念练习当中，我们需要有意地把注意力导向某一个对象或者目标。

（2）非评判的态度

评判是我们人类进化到现在非常重要的一个大脑功能。我们会对一个人进行评判，对

一件事情进行评判。"非评判"不是"不能评判"，而是意味着"对我们的评判有所觉察"，不被我们的评判牵着鼻子走，是对现状的接纳。

心灵夜话

正念——身体扫描

（3）接受当下

接纳当下可以简单地归纳为以一种开放和非评判的态度观察自身的思想和情感，从而增强我们的自我觉察和平衡感。

（二）主客观心理分析

主客观心理分析是唐登华教授提出的，他认为主观与客观是相对的，能知者为主观，所知者为客观，即能被我们主观所知道的对象为客观存在的事物，而我们认识世界、感知世界、体验世界的方式为主观。《辞海》把主观与客观定义为：主观指人的意识、精神、认识；客观指人的意识以外的物质世界或认识对象。

一般来说，人的心理客观现象包括人的本能（对性的欲望、饥饿等）、基本的情绪、条件或非条件性思维、情绪行为反应方式、无意注意等这些心理活动。而这些客观的心理现象是不以人的意志为转移的，我们若与之对抗，则可能会产生心理疾病。比如当你面临一场极其重要的考试时，你紧张、焦虑是正常的、客观的，这是每一个人都有的正常心理，所以我们需要承认和接纳本能欲望，如考试前的紧张；我们要允许自己悲伤、紧张、焦虑、担忧等。如果不让情绪表达出来，则会出现情感隔离、麻木或者躯体症状。就像人都会怕死，这是客观的事实，当我们有怕死的念头的时候，我们可以允许自己有这样的念头，而不是觉得这样不勇敢、不正常，觉得自己是异类，我们要做到的是接纳。

区别于客观的心理现象，主观的心理现象就是我们的主观意志、有意识的思维与行动、有意注意等。由此，我们看出，我们应改变我们能改变的，而不在那些客观存在的心理现象上耗费心力，与之对抗，因为那其实是在做无用功。

接下来，我们看一下考试焦虑的小京的故事。

案例

考试焦虑的小京

小京是一位大三的男生，因为多次考驾照（科目二）不通过而精神紧张。小京觉得这样的自己很丢人，怎么这样一点小事儿都没有办法做好。但是他是一个遇到事情从来不会退缩的人，不过多次失败后，每次一说考驾照他都紧张、害怕，到了考场整个人紧张起来，感觉有什么东西堵到嗓子眼了，胸部有压迫感，并且坐立不安、注意力下降、肌肉酸痛。因为有这些症状，小京更是无法认真考试，但是自己又急切地想通过考试。在这样的循环中，小京感到非常痛苦。他想尽了各种办法去对付这种焦虑，如深呼吸、吃药、看各种关于治疗焦虑的书，但是一说要去考试还是紧张，以至于小京后来不光是对驾考紧张，而是对所有考试和上台表演都产生了无法控制的紧张感，他越是控制越控制不住，他感到绝望。但是他没有放弃寻找方法去对抗焦虑，他相信自己终究有一天能战胜紧张和焦虑。

小京的焦虑，是典型的考试焦虑。当遇到这种情况时，他应该怎么办呢？我们再来看下面的案例。

◉ 阅读材料

情绪的恶性循环

焦虑本身是令人痛苦的，而与焦虑相伴随产生的心理、生理症状更令人难以忍受，因此，人们通常对焦虑采取的是一种负性评价及不接受的态度。常见的对焦虑的负性评价有：

"我不应该有这种糟糕的情绪。"

"这种感觉太难受，太不好了，必须消除它。"

"我无法正常地生活，这样下去怎么得了？"

"我不能有效地学习了，看不进书，记忆力差，怎么顺利毕业？太糟糕了。"

"工作中总是静不下心来，效率太低了。这样下去我的事业就完了。"

"这么心慌、憋气，可能真的有心脏病了。"

"今晚要是失眠了，如何应对明天的考试？"

"头痛、头晕这么严重，脑子真有毛病了。"

"总控制不住这么焦虑，别人都烦我了。"

……

这些负性评价必然导致对焦虑采取不接受的态度。而不接受的态度又会导致对症状的害怕，害怕一方面是叠加在原先的焦虑情绪上，另一方面使得个体的注意力过分集中在对焦虑的体验及其症状的感受上，即越害怕什么，则越易注意到什么。越怕心慌则越易感受到心慌；越怕注意力不集中则越易分神；越害怕失眠，注意力越易集中在对失眠的担忧上，失眠反而会越严重；越怕焦虑则焦虑越盛，从而导致恶性循环。焦虑的恶性循环如图 6-3 所示：

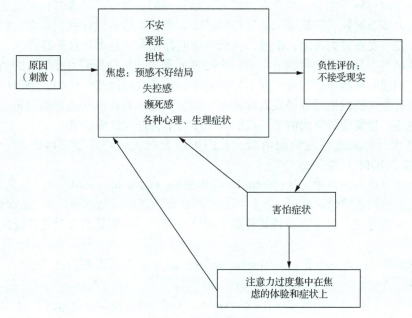

图 6-3　焦虑的恶性循环

小京就存在这样的恶性循环，因为驾考科目二没有过，导致紧张、不安、产生失控感等，他不接受这样的现实，寻找方法对抗紧张和焦虑，当焦虑来临，他感到害怕，过度关注紧张感，反而更加紧张了。那他应该如何阻断恶性循环呢？

首先，改变对症状的评价和态度，即认识到焦虑的客观事实是不可以改变的。然后将对紧张和焦虑的负性评价变成中性或良性评价。

焦虑仅仅是一种主观体验，不会造成心脏、大脑的器质性改变。小京应该认识到自己的焦虑只是焦虑，不会造成生理上大的疾病出现。

小京找了很多的办法去对抗紧张和焦虑，但都没有办法缓解，他需要做什么呢？就是要接纳这种焦虑，接纳这种紧张没有办法控制。这并不是说我们对紧张和焦虑无能为力，恰恰相反，接受焦虑的最终目的是消除症状。情绪有它自身的发展规律，只要我们理解并接受焦虑存在的客观性，不陷入恶性循环，将注意力指向外界，做我们想做、该做之事，焦虑将逐渐自然而然地消退。

其次，小京可以在焦虑中寻找意义。焦虑也是有好处的，它可以促进我们学习、上进。小京性格坚强，驾考这件事情并没有打败他，他不断想找一些方法来克服它，其实这也是小京的优点。我们每个人都有自己的缺点，对于我们没有办法控制的事情，我们可以选择放下。

小京在接纳焦虑之后，症状就会减轻甚至完全消失。

（三）"HOPE"四步法

情绪本身没有好坏之分，当负面情绪可以激励我们去改变和努力时，它就成了正面情绪。当然，大多数时候我们很难完成这样的转换，负面情绪依然让我们焦虑、烦恼甚至痛苦。不过，先不要急着去否定和抵触，负面情绪的存在本就是正常且普遍的。

负面情绪其实是人类生存和进步的一个必要元素，是帮助我们更好生活的信号。它提醒着我们，当前的环境中存在着一些不好的要素，需要及时改变。比如，恐惧可能意味着我们需要更有安全感的生活环境或人际关系；愤怒则意味着我们的边界被侵犯，我们需要捍卫自身利益。想要缓解负面情绪，我们首先需要学会抒发负面情绪。

想要合理且有效地抒发负面情绪，我们可以尝试美国心理学家西姆斯（Sims）在2017年提出"HOPE"四步法。

（1）专注享乐的幸福感（H：hedonic well-being and happiness）。专注享乐的幸福感，就是要看重自己的积极情绪体验。我们可以先学会将"正面情绪体验"和"负面情绪体验"组合起来。也就是说，当你感受到某种负面情绪的时候，要调动出你与之匹配的正面情绪体验。

（2）观察和专注自身感受（O：observe and attend to）。试着观察自己的感受，不要忽视、压抑或过度夸大它们。

（3）做出实际行动上的改变（P：physiology and behavioral changes）。上文中提到的正念冥想，是帮助我们进一步加强身心连接的有效方法。它可以帮助我们更好地观察情绪波动和身体反应，然后有针对性地为自己设计合适的解决方案。当我们陷入负面情绪时，也可以尝试做瑜伽、动态冥想或跑步等练习，运动可以帮助我们逐步减少对负面情绪的关注。

（4）建立目标，提升整体幸福感（E：eudaimonia）。"eudaimonia"一词源自希腊语，字面翻译为"良好精神"，也指一种快乐、健康和自我繁荣的存在状态。要实现这一状态，我们需要设定一个个小目标，投入完成它的过程中，找回生活的真实感。比如，你现在要完成一个很艰难的项目，你被负面情绪笼罩。但当你投入这个过程，思考的都是如何解决问题时，你会慢慢消除那些自我设障的焦虑，转而感受到成长的喜悦。

如果你觉得自己一个人难以应对负面情绪，你需要主动向他人寻求帮助，这是非常必要的。

（四）培养积极情绪

消极情绪，如焦虑、沮丧和恐惧，往往在我们的生活中随处可见。然而，积极情绪，如喜悦、希望和感激，对我们的心理健康和生活质量至关重要。心理学研究表明，通过一系列的方法和技巧，我们可以培养积极情绪，消除消极情绪，建立更加充实和幸福的生活。

心理学家认为，我们的思维模式对情绪起着重要作用。认知重塑是一种技巧，即通过重新审视和调整我们的思维方式来改变情绪。根据心理学家马丁·塞利格曼的研究，消极情绪往往源于悲观和无助的思维模式。但是，当我们学会将负面的自我评价转变为积极的观点时，我们就能够改善情绪状态。例如，将"我做不好"转变为"我正在学习和进步"，可以改变我们对自己能力的看法，从而提升自信和积极性。

积极心理学强调正向思考的重要性。研究表明，积极的思考方式可以帮助我们更好地应对挑战和压力，提高生活满意度。根据心理学家芭芭拉·弗雷德里克森的研究，积极心态与更强的幸福感和更好的身心健康状况有着密切的关系。因此，通过培养积极的思维习惯，我们可以逐渐改善自己的情绪状态，提升生活质量。

感恩实践是另一个可以帮助我们培养积极情绪的有效方法。研究表明，经常表达感激之情可以提高幸福感与心理健康水平。心理学家罗伯特·艾米奎斯的研究发现，感恩实践可以促进积极情绪的培养，降低抑郁和焦虑的风险。因此，每天写下几件让自己感激的事情，可以培养积极情绪。

研究表明，设立具体、可行的目标可以激发我们的动力和积极性。当我们设立并实现目标时，会感受到成就感和满足感，从而改善情绪状态。心理学家爱德华·迪克森的研究表明，追求目标的人往往更加乐观和积极。因此，制定短期和长期目标，并努力实现它们，可以帮助我们培养积极情绪。

另外，人际关系对情绪的影响不可忽视。积极的社交互动可以提供支持和理解，减轻孤独感，促进积极情绪的培养。心理学家亨利·塔约尔的研究表明，积极的社交关系对心理健康和幸福感有着重要作用。因此，与朋友、家人交流，分享感受，可以帮助我们建立更加积极的情绪状态。

心灵夜话

自我抱持

通过认知重塑、正向思考、感恩实践、设立目标和积极的社交互动，我们可以逐步培养积极情绪，缓解消极情绪。虽然实践这些方法可能需要付出一定的时间和努力，但它们是改善心理健康和提升生活质量的有效途径，让我们努力迈向更加充实和幸福的生活吧！

 本章重点

（1）情绪分为主观体验、外部表现、生理唤醒三个成分。

（2）情绪智力指的是人们辨识、整合、理解、调节与表达情绪的能力。

（3）情绪有适应功能、动机功能、组织功能和信号功能。

（4）大学生情绪的特征：丰富性与复杂性、阶段性与层次性、波动性与两极性并存、外显性与内隐性并存、冲动性与爆发性。

 课后练习

正念冥想心理训练

每天进行察觉当下感受的训练，记下当天至少一件愉悦事件（愉快的事情、事情发生时脑子里的想法、当时的感受是什么），填入表6-3中。一般来说，坚持八周以上将能够有效察觉自己的情绪。

表6-3 愉悦体验日记

时间	事件	想法	感受

第七章
爱情与性

爱是一个广泛的概念，是从古代诗歌和哲学到当代文化和心理学都共同关注和讨论的主题。父母之爱是无私地为子女奉献，朋友之爱是关怀友爱，还有一种利他主义的爱，即可以为不亲密甚至不认识的人伸出援助之手。而爱情，是人们坠入爱河时感受到的激情之爱，是"爱"中最吸引人的难解之谜。爱情是一种普遍的体验，让我们一起跟随本章的内容，来了解心理学家们是如何研究和理解爱情与性相关的知识的。

朋辈说

《诗经》中对爱情的描述

 本章学习目标

（1）了解爱情心理学研究的主要理论；重点掌握爱情三角理论、依恋理论和人际吸引理论相关的知识。

（2）理解浪漫爱情容易消逝的原因及维持爱情的方法；学习如何处理爱情中的冲突；认识失恋。

（3）了解性心理与性生理健康方面的知识。

第一节 | 揭开爱情的神秘面纱
——爱情研究的主要理论

尽管心理学对爱情的研究已取得许多成果，但关于"爱情是什么"的基本问题并没有找到完美的答案，心理学家们在各自的理论框架下对爱情的概念给出了不同的解释。本节概述了爱情研究的三大理论框架——爱情的进化观与生物学说、爱情的类型学理论和爱情的内隐认知概念理论，并对其中影响较大的爱情三角理论、依恋理论和人际吸引理论进行详细的论述，揭示爱情的内涵。

一、公听并观——爱情研究的主要理论概述

（一）爱情的进化观与生物学说

1. 爱情的进化观

在人类进化的过程中，男女双方都面临一个共同的问题：如何选择可靠的配偶从而有助于自己的基因延续下去。爱情是进化而来的、以基因优化为目的的一系列决策偏好和心理适应装置。

其中，性选择理论是爱情的进化理论研究的核心主题。该理论认为，择偶偏好的形成，是为了解决进化中的适应问题。对远古女性来说，只有选择身体强壮、有资源且愿意保护配偶与子女的男性，才能抵御饥饿、野兽侵袭和自然灾害等风险，保证后代具有更大的存活概率；同样，远古男性偏好年轻、健康的女性，以获得更健康、强壮的后代。此外，亲代投资理论认为，对后代投资较多的一方（通常是雌性，但不完全是），在择偶时会更加挑剔。因为在通常情况下，雌性动物在后代的生命初期需要付出更多，包括怀胎、分娩、哺乳、抚养、保护以及喂食等，这都是格外珍贵的繁殖资源，所以进化选择往往更青睐那些对配偶比较挑剔的女性；如果女性随意地选择配偶，那她很可能会付出惨重的代价——比如她们的繁殖成功率更低，她们的后代也更难存活到生育年龄。正是由于人类的祖先明智地选择配偶，才获得了生存和繁衍上的优势。我们作为进化过程中优胜者的后代，自然继承了这些具有进化优势的择偶偏好。

2. 爱情的生物学说

费希尔提出了与爱情相关的三个系统，即吸引力、依恋和性驱力，并将三个系统还原到与它们相关的神经中枢之中。吸引力表现在浪漫之爱、激情之爱中，这一系统与脑的奖赏通路中的多巴胺活性增强有关，也与中枢去甲肾上腺素的活性增强和中枢 5- 羟基色氨酸的活性抑制有关。依恋主要体现为"伴侣之爱"，它具有稳定性、安全感、社会性的慰藉以及长期配偶间的情感维系的特征，这一系统主要与伏隔核和腹侧苍白球中的催产素和利尿激素有关。性驱力的特点则是渴望性的满足，人类性唤醒的功能性磁共振成像研究发现，性驱力和特定的脑网络系统的激活有关，包括下丘脑、杏仁核等。三个系统彼此互动，共同促进与人类繁衍有关的行为、情绪和动机。

有关失恋的生物学研究发现，失恋第一阶段的抗议反应与多巴胺和去甲肾上腺素的活性增强有关，而随后的放弃／绝望阶段则与皮层下多巴胺通路的活性降低有关。

（二）爱情的类型学理论

1. 爱情风格理论

1973 年，心理学家约翰·艾伦·李（John Alan Lce）提出了爱情的分类观点，他认为存在六种爱情风格：激情型、游戏型、友谊型、实用型、占有型和利他型。每一种爱情类型都有特定的态度和信念。

（1）激情型表现为：能在对方身上感受到强烈的身体吸引力，情绪强烈。

（2）游戏型表现为：以游戏的态度对待爱情，认为爱情就是和不同的伴侣进行的游戏，伴侣之间缺乏诚实和真心的自我表露。

（3）友谊型表现为：把爱情看作是友谊，双方以朋友的方式相处，安静、友爱。

（4）实用型表现为：认为爱情对象必须满足个体对现实的期望（比如，有很好的家庭背景等）。

（5）占有型表现为：情绪和行为表现激烈，嫉妒行为强烈。

（6）利他型表现为：具有牺牲精神，将对方放在第一位，付出而不计回报。

研究发现，爱情类型影响了个体坠入情网的速度和恋爱的体验（如是否充满激情等），这与个体的人格特质有关，如激情型与人格的宜人性、外倾性成正相关，和神经质呈负相关；而游戏型与神经质呈正相关，与宜人性成负相关。爱情类型也与性态度有关，如游戏型有更放纵的性态度，而激情型与负责任的性欲相关。

2."共有应答性"理论

玛洛丽特·克拉克（Margaret. S. Clak）和琼·莫南（Loank. Monin）从爱的功能性意义的角度，提出爱是"共有应答性"的给予和接受，即恋爱双方无条件地关心对方的幸福，致力于对方的需要、愿望和目标。具体来看，应答性有五种表现。

（1）帮助，是指在对方受到伤害或者需要特定的行动支持时，提供及时的帮助。

（2）为未来目标的实现提供支持，如倾听对方的梦想，表示理解与接受，给予勇气，提供力所能及的帮助与支持，为对方的成功感到由衷的高兴并祝贺对方。

（3）与对方同心协力去创造让双方都感到愉悦和有益的活动，比如一场愉快的谈话、一起哼唱一首歌、一起跳一支舞、合作一顿丰盛的晚餐等。

（4）以友爱的行为来回应伙伴的失信行为，比如原谅对方因为繁忙而忘记赴约，而不是咄咄逼人地发泄怨气。

（5）在看似不需要的情况下，一方仍向另一方表达关心。它的意义在于表达个体发自真心地关心伴侣，愿意一直陪伴。这可以通过言语（如"我爱你"）、肢体行为（如拥抱）、礼物等来实现。通过这些重复一致地给予和接受"共有应答性"的过程，爱的体验就产生了。

3.爱情的二重理论

爱情的分类研究中，最有影响力、最为人们所熟知的，是著名心理学家罗伯特·斯滕伯格（Robert. Stemberg）提出的爱情的二重理论，它包括爱情三角理论和爱的发展理论（爱情故事理论）。爱情三角理论认为爱情包含亲密、承诺和激情三要素，三个要素可以看作三角形的顶点，形成"爱情三角"。爱情故事理论认为，每个人都有自己的爱情故事，并试图在生命中实现它。他提出了 26 种故事类型，包括童话故事（恋爱双方是拯救与被拯救的关系）、商业故事（亲密关系是双方的合作行为）、牺牲故事（相信牺牲是真爱的关键成分），以及成瘾、游戏、科幻、旅行、艺术、收藏者、恐怖、色情故事等。斯滕伯格认为，在某种程度上爱情关系的成功依赖于恋爱双方的爱情故事的相似性与相容性。

（三）爱情的内隐认知概念理论

心理学家们不仅从各自的理论框架出发来定义和研究爱情，还研究普通人眼中的爱情。认知语言学家拉考夫和约翰逊认为情感概念大部分是经过由具体到抽象的隐喻化过程而概念化的。在日常生活中，人们常常通过隐喻将抽象的爱情比作熟知的、具体的，或更易理解的事物，使得爱情这样复杂难言的事物能够被描述和理解。研究者们通过对各种语言（包括汉语、英语、越南语等）的语料库（即在语言的实际使用过程中真实出现过的语言材料）的分析和处理，发现普通大众对爱情具有跨文化和跨语言一致的隐喻概念，包括：

（1）爱情是一个整体，恋爱的双方是相互依存、缺一不可的，如人们称伴侣为"另一半"；

（2）爱情是一种力量，例如"爱能让人克服一切困难"；

（3）爱情是一段旅程，例如"爱情之路布满荆棘、充满坎坷"；

（4）爱情是一种疾病/疯狂，例如"衣带渐宽终不悔，为伊消得人憔悴"；

（5）爱情是一种战争，例如"他打败了所有的情敌"；

（6）爱情是自然现象，例如"爱情像闪电一样击中了我"；

（7）爱情是一种味道，例如"爱情像蜜一样甜"。

◎ **阅读材料**　　　　　　　　　**爱情隐喻的研究**

斯派克（Spike）等研究者于2014年发表一篇文章探讨了人们内隐的爱情概念如何影响亲密关系。首先，研究者认为，人们可能同时拥有对爱情的多种隐喻概念，比如"爱情是一个整体"和"爱情是一段旅程"的隐喻在人们心中是同时存在的。研究者招募了一些处于恋爱关系中的被试者，然后通过语言或者非语言的图片，分别启动两组被试者对于"爱情是一个整体"或"爱情是一段旅程"的观念，然后让被试者们分别回忆两件他们与伴侣争吵的事和两件与伴侣共同庆祝的高兴的事，再评估他们对关系的满意度。结果发现，当回忆高兴的、值得庆祝的事情时，被启动两种爱情观的被试者对他们恋爱关系的满意度没有差别；但是当回忆与伴侣争吵的事件时，被启动"爱情是一个整体"观念的被试者比被启动"爱情是一段旅程"观念的被试者对关系的满意度明显降低。这说明，对爱情的不同理解，会对人们的浪漫关系产生不同的影响。

"爱情是一个整体"的隐喻代表着恋爱双方是天作之合，一旦结合就实现了圆满，就像童话故事总是以"王子和公主幸福地生活在一起"而结束。在这种观念之下，关系上的困难就意味着双方缺乏完美的契合，并且让人怀疑对方是否真的是自己的完美伴侣，两颗心是否真的可以合二为一。相反，爱情之旅的隐喻，就像婚礼上的誓言一样，"无论顺境还是逆境，无论贫穷还是富贵，无论健康还是疾病，一生一世忠于对方，爱护对方"，强调了爱情关系的进展和方向以及可能遭遇的困难。在这个框架下，人们会把关系中的困难看作是任何关系都固有的，并且在与伴侣共同的旅程中，任何困难和磨难与平安和幸福一样，是生命重要的构成部分，是同样有意义的。

二、完美关系的秘密——爱情三角理论

◎ **阅读材料**　　　　　　　　　**恋爱的感觉**

小芯有一个好朋友小里，他们从小就生活在同一个单元楼里，父母也都是同一个单位的同事。他们一起上小学、初中、高中，互相之间闹过矛盾打过架，也为对方挺身而出过；一起逃过学，也一起为了高考拼搏；共同经历了成长的酸甜苦辣，成了彼此最知心的朋友。上大学后，小里向小芯表白了，但是小芯却很苦恼，用她的话说"我们之间更像是亲情，彼此太了解了，根本不会有恋爱的感觉"……

同时，进入大学的小芯，在军训场上初见传说中的"校草"的那一瞬间，不安躁动的心告诉她"自己恋爱了"。虽然他们刚刚认识，她对他的了解也非常有限，但是她相信"一见钟情"的浪漫，"校草"似乎满足自己对青春和恋爱的幻想。从此她挖空心思地去了解"校草"，去制造相处的机会……

什么是恋爱的感觉？你梦想中的爱情是什么样的呢？

上面两种情况，哪一个更接近你心中恋爱的感觉呢？

也许有的同学会认为，第一种更接近恋爱的感觉，因为他们共同经历了许多美好的时光；也有同学认为，心动、激情才是爱情中必不可少的元素。

斯滕伯格的爱情三角理论认为，各种不同的爱情都由三个重要成分——激情、亲密和承诺组成（见图7-1）。激情的主要特征是性的唤醒和欲望。激情常以性渴望的形式出现，同时也包括任何能使伴侣感到满足的强烈情感需要。亲密包括热情、理解、沟通、支持和分享等爱情关系中常见的特征。爱情的最后一个成分是承诺，指投身于爱情和努力维护爱情的决心。承诺在本质上主要是认知性的，而亲密是情感性的，激情则是一种原始性动机或者驱动力。恋爱关系的"火热"来自激情，温情来自亲密，相比之下，承诺反映的则是完全与情感或性无关的决策。

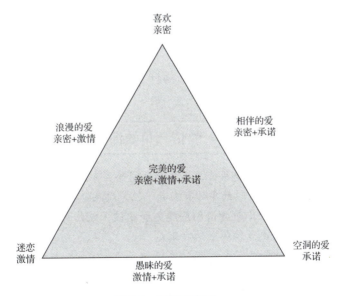

图7-1　爱情三角形

爱情三角理论认为，这三个成分就是爱情三角形的三个顶点。每个成分的强度都可由低到高变化，所以爱情的三角形可能有各种大小和形态。

（1）无爱：如果亲密、激情和承诺三者都缺失，爱情就不存在。那么，两个人可能仅仅是泛泛之交，彼此的关系是随意、肤浅和不受约束的。

（2）喜欢：当亲密程度高而激情和承诺的程度都非常低时，就是喜欢。喜欢多表现在友谊之中，伙伴双方有着真正的亲近和温情，却不会唤起激情或者与对方共度余生的期望。

如果某个朋友的确能唤起你的激情，或者当朋友离开的时候你会强烈地思慕，那么你们之间的关系就已经超越了喜爱，变成了其他类型。

（3）迷恋：缺乏亲密或承诺却有着强烈的激情即迷恋。当人们被几乎不认识的人激起欲望时就会有这种体验。听起来很浪漫的"一见钟情"，粉丝对偶像的痴迷，几乎都是这种类型。

（4）空洞的爱：没有亲密或激情的承诺就是空洞的爱。在包办婚姻中，空洞的爱常常是夫妻在一起的第一个阶段，慢慢地也可能发展出激情和亲密。这种爱也常见于激情燃尽且不够亲密的爱情关系中，当亲密和激情都不复存在，关系中只剩下承诺。

（5）浪漫的爱：浪漫的爱情有着强烈的亲密和激情。可以把它视为喜欢和迷恋的结合。虽然人们常常会表现出对浪漫爱情的承诺，但斯滕伯格认为承诺并非浪漫之爱的典型特征。

（6）相伴的爱：亲密和承诺结合在一起所形成的爱就是相伴的爱。相伴的爱的双方会努力维持深刻、长期的友谊，这种爱情表现出亲近、沟通、分享以及对爱情关系的巨大投入。相伴的爱的典型例子是长久而幸福的婚姻，虽然年轻时的激情已逐渐消失，爱却可以持续终身。对于大多数人而言，相伴的爱远比充满激情的浪漫的爱持续的时间更长。

（7）愚昧的爱：缺失亲密的激情和承诺会产生愚蠢的爱情体验，即愚昧的爱。这种爱情会发生在旋风般的过程中，在压倒一切的激情基础上双方会闪电般地快速结婚，但彼此并不十分了解或喜欢对方。在某种意义上，这样的爱人在迷恋对方时投入太多，很可能在激情褪去之后发现双方并不适合。

（8）完美的爱：当爱情的三个成分——激情、亲密和承诺——都非常充足时，人们就能体验到"彻底的"或完美的爱情。这是许多人都追求的爱情类型，但斯滕伯格认为完美之爱短时间里容易达到，长久维持却很难。

所以，根据爱情三角理论，"我爱你"这样一句简单的陈述可能包含许多不同的情感体验。

👁 阅读材料　　　　　　　　　　　**爱情三角的演变**

爱情的成分和类型如何受到年龄、性别和时间等因素的影响呢？

首先，尽管人们坠入爱河时的年龄有差异，但是对浪漫之爱的体验总体上是类似的。同时，随着年龄的增长，人们对爱情的态度更加积极、成熟和温和。年长的夫妻虽然身体上的激情较少，却有着更多精神上的快乐。

整体来看，男性与女性在爱情方面的共同点多于不同点。虽然人们常说"男人来自火星，女人来自金星"，但在爱情类型和体验上，两性的差异非常小。

此外，爱情的成分会随着时间发生变化，因此某对特定的爱情伴侣在不同时期可能会体验到不同类型的爱情。其中，激情是最容易发生变化，且是最不容易控制的成分。虽然人们在热恋时满怀信心以为可以天长地久，但事实是，人们结婚之后，浪漫的爱情会减弱。有研究显示，仅仅在结婚2年之后，夫妻彼此表达出来的爱情就比他们刚结婚时减少一半。但是，不要为此感到沮丧，那些成功维持长久的婚姻，并不完全依靠激情，而是有赖于将促使双方结婚的激情，转变为更加稳定可靠的相伴的爱，即亲密与承诺。在相伴的爱中，人们能感到长久的幸福与满足。

三、"我"的亲密关系模板——爱情与依恋

当人们与恋爱对象待在一起并且能够得到回应的时候，会感觉到安全温暖；人们喜欢与恋爱对象亲近，喜欢与对方有一些身体接触，如不带性意味的身体接触（如牵手、拥抱、靠在一起）也让人感到愉悦；当人们离开恋爱对象时，会感到不安、焦虑……这些强烈的情感，即心理学家所称的"依恋"。

心理测试

成人依恋量表

依恋理论由著名的心理学家约翰·鲍尔比（John. Bowlby）提出，他认为，个体心理的稳定和健康发展取决于个体心理结构中心是否有一个安全基地。个体最初的依恋对象是婴儿时期的主要抚养者，通常是母亲。如果母亲对孩子的需求非常敏感，能够稳定地提供食物、温暖和抚摸，孩子就会感觉到安全，并且认为外部的世界是稳定可信的，形成安全的依恋关系；如果母亲有时温暖呵护，有时忽视（更糟的是完全忽视），孩子就可能发展出以下不安全的依恋关系。

（1）孩子不需要母亲，更关注自己的智力活动，对情感不敏感——强迫性的自我依靠。

（2）孩子表现得很矛盾，好像要靠近母亲，但母亲靠近了要拥抱他们时，他们又挣扎着要离开；对母亲好像有很多怒气，情感摇摆，缺乏理性——既想要靠近母亲又不信任母亲。

母婴依恋的研究者通过经典的"陌生情境"实验范式，观察婴儿在母亲离开/返回婴儿身边、陌生人在母亲在场/不在场时进入婴儿房间等情境下婴儿的行为反应，总结了三大类依恋类型。

（1）A型——安全型依恋关系：与身边重要他人的关系很亲密，从不担心被抛弃。体验到这种依恋的婴儿知道母亲的负责和亲切，甚至母亲不在时也这样想。安全型婴儿一般比较快乐和自信。

（2）B型——焦虑-矛盾型依恋关系：很想与身边重要他人亲近，但又害怕被抛弃而不敢投入感情。对母亲有明显的矛盾行为，在母亲离开后很焦虑；然而母亲回归又不靠近母亲，表现出攻击行为或被动退缩。

（3）C型——回避型依恋关系：与身边重要他人很难建立亲密和信任的关系。孩子对妈妈疏远、冷漠。当母亲离开时孩子不焦虑，母亲回来孩子也不特别高兴。

更重要的是，个体会将生命早期母亲对待自己的方式进行内化，形成自我-他人（母亲）的关系模板，并最终无意识、自动化地将自我-他人这一人际模板运用到与其他人的关系中。简单来讲，如果孩子在早期的关系中建立了安全的依恋，体验到爱和信任，他就会觉得自己是可爱的、他人是值得信赖的。然而，如果孩子的依恋需要没有得到满足，他就会认为自己是不好的、不值得被爱的，且他人是不可信赖的。一个不受欢迎的孩子不只觉得自己不受父母欢迎，而且相信自己基本上不被任何人欢迎。相反，一个得到爱的孩子不仅相信父母爱他，长大后也会相信有他人爱他。

有研究者在成人伴侣之间发现了与母婴依恋一致的成人依恋类型，你的成人依恋量表测试结果属于哪一种类型呢？

一般来讲，有50%～60%的人属于安全型，10%～20%属于焦虑-矛盾型，25%左右属于回避型，还有极少数不可分类。

调查还发现，安全型依恋的个体认为他们的爱情关系是友好、温暖、信任和能感受到对方的支持的。他们更强调亲密是关系的核心，而且认为他们的关系能够稳定地发展下去，

他们的关系稳定性和满意度都比较高。

不安全型依恋的个体在爱情关系中要面对更多的挑战，他们在爱情关系中的冲突和矛盾较安全型依恋的个体更多。焦虑 - 矛盾型依恋的个体在他们的浪漫关系中有迷恋和激情，有强烈的身体吸引，有与对方结为一体的强烈冲动与愿望。但他们认为伴侣不能信任，感受不到支持，一旦被拒绝和抛弃，往往有强烈的嫉妒和焦虑。回避型依恋的个体认为与伴侣之间存在距离，且不能与伴侣友好的交流，情感投资较低，认为爱情会随着时间的流逝而消失。他们虽然不愿意主动深入一段关系，但在内心深处，却有与对方发展亲密关系的愿望。对于不安全型的个体需要提醒的是，关系的发展需要伴侣的稳定存在和支持，但也需要自己提升信心。

四、"来电的感觉"——吸引力的法则

如果你的面前站着一位刚刚认识的新朋友，你的大脑会有意识或无意识地开始评估——这人对你有吸引力吗？这人可能成为你的朋友或恋人吗？吸引力是人们建立关系的前提，那么，它是如何运作的呢？

（一）吸引力的基础：奖赏

人际吸引，即接近他人的愿望。人与人之间产生吸引力最基本的假设是：他人的出现对个体有奖赏意义。直接奖赏，是指他人提供给个体的所有显而易见的愉悦，比如：他人聪明、美丽、赏心悦目；他人对个体充满兴趣、赞许、关注、接纳；他人给予个体照顾、物质利益和地位。通常，这些奖赏与个体感受到的吸引力一致。

同时，还有一些不易察觉的间接奖赏。例如，爱屋及乌，人们因为"爱自己"，而爱那些与自己相似的人；再如，那些具有优良的遗传基因或者有资源的伴侣，能为后代提供生存优势。

吸引力是爱情开始的第一步，它不仅取决于对方的个人特征，还取决于个体自身的需要、偏好、愿望以及所处的情境。

（二）临近与熟悉：喜欢临近和熟悉的人

空间上的临近对人际吸引有非常显而易见的影响。同学们可以想一想刚入校时的你们，最先结识的朋友是不是室友、隔壁宿舍的同学、上课时的同桌呢？早在1950年，一项经典的研究考察了麻省理工学院住校生的友谊选择，结果发现，距离4个房间的住宿生（仅相隔27米）之间成为朋友的可能性只有住相邻房间的同学的四分之一（270名同学是被随机分配到各宿舍中的，可以认为不存在院系和班级的影响）。人们常常没有意识到这点：一旦个体确定了上学、工作和居住的地方，那大体上也就决定了哪些人将会成为你生命中最重要的人。人们通常对前者的选择非常慎重，但却没有充分意识到那些选择对我们一生的重要关系的影响。

为什么空间上的临近有着如此大的影响力？答案之一是如果对方在身边，我们很容易得到对方提供的各种奖赏。与遥远的、只能通过电话或网络视频联络的朋友相比，人们不仅能听到身边的朋友的声音、看到他们的笑容，还能够与他们握手拥抱，这种身体上的接近更能带来心理上的接近和愉悦感。因而与身边的朋友交往（时间和金钱等）成本更低、效率更高，得到的奖赏更大。多数人都可能有这样的经历，随着物理距离的增加，人们与曾经的同学、朋友，甚至恋人的感情渐渐变淡。

不仅是友谊，爱情也常常发生在与身边人的交往之中。人们与同学、同一片居住地的

人相恋的概率是相对更高的。仅在文字和声音中表达的爱情常常不如与身边人牵手、拥抱那样真切动人，分隔两地的爱人通常也不如朝夕相处的爱人那样令人满意。有研究发现，分居两地的夫妻离婚率更高。然而，感情浓厚的情侣在面对异地恋之初，通常会低估距离对爱情的影响。虽然这些研究结果并不能说明异地恋注定失败，但也确实指出了异地恋面临的巨大挑战，需要情侣双方做好充分的心理准备。

熟悉，就是重复地接触他人后产生的感受。重复接触，甚至只是看到他人的照片，也能增加对他人的喜欢程度。即使从来没有与某个人说过话，人们也仍倾向于喜欢见过很多次的面孔而不是陌生面孔。这在心理学上叫作简单曝光效应，即简单暴露能够提升个体的态度体验——人们对他人或事物的态度随着接触次数的增加而变得更积极的一种现象。

然而，临近和熟悉对吸引力的增加作用是有限的，过度接触可能会让人生厌。人们易被身边的人吸引，但是真实的接触往往有两种结果，愉悦的或者不愉悦的。愉悦的接触必然增加相互的吸引力，但如果与他人的接触令人失望或者不快，那还不如保持距离。因此，临近的作用，更多的时候表现为，增强个体对他人的情感，喜欢的更喜欢，讨厌的更讨厌。

在情侣之中，那些本来相隔两地但维持了关系的情侣，在重聚后，临近甚至可能摧毁这段关系。因为他们能够维持异地恋的其中一个原因，可能是伴侣在彼此心中把对方描绘成值得等待的理想化对象。但当双方团聚后，描绘的幻象破灭了，伴侣双方都不能满足对方极高的期待，再加上现实层面的诸多分歧和差异，导致失望和冲突接踵而至。2006 年的一项研究发现，分隔两地的爱人在重聚后一起生活的前三个月，都会经历相对紧张的状态，且大约有三分之一的情侣关系破裂了。

（三）长相吸引力：喜欢那些可爱的人

尽管人们常常互相告诫，"不可以貌取人"，但事实上，谁都不能否认，外貌吸引力对人们的影响是非常大的，尤其在认识初期。心理学家发现，人们普遍对美丽存在偏见，即认为"美的就是好的"。其中一类研究遵循这样的设计：要求参与者观看一组陌生人的照片，根据照片来猜测此人的性格特征和人生前景等。其结果也相当一致，即在没有其他信息的前提下，人们普遍认为外貌更具吸引力的人更有趣、更讨人喜欢、更好相处、更善于社会交往等，并且在生活和爱情等各方面也更可能取得成功。总的来说，"美的就是好的"这一刻板印象在世界各文化中都是一致的，只不过"好的"标准在一定程度上取决于具体文化的价值观。

然而，美貌也不是没有代价的。在一项研究中，相貌美丽和相貌普通的人都收到一份关于他们工作能力的书面报告（每个人得到的都是相同的表扬和肯定），其结果显示，如果评价来自不了解他们长相的人，貌美的人会认为表扬更真实、更可信。显然他们过去常常体会到美貌带来了许多不真实的赞赏。相反，相貌普通的人认为那些了解他们长相的人的表扬更令人信服。所以，貌美的一个困扰是，你很难确定别人赞美你是因为欣赏你的能力还是喜欢你的长相。

在爱情中，外貌有什么样的影响呢？

每个人都想与貌美的人交往，而事实上，最终的结果通常是与自己容貌相当的人配成对。外貌确实是交往初期人们筛选对象的一个重要因素，但是随着恋爱进程的发展，外貌的作用逐渐减弱。在爱情中，还应该警惕与外貌相关的对比效应。与有吸引力的人比较时，人们容易对自己的长相产生糟糕的评价。在娱乐信息化高速发展的今天，人们从影视杂志中看到的都是经过精心装扮的人，修图软件的使用率越来越高，而没有滤镜的身边人，可能因为这种对比效应而显得缺乏吸引力。

（四）礼尚往来：喜欢那些喜欢我们的人

个体会锲而不舍地追求一个"高攀不上"的人吗？

也许短期内可以，但极少人能够长期不计后果地追求一个得不到的人。大多数人内心都在有意无意地权衡"对方的长期吸引力"和"对方接纳自己的可能性"这两个因素。如果对方吸引力强（包括但不限于长相），但是却不可能喜欢上自己，个体通常会很快放弃；如果一个喜欢自己的人各方面不如人意，个体也会觉得对方并不是最好的约会对象。最终的角逐结果往往是，人们会找一个各方面不错，同时也很有可能接纳自己的人（对方也是这样想的）。

如果错误地高估自己，就可能高估自己的期望值、盲目自信，在寻找伴侣的过程中不断受挫。如果错误地低估自己，比如缺乏安全感、不自信的人，可能会选择一个不太具有吸引力的人，以此来获得安全感。

对方是否接纳自己，是每个人择偶时都非常在意的问题，没有人喜欢被拒绝。所以人们对他人拒绝或接纳的信号是相当敏感的，并且更可能与那些愿意接纳自己的人亲近。与人们的日常经验一致，心理学研究也发现，那些能付出拒绝大多数人的代价却又能高兴地接纳你的人，是最有吸引力的未来伴侣。

当其他条件相同时，人们很难讨厌或很难不喜欢那些对自己露出欣赏之意的人。甚至，仅仅认为某个人喜欢自己，便可能诱发有助于增进两个人之间正向情感的一系列事件：对方喜欢自己，我难道不应该高兴、感谢、回馈吗？于是你可能与对方产生更多的良性互动，如微笑和亲切交谈，从而进一步巩固和加深双方的喜欢之意。

（五）相似性：喜欢与我们相似的人

俗语说"物以类聚，人以群分"，俗语也说"异性相吸，同性相斥"，在爱情和择偶中，人们更喜欢跟自己相似的人，还是跟自己不同的人呢？

有关人际吸引的研究发现，人们确实更喜欢跟自己类似的人。这个类似涵盖的方面非常广泛，包括年龄、性别、种族、受教育程度、宗教信仰和社会地位等，也包括态度和价值观，以及性格特征。

在爱情中同样如此。伴侣间的态度相似程度与彼此间的吸引力有着简单直接的关系：共同点越多，彼此越喜欢。双方对社会事件的态度和看法，对电影、音乐、书籍等的品位越相似，越觉得对方有吸引力。性格相像的夫妻比性格不同的夫妻婚姻更加幸福。即使是性格中的缺点，人们也更愿意与"臭味"相同的人共处。快乐的人喜欢与快乐的人交往，悲观的人也更愿意与悲观的人亲近。虽然与安全型依恋的人相处起来可能更舒服，但是长久下去，个体可能会觉得与依恋类型相同的人相处起来更自在。

既然如此，为什么生活中又出现了那么多双方差异巨大却互相吸引的例子，让人们相信"相异相吸"呢？这是因为，匹配是一个广泛的过程。不能死板地将外貌与外貌、年龄与年龄一一匹配，而应将个人所拥有的作为伴侣的特质做一个整体的评估。也许听起来有些现实，但健康、才能、外貌、名望和财富等良好条件，都有助于吸引心仪的伴侣。最终，人们通常会与旗鼓相当的人配成一对，相似的人彼此吸引，就是这样发生的。

还有一些情况会造成人们认为的"相异相吸"，比如，发现差异需要时间。情侣初相识的时候（第一阶段），年龄、外貌等外部因素会发挥主要的作用；到第二阶段，吸引力取决于彼此态度和信念的相似程度；到第三阶段，伴侣的"角色"定位，在事业、居家和养育方式等生活要务上的相容性才变得更加重要。有时候重大的差异在交往很长时间后才能意识到，此时，伴侣双方可以求同存异继续维持关系，但不是因为这些差异而互相吸引。

第二节 | 爱有悲欢离合——探索爱情之旅

人人都想拥有永恒美好的爱情，然而遗憾的是，爱情是有保鲜期的，浪漫的爱情难以持久；同时，爱情中也不全是甜蜜幸福，还可能有争吵、嫉妒和伤害。当激情褪去、冲突爆发，我们该如何经营爱情？

一、烟花易逝情见长——如何经营爱情

（一）浪漫的爱情为何难以维持

第一，激情令人亢奋，但抵不住时间的消磨。当处于激情之中时，人们会感受到强烈的生理唤醒——脉搏加快、心跳加速、呼吸急促等。然而，人们不可能永远保持激情的唤醒状态，熟悉会使大脑不再产生让人兴奋的物质，即使伴侣一如既往的完美，个体也不能同样地被唤醒。有趣的是，当人们体验到唤醒——不管是什么原因造成的唤醒——人们都会增加对伴侣的激情。在著名的吊桥实验中，美丽的女研究员在两种环境下（一种是在危险的吊桥上，参与者会感到心跳加速、呼吸急促、手心冒汗；另一种是在平坦的小桥上，参与者感到平静）分别邀请路过的单身男性回答一些问题并根据图片编一个故事。研究者感兴趣的是，不同环境下的男性参与者对女研究员的吸引力是否有不同的评价。其结果是，位于吊桥上的男性所编故事的性想象力更强、更可能在调查结束后给女研究员打电话并提出约会的邀请。显然，危险吊桥所引起的恐惧的生理反应是一种高唤醒状态，让男性对女研究员的吸引力做出了更高的评价。

第二，新奇为爱情注入能量，而熟悉令之失色。好奇和新鲜感让人们对新的伴侣充满好奇并保持亢奋，一个小小的初吻，可能会比往后成百上千的吻更令人心跳加速。有研究发现，新奇会增加性唤醒。心理学家亚瑟·阿伦（Arthur Aron）的自我扩展理论认为，人们具有扩展自我边界的强烈动机。当人们坠入爱河的时候，会感觉自我和对方的边界在融合，对方的一切都是新奇的且易得的，个体通过与恋爱对象建立关系，轻而易举地获得了对方的感受、经验、价值观和人生经历等，似乎这些都成为自己的一部分，这就是令人亢奋的自我扩展的感觉。然而，当双方足够熟悉，对方不再能够为个体提供新奇的信息时，这种扩展就终止了。

第三，幻想促进了浪漫，而幻想终将褪色。爱情在一定程度上是盲目的。热恋中的人们常常戴着"玫瑰色"的滤镜看待自己的伴侣，他们会专注对方的优点，忽视那些不美好的因素，即"情人眼里出西施"。正是这种幻想和迷恋造就了浪漫。事实上，有研究发现，对伴侣的积极错觉能够有效地维持恋爱关系。然而，这种积极错觉也会随着时间的流逝和经验的积累而减弱。现实的相处，会让对方身上的光环越来越暗淡，熟悉使人们更真实地认识对方。

正是因为以上三个原因，所以浪漫的激情容易消退，浪漫爱情难以维持。虽然不至于完全消失，但一般会降到人们预期的水平以下。知道这一点，或许可以减少意料之外的期望与现实之间的落差对爱情关系的冲击。

👁 阅读材料　　　　　　　　　　　**浪漫爱情与物质成瘾**

　　有研究者认为，浪漫爱情是一种行为成瘾。处于浪漫爱情早期阶段的人表现出许多与成瘾者相似的特征。他们对心爱之人高度关注，对与之相关的线索敏感（显著性）；他们对所爱之人充满渴望（渴求）；当看到或想到心爱的人时，他们会感到一阵兴奋（欣快 / 狂喜 / 陶醉）；建立关系之初，他们总是希望有更多的时间与爱人相处（耐受性）。这与物质成瘾的诊断条件高度一致。如果与心爱的人断绝了联系，恋人们就会出现常见的戒断症状，如无精打采、焦虑、失眠或嗜睡、食欲减退或暴饮暴食、易怒和慢性孤独。

　　此外，神经影像学的比较表明，浪漫爱情和物质成瘾均表现出大脑奖赏和情绪调节网络的功能增强。

　　虽然恋爱初期和物质成瘾是相似的，但随后的阶段却向着完全相反的方向发展。随着恋爱关系的发展，爱情的成瘾特征逐渐消失，爱情的"魔力"消退。研究者们提出了非常巧妙的思路：研究爱情消退的奥秘是否有助于我们帮助戒除成瘾；同时，研究成瘾的机制是否能够帮助我们保持爱情的"魔力"经久不衰？

（二）爱情需要经营

　　人们总是满怀期望地进入美好的爱情，那些童话般的爱情故事告诉人们：似乎爱情的磨难总是出现在相爱之前，相爱之后就是幸福人生。这给人们造成一种错觉：似乎完美的关系只需要激情相爱这一个条件，而不需要额外的努力，如果不幸福，那一定是因为不爱。人们对"爱情需要经营"这句话的重视远远不够。

　　如何经营爱情？当爱情中的激情褪去，人们通常有两种方案：一是换一个恋爱对象，做同样的事，这种情况下即便是同样的逛街、看电影、散步，因为对象不同，个体也能感到一些新奇感。遗憾的是，这会成为一种糟糕的循环，也许在最初，个体会有激情重生的感觉，但是厌倦仍然会是最终的结果，久而久之，甚至厌倦的速度会越来越快；并且由于换伴侣的代价越来越大，个体不可能一直采用换伴侣的方式来保持爱情的新鲜感。最终要么放弃寻找激情，要么采用第二种方案，就是与同样的人，做不同的、有趣的事。如果不再新奇，就去创造更多的新奇。努力寻找新颖、吸引人的共同活动，把握每一个与伴侣共同进行新奇探索的机会，努力保持新鲜感。享受激情，但不要把它当作维持爱情关系的基础，更多地要培养与爱人之间的友谊，增加兴趣、爱好、价值观的共同投入与互动，就像爱情三角理论中讲到的：激情褪去之后，最深厚长久、幸福的感情，就是相伴的爱；当然，再加上双方努力创造的激情，才能将爱情的三角描绘成一个和谐的状态。

（三）增进伴侣关系的策略

　　心理学家还提出了以下有助于增进伴侣关系的具体策略。

　　（1）积极性：积极制造愉快的相处；关注对方的体验和感受；努力使双方的交往成为一种享受。

　　（2）开放性：自我表露并鼓励对方表达对关系的看法、感受和期待；共同讨论过去、现在和未来。

　　（3）真诚：展现真诚；重视承诺；表达对美好未来的信心。

　　（4）社交共享：喜欢与朋友在一起共度时光；关注共同的朋友和亲密关系；表达愿意

与对方的朋友和家人共同活动的意愿。

（5）分担任务：完成应该分担的家庭任务；承担家庭责任。

（6）共同活动：花时间在一起玩等；全身心地共处。

（7）提供支持：在对方困难和需要的时刻，主动地提供现实的帮助和情感上的支持。

（8）感恩：常常对伴侣的付出、陪伴和支持表达感谢；发自内心地庆祝发生在对方身上的好事情。

（四）发展你的爱语

查普曼博士在《爱的五种语言》中，提出了五种可以帮助人们加深亲密关系的爱语，具体如下。

1．肯定的言辞

心理学家威廉姆斯说过，人类最深处的需要，就是感觉被他人欣赏。在伴侣发生好事时，发自内心地喜悦和肯定；在对方遇到困难时与之共情，哄对方开心，给对方的遭遇或行为做积极再定义，甚至将对方的缺点视为美德。每个人都会遇到缺乏安全感和勇气的时候，这种时候，个体需要来自伴侣的鼓励，来帮助自己积攒勇气、发挥潜能，追求目标。需要注意的是，鼓励需要同理心，必须站在伴侣的角度去思考对方真正想要的是什么，从而给予对方鼓励和支持，不然，鼓励可能会变成要求和责难。

2．精心的时刻

精心的时刻，就是给予对方全部的注意力。精心的时刻最重要的是"在一起"，这种"在一起"绝不是"在同一个房间里，一方玩游戏，一方看电视剧"，而是花时间全身心地与对方做同一件事，这件事不一定是多么伟大而有意义的事，它可以是普通的消遣，重要的是在做这件事时发生在情感层面的体验，向对方传达自己关心对方、喜欢跟对方在一起、喜欢和对方一起做事的心意。以全神贯注的交谈为例，即发自内心地对谈话的内容充满兴趣，对对方的人生经历充满好奇，精心地思考每一句话，期待对方的每一句回复等都属于精心的时刻。

3．接受/赠送礼物

礼物是爱的现实象征，能够表达爱意。尤其是在重要的节日里，仪式感和礼物会成为关系的黏合剂。

4．服务的行动

服务的行动是指做另一半想让你做的事，通过生活中的服务使对方高兴。发自内心地主动甚至不辞辛劳地为对方服务，通过生活中的一件件小事，让对方感受到细心、体贴与呵护。

5．身体接触

身体接触是人类沟通感情的一种微妙的方式，也是表达爱的有力工具。性只是这种爱语的方式之一，牵手、拥抱、接吻、抚摸都是身体接触。每个人都有自己爱的语言，爱意需要通过爱语来传达，只有了解自己和伴侣使用哪种爱语表达爱，或者在哪种爱语中最能体会到爱，才算掌握了促进亲密关系的密码。

二、爱与恨的交织——解析爱情中的冲突与困扰

（一）亲密关系"四大杀手"

当热恋的激情褪去之后，情侣之间必可不少地会面临冲突，即便是那些长相厮守的

幸福伴侣也会发生争吵。然而，同样是争吵，为什么有的争吵似乎并不会对关系造成重创，而有的争吵却会使关系陷入危机甚至导致关系破裂呢？心理学家约翰·戈特曼（John. Gottman）教授的团队致力于研究亲密关系尤其是婚姻中的矛盾和冲突，发现尽管亲密关系中的负性互动有许多，但是对亲密关系最具破坏力的只有四种，即批评、轻蔑、防御和逃避，这四种被称为"四大杀手"。虽然研究针对的是夫妻群体，但是对包括情侣在内的亲密关系同样适用。

批评，或指责，是不快乐的亲密关系中最常见的一种。所有的情侣之间都会有一些抱怨、不和，但是批评却比简单的一句抱怨带来的伤害要大得多。抱怨通常涉及某件具体的事情，批评更广泛，并带有人格意义上的攻击，比如"你今天的学习又没完成，你这个人真不上进"。批评中的人格攻击加重了负面影响，长期来看会破坏亲密关系。除此之外，这种批评是广泛的，比如说"你总是""你从不"，这不是针对某一个行为，而是上升到了对人格的不满。

轻蔑是极具杀伤力的，因为它包含了对伴侣的厌恶和不尊重。轻蔑主要通过讽刺、嘲笑、恶意模仿、翻白眼、恶意幽默表现出来。它表达的是一种高人一等和蔑视他人的态度。人们可以通过高姿态表现轻蔑，比如"你以为就凭你这点小聪明能有什么成就？"这是不允许对方辩解的责难，攻击对方最脆弱的地方，是对亲密关系杀伤力巨大的一种行为。戈特曼说，在"四大杀手"中，如果你只有精力去解决一个问题，就先解决轻蔑的问题。

破坏亲密关系的第三个行为是防御。关系发生冲突时，受到指责的一方，常常会做出防御的姿态。防御有时候看起来似乎是在保护自己，但事实上是在采用一种责备对方的方式来逃避自己的问题和责任，比如，当一个人被批评"你应该减肥，不然关节负荷太大"，而回应"胖了可以减肥，你这么矮还能长高吗？"防御是一种有害的方式，因为这对冲突和矛盾不会有任何的帮助，进攻的一方不可能因此而退让或道歉，而这种防御便发展为反向攻击而导致矛盾升级。

最后是逃避行为。当经历了激烈的争吵后，很容易有一方会觉得承受不起这么激烈的冲突，开始回避争吵，不发表意见，也不回应对方。这个时候没有眼神交流，没有回应，开始屏蔽对方的一切。这个模式有显著的性别差异，常常是女性寻求解决问题，而男性选择回避；并且会愈演愈烈，一方越是紧追不舍，一方越是避之不及。有意思的是，尽管回避者看上去是有敌意的，但他们的初衷却是保护自我："她什么时候才能停止争吵？""我不想和她争了。""如果我不说话了，她应该就不会烦我了。"为什么通常是男性会选择回避冲突呢？临床实证研究发现，当男性碰到冲突，尤其是亲密关系冲突的时候，男性的生理状态变得非常激昂，他们可能被激发了古老的"战或逃"的应激反应，然而这似乎又不是一个适合"战斗"的场合，于是只有"逃跑"。也许他表面上没有表现出来，但是你如果在他身上装上生理反馈的仪器，就可以发现男性内在的情绪反应、生理反应是很强烈的，并且很难平复下来。相反，女性面对冲突和压力，更倾向于采取人际方式来应对，比如找丈夫/男友争论清楚明白，或者找他人倾诉。

亲密关系的"四大杀手"，若频繁地出现在一段关系中，且没得到足够的重视和改变，那么关系会变得十分危险。戈特曼根据这些消极互动出现的频率和严重程度，来预测关系走向的，其预测准确率高达91%。

即便是长期维持的亲密关系，发生令人生气和恼怒的事情的比例也并不低。人们常常有这样的体验：似乎在面对陌生人时，能做到礼貌尊重，能够很好地调控自己的情绪；而面对自己亲密的爱人时，反而难以克制。心理学的研究发现，这种情况确实非常普遍，处在亲密关系中的人对待爱人的方式可能比对待其他人更加苛刻。早在 1975 年，就有研究发现，在解决问题的任务中，如果与不太熟悉的人讨论问题，参与者显得彬彬有礼、意气相投；他们会压抑批评、隐瞒异议并且掩盖自己的受挫感。相反，与伴侣在一起时，人们就会表现得比较令人讨厌——他们打断爱人的讲话，贬低其观点，公开唱反调。

那么，积极地增加正向的、让人幸福愉悦的互动，能否抵消这些消极互动的影响呢？答案是"可以"，但是正向互动要足够多才行！亲密关系中的负性事件比理论上同等程度的正性事件更引人注目、影响深远。比如，某天你的恋人分别表扬和批评了你一次，它们的效果并不会彼此抵消。表扬能够削弱批评带来的打击，但两者加在一起，你还是会略不高兴。戈特曼的研究指出，关系中正性事件要达到负性事件的 5 倍，才能保持相对满意的亲密关系。

（二）依赖与疏离

很多人喜欢用依赖来判断爱情。"因为他很依赖我，离不开我，所以他一定很爱我。"爱情中的依赖满足了人们对亲密和归属的需求。但依赖也有其风险，首先，相互依赖会放大冲突和摩擦。人们花了大量的时间和注意力与亲密伴侣共处，依赖对方给予的独特的、宝贵的回馈，这就意味着对方肯定会比其他任何人带给个体更多的挫折感——即使是无心的。比如人们会更多地受到亲密伴侣的情绪或工作压力的影响，而来自其他人的情绪等则没有这么大的影响力。频繁的交往也意味着琐碎的烦恼可能会不断重复，造成更大的痛苦。其次，亲密意味着伴侣双方了解彼此的秘密、缺点和劣势。如果发生冲突，这些可能成为伴侣（有心或无心地）彼此嘲笑和伤害的武器。

与依赖对立的状态，是疏离。很多时候人们愿意付出代价争取自我价值为核心的个人绽放。如果双方对依赖与疏离的距离有不一致、不匹配的态度，就会造成冲突。一方希望有更多的独立空间给自己喜爱／重要的事情，包括学业、事业、朋友、运动，甚至仅仅是独处；而另一方却迫切地渴望与对方融为一体。于是后者会因为亲近的需求但被屡次拒绝而感到受挫、难过和愤怒；而前者则会为自己难以争取个人时间而感到窒息和被控制。

更糟糕是，"选择"保持距离的背后，常常是"不能"与人亲近。依恋理论中回避亲密的维度描述了人们在与他人相互依赖时的舒适程度。研究者发现，回避依赖的现象相当突出。回避型依恋的人更珍视他们的自足和独立，他们的接近动机较弱，以至于不太热衷于追求伴侣关系所能获得的成就感，对相互依赖、高度卷入的关系不感兴趣。忧虑被抛弃的人也会过度担心伴侣会离开自己，所以他们有着强烈的回避动机，回避是为了防止想象的未来可能发生的抛弃对自己造成更深的伤害。他们无法坦然地信任他人，更信任自己的主观判断；他们与伴侣的沟通倾向于表面化，不能真正分享关系中的感受和体验。焦虑型依恋的人具有自我矛盾性，他们通常需要更多的依赖性，喜欢与人亲密，很容易陷入爱情，但又担心他人没有真正关心自己。

与之相反，安全型依恋的人在亲密的关系中舒适自在，只要伴侣需要，他们就会提供关心和支持，他们乐于接纳伴侣对自己的依赖。有意思的是，当对方一时的无助和依靠越被接纳，对方越不会倾向于过度依赖。在这方面成人看上去更像孩童，如果他们知道自己随时可以得到安全和支持，他们的自主性和自律性更强。这就是安全型依恋的人总能找到心仪伴侣的另一个原因：他们能轻松地接纳亲密的相互依赖，这让伴侣更容易独立自主。

在有害的过度依赖和僵化的独立之间，个体需要发展健康依赖的能力，既能融合亲密又能独立自主，在依靠他人的同时仍保有强大的自我意识。即在一起时能享受亲密，分开时能享受独立。

（三）嫉妒

虽然人们常常羞于承认自己嫉妒他人，但事实上嫉妒是一种非常普遍的情绪。亲密关系的排他性决定了嫉妒在亲密关系中是一种常见的现象。

爱情嫉妒是当想象的（或现实的）第三者对亲密关系产生威胁时，个体感受到的一系列复杂的情绪状态和行为反应。爱情嫉妒可能带来许多消极的体验，如愤怒、恐惧、伤心等。愤怒往往和"报复"有关，包括忽视伴侣，以此来表达对伴侣的愤怒；恐惧产生于对当前亲密关系的不确定，个体担心自己重视的亲密关系会消失或者被别人改变；伤心是竞争对手的出现使个体体验到了被拒绝、自我否定、孤单、没有安全感所带来的强烈的悲伤。这些消极体验促使个体采取口头或身体的攻击和侮辱等行为。后期的研究发现，嫉妒也可能带来积极情感，如爱、吸引力和欣赏等，促使双方表达爱和积极交流。因此，爱情嫉妒虽然是令人生厌的自私的情感，但也可能成为维持长期关系的动力因素。

总结与嫉妒有关的研究发现，大多数研究将爱情嫉妒看作是亲密关系的消极影响因素，如亲密关系暴力、言语和肢体攻击、亲密关系不满意。少数研究认为嫉妒对亲密关系存在积极的影响，如有更高的关系满意度和承诺，他们认为嫉妒可以看成是伴侣关心彼此、珍视他们的亲密关系并且想要保护它的标志。

爱情嫉妒具有性别差异。首先，在诱发爱情嫉妒的情境中，早期的研究发现，女性在感情不忠上更敏感，而男性在想象伴侣的性不忠时能引起他们较高的情绪唤醒。其次，在引起爱情嫉妒的竞争对手特征上，男性对竞争对手有更好的工作前景耿耿于怀，而女性对竞争对手有好的身材更苦恼。最后，在爱情嫉妒的反应上，2013年有研究发现，女性倾向于提高自己的吸引力以维持当前的关系，而男性则更多考虑放弃当前的关系，寻找新的伴侣来维护自己的自尊；但是对于性不忠的行为，男性和女性的反应是一致的，即离开伴侣。

如何有效地应对嫉妒呢？其中一个关键就是，削弱亲密关系排他性与自我价值之间的关联。发现自己的伴侣迷上了他人是痛苦的，然而，这并不意味着伴侣就十恶不赦，也不意味着该全盘否认你们关系中的美好，更不意味着你没有价值。不将自我价值与亲密关系紧密联系，就不会因嫉妒失去理智。可以从以下方面应对嫉妒：

（1）相信自己的价值，提升自尊；

（2）减少悲惨、荒谬的想法；

（3）改善沟通技能，阐明自己的期望，在行为的界限上达成共识，从而防止因误解而引起嫉妒；

（4）增加亲密关系的满意度和公平性。

三、聚散各有道理——从失恋中重生

（一）亲密关系的结束

人们如何结束亲密关系呢？结束关系的过程常常涉及以下的行为和决策。

（1）人们会明确地向伴侣言明分手的意图，还是使用间接的策略试图悄无声息地结束关系？（调查发现，大多数情况下，人们选择了后者。）

（2）人们会设法保护对方的感受，比如为伴侣考虑以保存对方颜面和自尊，还是自私地损害伴侣的情感只为宣泄自己的不满？

（3）对关系的不满是逐渐累积还是突然爆发的？（大约只有四分之一的情况是某些关键事件突然改变了个体对亲密关系的感受，更多的情况是人们对亲密关系的不满是逐渐积累起来的。）

（4）人们是独自决定还是双方共同决定结束亲密关系？（三分之二的情况下，只有一方想要结束关系。）

（5）人们会迅速地退出亲密关系还是会拖延？（多数情况下，人们在成功结束关系前都要反复拉扯好几次。）

（6）人们是否有修复关系的尝试？（大多数时候，也许人们看似在修复关系，但并没有真正有效的努力。）

综合考虑上面的因素，我们发现三分之一的亲密关系以这样的模式结束：逐渐积累的不满，使得伴侣一方重复地做出解散关系的尝试，且通常不会言明分手的意图，也不会做出有效的改善或修复伴侣关系的努力。当伴侣一方对亲密关系感到厌倦并开始关注其他人时，结束关系的过程通常就已经开始了。伴侣一方变得冷漠，感情投入变少，这在最初可能会引起修复关系、恢复感情原貌的努力。然而，当伴侣双方共处的时间变少，并且缺乏对彼此的兴趣时，分手的念头又开始蠢蠢欲动了。接着双方又继续讨论关系，同意再次努力解决问题，但他们又注意到其他替代选择，于是伴侣双方变得更加回避关系。他们可能产生短暂的重归旧好的愿望，但是这种愿望很快被内心呼唤放弃的念头所取代。他们逐渐在心理上做好准备，然后分手。

（二）为什么分手之后更爱对方

明明已经痛下决心分了手，却开始念念不忘；对方越远离自己，越觉得自己离不开对方，甚至怀疑自己是否错过了此生最爱。为什么会出现这样的情感呢？这是因为爱情也是一种持续的刺激，当人们长时间沉浸在爱情中时，适应和习惯让个体不再对恋爱对象特别关注和在意，但是一旦这种刺激戛然而止，人们会恍然觉察出之前的刺激带来的感受如此深刻。这种体验类似于如果某人处于有持续噪声的环境中，他很快就适应了，几乎没有什么特别的感觉，而一旦噪声停止，突然发现世界如此安静。爱情中恋人持续的关注、依赖和呵护，生理和情绪的唤醒状态等，对个体来说都是奖赏，会带给个体很多积极的感受；一旦这些奖赏缺失，个体必然感到极大的失落。

刘易斯等心理学家把失恋分为两个阶段：抗议阶段和放弃/绝望阶段。在抗议阶段，被抛弃的人表现出旺盛的精力、较高的警戒性和挽回爱人的强烈动机。心理学家推论，这一抗议反应是由哺乳动物对任何社会关系破裂的基本反应进化而来的，与婴幼儿早期在母亲离开后通过哭闹吸引母亲回来的行为是一致的。事实上，许多深陷被抛弃痛苦中的人，正是采取了一系列不理智不成熟、退行到婴幼儿期的行为来挽回爱人，如不分场合地哭闹、不停地打电话、跟踪恋人的行踪等。戏剧性的是，当这些行为愈演愈烈且没有挽回对方时，被抛弃一方的爱意不仅不会减弱，反而不断加强。这种现象叫作"挫折吸引力"，即失望的恋人开始更加充满激情地爱着拒绝了他们的人。这背后的生理机制仍然与多巴胺奖赏系统有关，当来自恋人的奖赏迟迟不可得时，期待奖赏的神经元延长了它们的活性。除了爱意，失恋者还会体验到"被遗弃的愤怒"，因而感受到强烈的爱恨交织。

失恋的第二个阶段是放弃/绝望。失恋的人从内心接受了关系的终结，不再尝试挽救关系。同时，这一阶段还可能伴随情绪上的抑郁和绝望。

（三）应对失恋后的消极情绪

分手之后一段时间里，人们会陷入对关系和定位的混乱。失恋的人们可能会感受到：分手后的恋人在一段时间内仍是自己最重要的人，因此可能会嫉妒对方新的伴侣；可能回避对方；可能陷入内疚，希望寻求谅解；可能继续维持宝贵的友谊……

而对于多数人来说，分手后首先要面对和处理的，是自己强烈的消极情绪，除了痛苦和愤怒，还可能有极大的丧失感。亲密关系对人们常常是意义重大的，个体的自我概念会延展到伴侣身上，将对方的人生经验、价值观、人际关系等，视为我们自己的一部分，分手意味着将同样失去曾经用来定义自己的一些重要的东西，因而会体验到巨大的丧失感。重建独立的自我感知，是失恋后恢复的重要过程。

一项有趣的体验式研究，要求刚刚结束（维持4个月以上）爱情关系的大学生们连续一个月每天记录情绪体验。结果发现，首先，分手是痛苦的，这些失恋者在分手之初表现出很多的愤怒、痛苦，他们的勇气和力量被削弱；然而两周之后，他们的愤怒减少、痛苦衰退；一个月后，他们的勇气和力量逐渐恢复。

除了时间这剂良药，人们通常还采用情感宣泄——向朋友倾诉痛苦；情感转移——将注意力转移到学习、娱乐、运动等其他事务上；情感升华——将情绪力量用于艺术创作等方法来帮助自己应对负面情绪。

第三节 ｜ 灵与欲的结合——性心理与性生理健康

与浪漫爱情相生相伴的，还有人类的欲望与性。大学生应该如何理解爱与性的关系，实现个体的性心理与性生理健康呢？

一、爱情与性欲

👁 阅读材料　　　　　　　　　　**爱情中的欲望**

小A和小B是一对大学生情侣，他们在一起半年，每天一起上课，一起上自习，闲暇时间一起玩玩游戏、看看电影。他们对对方有着强烈的性欲望，他们对还未发生的性行为充满期待。同样是这对情侣，其他条件不变，只是他们彼此之间并没有强烈的性欲望。你认为哪一种情况下他们更相爱呢？

人们通常认为热恋中的情侣应该对彼此有着强烈的性欲望。不仅旁观者如此，情侣之间也会以性欲望的强度来判断爱情的浓度。研究发现，当情侣彼此有着强烈的性欲望时，他们对爱情更为忠诚，感到幸福、满意。有趣的是，性欲望对人们爱情关系认知的影响，与实际发生性行为与否无关。无论性欲望是否能得到满足，性欲本身就足以使人们认为爱情已经产生。

人类的性爱远远不止满意的性高潮这么简单。我们的性行为和性满足常常取决于爱情关系的品质。虽然性行为并不意味着爱情，但是亲密的爱情关系往往包含了性的成分。大多数人渴望的仍然是与所爱之人共同享受性爱，并且认为那是最具吸引力和最能获得性满足的方式。人们希望自己的浪漫伴侣能对自己具有强烈的性欲望，也希望能从对方身上感受到性吸引。这就是为什么人们会担心在爱情中失去激情——如果爱情和性欲形影相随，那性欲的减少似乎暗示着爱情在衰退。

二、面对性，男女的选择大不同

尽管男女双方在爱情中都可能对对方充满性欲，然而是否发生性行为与何时发生性行为则完全是另一个问题。在这个问题上，两性冲突非常常见。男性通常高估了女性心中期望的性亲密水平，而女性通常低估了男性心中的性亲密水平。

一项实验室研究模拟了速配约会的流程，让男性与女性展开短暂的交流，然后让男性评估女性的性意向，结果发现，男性常常错误地高估女性对他的兴趣，倾向于把一些中性线索（比如友善、微笑等）理解为性意向。

如果你深刻理解了性选择理论和亲代投资理论，你就能理解两性在性行为上的差异。在解读异性性心理上，两性的代价-收益是非常不一样的。男性夸大对方的性意图，是为了不错过任何可能的性接触，用最少的资源获得更多的繁殖机会，这是进化形成的机制；如果判断失误，最大的代价可能只是被对方的男性亲属修理一顿。但是，如果远古女性草率地发生性行为，误以为一个不恰当的男人是值得托付终身之人，就可能付出巨大的繁殖代价。

由此衍生出另一种性接触的冲突，即表现为两性中的欺骗行为。国外的一项研究显示，当112名男大学生被问及是否曾经因为性而夸大自己的感情程度时，71%的人承认确实这样做过，而女性只有39%。因为欺骗给人造成的损失惨重，必然存在巨大的进化选择压力，使人类进化出识别欺骗线索和防止欺骗发生的警戒心理。两性之间欺骗与反欺骗的游戏，从远古人类持续到当今社会。女性防止被骗的策略包括：首先，提高求爱的门槛，延缓发生性行为的时间，以便有更多机会评估男性的投入和承诺的真实性；其次，女性会投入大量的时间与好友一起讨论自己的（潜在）配偶，对他做出分析判断。有研究表明，单身女性特别善于识破那些"满嘴谎话"的花花公子。

如果你正处于对性行为好奇的时候，此处有几点需注意。首先，亲密关系中的情感和依恋，仍然被公认为是性行为最恰当的前提；性应该是以美好的爱情为前提的双方自愿的行为。其次，如果你是女性，你应该学习聪明的远古女性，因为她们面对的代价-收益对当今社会的女性来说，并没有质的改变。不管你是男性还是女性，你都应该明白：进化而来的机制是我们的生物本能，而行为的实施更应受到社会文化背景的制约；是否发生性行为，更应该由我们的教育、价值观、成熟的心态、责任心等高级的人类思维情感来做决定。

三、知、行、意的统一——性心理健康与性态度

性心理是指人类在性活动中伴随的各种心理活动和个性心理特征，包括以下4种。

（1）性感知，是对涉及性的事物的感知，包括与性内容有关的视觉、听觉、触觉等。

（2）性思维，是对有关性的问题的想象和思考，通过性思维主体不断获得有关性问题的理解，并形成系统化、稳定化的观点，即性价值观。

（3）性情绪，是对有关性活动和性对象的态度的体验，包括性快感、对异性的好感或爱恋、性嫉妒等。

（4）性意志，指主体对性行为、性活动的控制和调节。

性心理健康是指个体内部性心理与外部性行为适应统一的良好状态，包括3个方面的

内容。

（1）良好的性认知，包括具有科学的性知识、正确认识性的自然属性和社会属性。例如，能了解性别特征的角色期待以及性的道德、伦理、法律规范；了解性生理、性心理与性行为、生殖与避孕方面的知识等。

（2）正确的性态度，包括两性相处中具有自尊心，能坚持自己的权利，能拒绝他人的无理要求；具有社会责任感，对两性关系中的所有具体行为负责；在两性相处中对他人保持真诚、尊重；具有分寸感，既能坦诚地与异性交往，又能克己复礼，不采取轻率、任性的态度，即既无性压抑，又无性放纵。

（3）健康的性行为，包括性欲的满足应建立在以爱情为基础的合法婚姻基础之上；性爱的满足不应仅停留在生理层面上，更重要的是结合归属与爱，在尊重和自我实现的高度上达到灵与性的交融；能消除抑制及损害性能力和性关系的诸如恐惧、羞耻、罪恶感等不良心理因素，以及性功能障碍、性偏离，具有享受性行为和调节控制性行为的能力。

四、知艾防艾，共享健康——性健康的知与行

艾滋病，即获得性免疫缺陷综合征，由感染人类免疫缺陷病毒（human immunodeficiency virus，HIV）引起。HIV 是一种能攻击人体免疫系统的病毒，使人体丧失免疫功能。人患上艾滋病后，会易于感染各种疾病，并可能生出恶性肿瘤，病死率较高。大学生需要充分了解艾滋病的相关知识，并增强防控意识。

国家要求高校从 2015 年起开展艾滋病预防的教育和服务。各大院校都定期举办丰富的活动，以促进大学生对艾滋病、性健康和艾滋病毒检测等知识的了解。大学生对艾滋病防控的重视、使用相关服务的积极性、采取安全性行为的行动等都有了进一步加强。

♥ 本章重点

（1）爱情之旅的隐喻，就像婚礼上的誓言一样，"无论顺境还是逆境，无论贫穷还是富贵，无论健康还是疾病，一生一世忠于对方，爱护对方"，这强调了爱情关系的进展和方向以及可能遭遇的困难。在这个框架下，人们会把关系中的困难看作是任何关系都会有的，并且在与伴侣共同的旅程中，困难和磨难与平安和幸福一样，是生命重要的构成部分，是同样有意义的。

（2）相伴的爱的双方会努力维持深刻、长期的友谊，这种爱情表现出亲近、沟通、分享以及对爱情关系的巨大投入。相伴的爱的典型例子是长久而幸福的婚姻，虽然年轻时的激情已逐渐消失，爱却可以持续终身。对于大多数人而言，相伴的爱远比充满激情的浪漫的爱持续的时间更长。

（3）如果不再有新奇，就去创造更多的新奇。努力寻找新颖、吸引人的共同活动，把握每一个与伴侣共同进行新奇探索的机会，努力保持新鲜感。享受激情，但不要把它作为维持爱情关系的基础。培养与爱人之间的友谊，增加兴趣、爱好、价值观的共同投入与互动。

（4）在有害的过度依赖和僵化的独立之间，个体需要发展健康依赖的能力，即既能够与他人融合亲密，也能在依靠他人的同时仍保有强大的自我意识。

绘制你的爱情三角

1. 在横线上写上你的名字。
_____的爱情三角

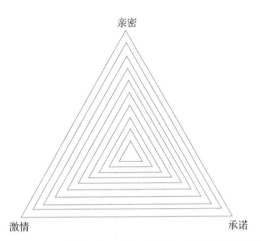

2. 思考你当前的爱情关系（若没有，你可以思考之前的爱情关系或期望建立的爱情关系），看看这段关系中每种成分的含量，若含量高，则为其选择较大三角形的顶点，若含量低，则为其选择较小三角形的顶点，然后将你的 3 个顶点两两连线，生成你的爱情三角。

思考以下问题：

（1）你对自己的爱情三角满意吗？

（2）如果满意，你和你的恋人分别做了哪些努力，才形成了这个爱情三角？

（3）如果不满意，你可以做些什么，以让这个爱情三角成为期待中的形状？

第八章
压力管理

在大学生活中，我们会遇到许多压力性事件，如目标丧失、人际关系紧张、体貌障碍等。这些成长性的、环境性的或生理性的事件会给我们带来不同程度的压力。我们为什么会遇到这些压力性事件？我们如何认识压力？我们又该如何去应对压力性事件呢？

本章学习目标

（1）了解压力的概念及压力的类型等。
（2）理解压力是通过什么样的方式影响我们的。
（3）掌握大学生正确进行压力管理与调适的方法。

第一节 | 沉重的心绪——了解压力

案例

小杨是一名大三的学生，他非常珍惜时间，每天他都计划得非常详细，一条一条去完成，容不得一点马虎。他将大学的课程分成了3类：一类是必须认真学习，并且需要自行进行拓展研究的；一类是可以得过且过的；还有一类是完全没有必要学习的，可以利用该课程时间学习自己在意的课程。小杨非常害怕达不到父母的期望，但是每次考试结果出来后，成绩都不理想，他感到非常痛苦，他不明白自己为什么考不好，于是就更加严格地要求自己，杜绝一切娱乐休闲活动。

为什么小杨会得到这样的结果呢？小杨又该怎样去做呢？我们可以带着这样的问题开始本章的学习。

一、知己知彼——压力的定义及分类

（一）压力的定义

压力的概念最初是由内分泌学家创造的，目的是描述"身体对任何需求的非特异性反应"，随后的相关研究，进一步扩展了压力的概念，包括从生物性和心理性进行描述。而我们所关注的主要是心理性压力，即指心理上对压力的评估和感受，是个体在内外部环境刺激作用下，觉察到客观要求和自身应对能力之间不平衡时所产生的，能够被个体清楚意识到的消极的身心反应状态。通俗来讲，压力就是当一个人无法应对环境的要求时所产生的消极情绪和负面感受。这个定义看似对压力的描绘是负面的，然而，压力是必不可少的，因为它和我们的适应和生存相关。我们产生的压力使我们能够尽可能快速有效地对压力源做出反应，以便迅速使身体恢复到稳定状态，尽管对压力产生反应的个体差异很大，这是因为对压力的感受受到年龄、人文环境、性格特征等因素的影响。所以，当你对同一件事情感受到比别人更大的压力时，不必恐慌。

压力由压力源、压力评估和压力反应3个部分构成。形成压力的情境、环境或刺激等都被称作压力源。现已探明的压力源又可以分为生理性压力源、心理性压力源和社会性压力源。压力评估即个体对压力源所做出的评价。而压力反应则是面对压力时，个体可能会出现的生理反应以及心理反应。压力源以及压力评估会直接影响压力反应。一般来说，适当的压力可以激活个体的内在潜能，使个体能以更积极、有效的状态投入所面临的压力情境。但如果压力过大，则会伴随产生心跳加速、血压升高、呼吸困难、手脚发凉等不适症状，这些就是个体的生理压力反应。

（二）压力的分类

根据压力的影响，压力被分为"积极压力"和"消极压力"两种。所谓积极压力，就是指个体通过对压力源的评价而做出一定积极反应，呈现出较为积极的状态。有的同学可能面对激烈竞争的就业市场，更加倍努力学习，提高自己的就业竞争力，这就属于积极的压力表现。而消极压力则与之相对应，是指个体通过对压力源的评价做出一定消极反应，呈现出较为消极的状态。例如部分同学由于考试临近，自认为实力不足以达到期望值，于是自暴自弃，完全放弃努力，这就属于消极压力的表现。

二、双刃剑——对压力的科学研究

众所周知，压力存在各种各样的负面影响，但是没有了压力个体又何来动力呢？相信同学们通过对过去经验的分析，可以发现很多时候，压力是不可或缺的。下面就带领大家客观地认识压力，掌握其内在规律。

（一）不同学科如何认识压力

1. 医学和精神病学界——重视生理，重视反应

医学界喜欢关注压力的生理变化及其带来的反应。例如：加拿大病理生理学家塞里认为应激即"一般适应综合征"（general adaptation syndrome，GAS），包含警戒、抵抗和衰竭3个阶段的全身性生理反应。又如，精神病学所指的延缓应激反应（或创伤后应激障碍），是指在应激事件后一段时间才严重影响患者的心理和社会功能反应。

2．心理学界——重视心理，关注刺激

研究心理学的人更多关注刺激，以及个体如何看待这个刺激。例如：心理学有关应激研究代表人物马森和拉扎勒斯等，较多地研究生物、心理、社会和文化因素对人的心理有害刺激作用。

（二）认知心理学视野下的压力

从认知心理学来看，压力是一个过程（见图 8-1）。首先产生压力源，然后个体通过对压力形成主观评价，并产生相关的压力反应，这个反应会让个体产生健康或不健康的结果。

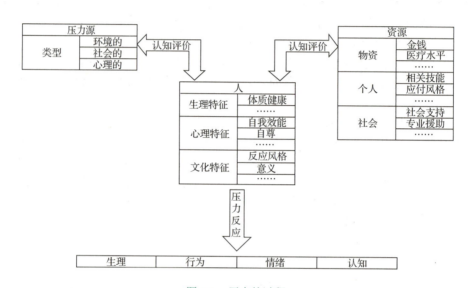

图 8-1　压力的过程

（三）耶基斯 - 多德森定律

著名的心理学家耶基斯、多德森通过一系列的实验观察，提出了"耶基斯 - 多德森定律"揭露了心理压力、任务难度和工作效率之间的关系。心理压力与工作效率之间的关系是一种倒 U 形曲线关系。中等强度的心理压力最有利于任务的完成。人们在工作或者学习中的效率并不是单纯地随着压力的增大而提高，过大的压力反而会使工作或者学习效率下降。只有在适度的压力下才能发挥出最好的水平。由此可见，压力既是动力也是阻力。

（四）压力的保护因素——心理韧性

在面对压力时，"心理韧性"，又称为"复原力"或者"心理弹力"极为重要。它直观地反映了我们应对压力的能力。尽管学术界对心理韧性的定义尚未达成统一，但目前最常见的三种定义包括结果性定义、品质性定义和过程性定义。

（1）结果性定义聚焦于心理韧性对个体发展结果的影响，认为心理韧性关注的是压力或高风险事件给个体带来的积极影响。

（2）品质性定义将心理韧性视为个体固有的应对负面生活事件（如创伤、压力、挫折等）的能力。它强调个体能够以高效的方式应对事件，并尽量减少负面影响。

（3）过程性定义将心理韧性看作是一个动态的发展过程，认为心理韧性是在个体遭受重大压力或伤害时，由压力、逆境等因素以及保护性因素共同作用，促使个体恢复和成长的过程。

这三种定义从不同角度解释了心理韧性的概念，而心理韧性水平的高低则代表着个体的抗挫能力。在压力管理中，我们主要采用心理韧性的过程性定义，因为它更能指导我们在应对压力时的具体行动。

三、压力与健康

为了适应不断变化的内外环境，我们的身体需要维持体内平衡，即通过严格调节内部生理状态来确保生存。这包括维持体温、氧气供应等方面的平衡。在这个过程中，我们的身体会释放激素，如皮质醇、肾上腺素和去甲肾上腺素，并调动自主神经系统和中枢神经系统，以适应和应对日常活动中可能带来的压力。这些生理反应通常具有保护性和适应性，可以帮助我们平衡应对环境挑战。

然而，如果环境中的压力长期存在或我们的生理反应无法在压力消失后恢复正常，就可能会对我们的健康造成损害。麦克尤恩提出了"非稳态负荷"的概念，指的是长期暴露于压力下所导致的身体磨损。他还指出，这种情况的特点是压力调节器的低效运行，有时这些调节器在需要时无法做出适当的反应，例如在面对剧烈压力时，可能导致皮质醇释放过少或过多。长期暴露于压力可能会影响我们的心血管、代谢、神经、行为和细胞水平，并增加患疾病的风险，因为身体系统可能无法有效运作。麦克尤恩讨论了过度、长期和重复的压力反应对我们的健康的有害影响。虽然释放一定的压力介质有助于我们适应压力，但如果这种反应过度、长期且失调，可能会导致进一步的压力增加，最终造成损害。因此，我们需要意识到压力对多个生物系统的影响，并认识到这些系统相互作用，以适应和响应环境中的压力需求的不断变化。这些基础知识有助于我们理解压力与健康之间的关系，以及长期暴露于压力可能带来的风险。通过了解压力的影响，我们可以更好地应对日常生活中的挑战，保持身心健康。

压力可以直接通过自主神经和神经内分泌反应影响健康，也可以通过影响健康行为间接影响健康。总而言之，科学研究发现了压力过度会导致皮质醇过剩、心率变异性降低、血压升高或免疫力受损。我们现在认识到这些系统相互作用，并以更微妙的方式失调。压力可以改变压力介质的产生方式，进而可能对健康产生严重影响。未来的研究应该进一步继续探索这些系统在压力背景下的相互作用。汉斯·谢耶在 1950 年写道："需要很多年，甚至是很多代人的时间，才能令人满意地阐明一般适应综合征的细节。事实上，我们永远不会真正'理解'这种现象，因为对生命的完全理解超出了人类思维的极限"。尽管我们可能永远无法完全了解压力的全貌，但经过多年的努力，科学界对压力的研究已经取得了巨大的进步，未来还将有更多令人激动的时刻等待着我们。

在大学生活中，面对压力，我们需要调动外部保护性因素（如室友、老师、心理咨询中心等）和内部保护性因素（身体素质、知识技能、自我调节能力等），帮助我们有效应对压力。理解压力的本质以及培养心理韧性是大学生心理健康教育中的重要议题，它将有助于我们更好地应对挑战，成长为更强大的个体。

抑郁－焦虑－压力量表

焦虑和抑郁的情绪通常又是压力的一种外在表现形式，李·安娜·克拉克和大卫·沃森提出抑郁、焦虑与压力的三因子模型，马丁·安东尼修正后的精简版为抑郁－焦虑－压力量表（depression anxiety stress scale，DASS-21），研究对象扩大到儿童、青少年及老年人。此量表因具有简单易行、新颖独特、操作快速等特点，且被翻译成多种语言在世界各国被研究与应用。抑郁、焦虑是现代人常见的心理问题，影响着我们的生活质量和工作效率。为了更好地了解自己的心理状态，评估自己的情绪水平，有必要使用一些测量工具来衡量自己的心理健康状况。

抑郁－焦虑－压力量表的维度介绍如下。

① 抑郁（depression）：抑郁常因生活中的压力而产生，通常会让人失去快乐、健康状况不好、睡眠质量不好，影响工作或生活能力变差，工作能力下降可能造成绩效不好导致失去工作机会。

② 焦虑（anxiety）：焦虑是个人的自我感受，是多数人从小到大或多或少普遍会出现的情绪反应，焦虑会让人感到不确定与莫名害怕。

③ 压力（Stress）：压力是个人与环境中人、事、物的一种特别关系，个人生活因生活环境不断改变，在适应环境变迁时生理与心理情绪上所产生的负向的主观意识便是压力。

指导语：仔细阅读下面每个句子，"过去一周"您是否出现过这些情况，请选择适合您的选项。

1. 我觉得很难让自己安静下来。

　　○不符合　　　　○有时符合　　　　○常常符合　　　　○总是符合

2. 我感到口干舌燥。

　　○不符合　　　　○有时符合　　　　○常常符合　　　　○总是符合

3. 我好像不再有任何愉快、舒畅的感觉。

　　○不符合　　　　○有时符合　　　　○常常符合　　　　○总是符合

4. 我感到呼吸困难（例如：不做运动时也感到气促或透不过气来）。

　　○不符合　　　　○有时符合　　　　○常常符合　　　　○总是符合

5. 我感到很难主动去开始工作。

　　○不符合　　　　○有时符合　　　　○常常符合　　　　○总是符合

6. 我对事情往往做出过敏反应。

　　○不符合　　　　○有时符合　　　　○常常符合　　　　○总是符合

7. 我感到颤抖（例如手震）。

　　○不符合　　　　○有时符合　　　　○常常符合　　　　○总是符合

8. 我觉得自己消耗很多精神。

　　○不符合　　　　　○有时符合　　　　　○常常符合　　　　　○总是符合

9. 我担心一些令自己恐慌或出丑的场合。

　　○不符合　　　　　○有时符合　　　　　○常常符合　　　　　○总是符合

10. 我觉得自己对将来没有什么可盼望。

　　○不符合　　　　　○有时符合　　　　　○常常符合　　　　　○总是符合

11. 我感到忐忑不安。

　　○不符合　　　　　○有时符合　　　　　○常常符合　　　　　○总是符合

12. 我感到很难放松自己。

　　○不符合　　　　　○有时符合　　　　　○常常符合　　　　　○总是符合

13. 我感到忧郁沮丧。

　　○不符合　　　　　○有时符合　　　　　○常常符合　　　　　○总是符合

14. 我无法容忍任何阻碍我继续工作的事情。

　　○不符合　　　　　○有时符合　　　　　○常常符合　　　　　○总是符合

15. 我感到快要恐慌了。

　　○不符合　　　　　○有时符合　　　　　○常常符合　　　　　○总是符合

16. 我对任何事都不热衷。

　　○不符合　　　　　○有时符合　　　　　○常常符合　　　　　○总是符合

17. 我觉得自己不怎么配做人。

　　○不符合　　　　　○有时符合　　　　　○常常符合　　　　　○总是符合

18. 我发觉自己很容易被触怒。

　　○不符合　　　　　○有时符合　　　　　○常常符合　　　　　○总是符合

19. 我察觉自己在没有明显的体力劳动时，也感到心律不正常。

　　○不符合　　　　　○有时符合　　　　　○常常符合　　　　　○总是符合

20. 我无缘无故地感到害怕。

　　○不符合　　　　　○有时符合　　　　　○常常符合　　　　　○总是符合

21. 我感到生命毫无意义。

　　○不符合　　　　　○有时符合　　　　　○常常符合　　　　　○总是符合

【评分标准】

抑郁的题目：3，5，10，13，16，17，21

焦虑的题目：2，4，7，9，15，19，20

压力的题目：1，6，8，11，12，14，18

均采用从"0"（不符）到"3"（总是符合）的 4 级计分，将各分量表得分乘以 2，即为该分量表的分值，分值越高代表越具有这种情绪。在抑郁分量表中，10、14 及 21 分别是轻微、中度及重度抑郁的临界值；在焦虑分量表中，8、10 及 15 分别为轻微、中度及重度焦虑的临界值；在压力分量表中，15、19 及 26 分别为轻微、中度及重度压力的临界值。

注意：给出的数值只是建议值，所测量的结果只代表最近一周的情况，若长时间受到抑郁、焦虑或压力的影响，请同学们积极寻求心理老师或医生的帮助。

第二节｜有迹可循——压力的规律

压力是存在一定规律并且有章可循的，本节就来探寻压力的规律。

一、水滴石穿——压力带来的反应

在心理学上，压力又叫作应激。应激是一种反应模式，当刺激事件打破了有机体的平衡，或者超过了个体的能力所及，就会体现为压力。这些刺激事件包括各种各样来自外界或内部环境的情形，统称为应激源。每个应激源都是一个刺激事件，它要求个体做出相适应的应激反应。面对和好朋友的争吵，毕业论文答辩的提前，要组织团队参加辩论赛等，这些都是应激源。个体在面对应激源时会产生压力反应，而这些压力反应又可以分为心理反应和生理反应。

（一）压力的心理反应

压力的心理反应包括情绪反应与认知反应。一些典型的压力过大的反应如情绪不稳定、经常动怒、严重焦虑、丧失幽默感和性欲、行为孤僻等，会导致与同学、朋友乃至亲人之间的感情疏远。而社会交往与学习中的挫折会带来自卑情绪的恶性循环，会让我们陷入更为严重的心理问题。因此，关注典型的压力过大引起的情绪反应和认知反应是辨认自身和他人心理压力异常的关键。

1. 情绪反应

适度的心理压力使人保持适度的紧张和焦虑，从而有助于任务的完成。若心理压力过大，则会引起过度焦虑和恐惧，还可能出现抑郁、愤怒、过度依赖和无助感等。

2. 认知反应

适度的心理压力可引起积极的认知反应，如警觉水平提高、注意力集中、思维活跃，且记忆力、判断力、洞察力和解决问题的能力均有所增强。但心理压力过大则会引起消极的认知反应，如注意范围缩小、注意力涣散、记忆力下降、思维迟钝、感知混乱、判断失误、定向障碍等，并且发现、分析和解决问题的能力会下降。

（二）压力的生理反应

压力的生理反应包括行为反应与躯体反应。

1. 行为反应

在压力作用下，个体会有一系列行为变化，比如个体会逃避与回避、退化与依赖、敌对与攻击（伤人和自残）、失助与自怜、物质滥用等。对于那些对酒精等有依赖的人来说，会有更多的伴发症状出现。被这种压力折磨的人，极有可能采取破坏性或攻击性行为进行发泄，给自己和他人的身心、财物安全带来极大隐患。

2. 躯体反应

在压力的作用下人会发生一些生理上的变化，包括呼吸问题、消化问题、肌肉问题、皮肤问题，还包括高血压、冠状动脉疾病、偏头痛等严重的压力疾病。如出现心跳加速、口渴、血糖和胆固醇的浓度升高、疲倦等症状，则暗示近期可能正经受着过大的压力。值得注意的是，压力的侵害过程悄无声息，不易觉察，即使因为压力作用，肾上腺素和某些激素分泌增加，短时间提高了工作效率，但从长远看，压力对身体的危害是很大的。

（三）压力的心理与生理综合反应

心理反应与生理反应常常同时发生，并且会产生一些综合反应。

（1）亚健康，又称第三健康状态，表现为慢性疲劳和缺乏精力等系列症状。

（2）耗竭，是由强烈心理应激带来的一种无助、绝望的情感体验。

（3）创伤后应激障碍，是指在应激事件后一段时间才严重影响患者的心理和社会功能反应。

压力下的亚健康、耗竭与创伤后应激障碍会对大学生的正常学习、生活造成严重的影响。当出现这些状态时，大学生要及时进行自我调适或求助相关心理工作者等。

二、追根溯源——压力产生的原因

压力并不会无中生有，压力的产生也有各种各样的原因。

（一）来自生活的压力——生活事件

拓展阅读

一般适应综合征和
慢性应激

生活会给我们带来压力。心理学家格拉斯通提出了会给我们带来明显压力感受的 9 种类型的生活变化：就任新职、就读新学校、搬迁新居等，恋爱或失恋、结婚或离婚等，生病或身体不适等，怀孕生子、初为人父母等，更换工作或失业，进入青春期，进入更年期，亲友死亡，步入老年。

生活事件可能造成心理应激并可能损害个体健康的生物性、心理性、社会性和文化性刺激，又称压力源。可以从现象学、事件性质和事件主客观属性 3 种不同的角度对生活事件进行分类。

从现象学角度出发，生活事件可以分为工作事件、家庭事件、人际关系事件、经济事件、社会和环境事件、个人健康事件、自我实现和自尊方面的事件等。这些事件都会给我们带来压力，而这种压力则是具体事件的结果。

按事件性质分类，生活事件可以分为积极事件和消极事件。不同的事件会带来不同的结果，积极事件会对个体产生积极的影响，如来自家人、朋友的适当期望会成为个体努力的动力；而消极事件则会产生负面的影响，容易让个体无法承受，比如亲友的去世等。

按事件主客观属性分类，生活事件可以分为主观性事件和客观性事件。个体对压力事件加以主观评价并形成的压力就是主观性事件。而事实上客观存在的事件，如自然灾害，就是客观具体的压力。

（二）来自经验的压力——挫折感

当遭遇挫折时内心一般会产生一种消极的情感体验，即挫折感。挫折的形成有客观原因，也有主观原因。客观上，重要的生活事件，如考试失败、失业等都能导致挫折感的形成。主观上，需求动机、个体心理素质以及人的个性心理品质等都是挫折产生的影响因素，而

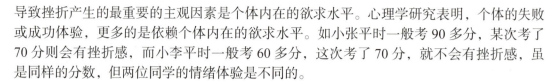

导致挫折产生的最重要的主观因素是个体内在的欲求水平。心理学研究表明，个体的失败或成功体验，更多的是依赖个体内在的欲求水平。如小张平时一般考 90 多分，某次考了 70 分则会有挫折感，而小李平时一般考 60 多分，这次考了 70 分，就不会有挫折感，虽是同样的分数，但两位同学的情绪体验是不同的。

（三）自我概念

自我概念对压力也十分重要。自我概念包括掌控和自尊两个维度。自尊涉及一个人对自我价值的评判。同学们可以用广泛使用的罗森伯格量表进行评估。研究者认为，保护和增强自我是人们努力追求的基本目标。然而，有害环境的持久存在，尤其是角色紧张所代表的环境，会剥夺人们原本可以保护自我免受威胁的绝缘层。持续的角色压力会给人们带来种种挑战，如自我失败或成功缺乏的困扰，以及无法改变不良环境的困难。在这种情况下，人们很容易失去自尊，并感到无法掌控生活。相关的心理实验研究发现，自尊这些珍贵元素的减少被视为导致压力的最后一步。例如小王一直在努力学习，但在某次期末考试中表现不佳，得到了一个低分。这件事可能会对他的自我概念产生影响。首先，这个低分可能导致小王对自己的能力产生怀疑，降低他的自尊。他可能会开始质疑自己的学习方法和努力，从而感到自己并不优秀或成功。其次，这件事可能也会影响小王对自己的掌控感。他可能觉得自己无法控制考试中的表现，即使他付出了很多努力，结果还是不尽如人意。这可能使他感到对未来的学习和考试失去信心，觉得自己无法掌控自己的学业。这个例子展示了在面对挑战和失败时，同学们的自我概念可能会受到影响。这种影响可能导致同学们的自尊和掌控感降低，进而产生压力。

（四）心理冲突

心理冲突同样是引起内心焦虑和压力的重要原因。在很多时候，挫折和冲突总是分不开的。但心理冲突与挫折是不同的，之所以将心理冲突与挫折分开来讲，是因为有时候心理冲突会直接引起内心的焦虑，而不会带来挫折体验。心理冲突还常常体现在独立与依赖、亲密与隐私、合作与竞争、表现个性与遵守规范等现实矛盾情境中。心理学家勒温将心理冲突按照动机冲突分成了以下 3 种形式：双趋冲突、双避冲突、趋避冲突。勒温认为某种需要在体内最初只是一种无确定方向的紧张状态，当它和一定对象发生联系后，就会成为一种推动行为的向量。人的向量往往不止一种，若有两种向量在起作用，其结果就是一种冲突。

（1）双趋冲突：个体对具有同样强度的两个吸引对象，只能选择其中之一而必须放弃另一个对象时引起的冲突。这种冲突常常体现在完美主义者身上，他们希望把所有事情都做好，什么都想要，却常常事与愿违。

（2）双避冲突：个体对自己持否定态度的两个负效价目标必须选择其中之一时产生的冲突。

（3）趋避冲突：个体对于同一目标同时具有趋近和逃避的心态。这一目标可以满足人的某些需求，但同时又会构成某些威胁，既有吸引力又有排斥力，使人陷入进退两难的心理困境。例如，小宁既渴望在社交媒体上积极参与以拓展人际关系，又担心过度沉迷会影响学业。这种两难选择使他在使用社交媒体时感到矛盾和困扰。

（五）不合理的认识

认知评价是指个体对遇到的生活事件的性质、程度和可能的危害情况做出的估计。对

一个事件错误的认识和偏颇的看法会导致焦虑、自我认识偏差和归因偏差。在认知心理学的信息加工理论中，认知指的是信息在人们接收后经历转换、简约、合成、储存、重建、再现和使用等加工过程。因此，在认知过程中，出现的一些不合理的情况可能会导致对压力事件不合理的认知。例如，由于信息加工的失真或偏差，个体可能对压力事件的程度、影响以及自己应对的能力产生不准确的理解，从而加深了对心理压力的感知。

（六）人格

人格也是压力产生的重要影响因素。人格是指一个人的整个精神面貌，即具有一定倾向性的、稳定的心理特征的总和。人格包括性格、脾气、习惯、观念等。其中，观念上的问题往往更值得注意，它影响认识，也直接或间接影响其他因素，因此，人格因素在心理应激系统平衡和失衡中起到核心的作用。

催生压力的因素很多，而大学生的生活环境和学习压力常常是主要原因之一。以一个名叫小明的大学生为例，请同学们讨论他的压力的来源是什么？如果是你，你会怎么做呢？

小明是一名大二的学生，他每天都面临着来自不同方面的压力。首先，学业压力是他最主要的压力来源之一。他所选择的专业学习任务非常繁重，有大量的作业和项目。每个学期的课程安排都十分紧凑，他经常需要熬夜赶作业或准备考试。学业压力的增加常常导致他感到焦虑和压抑。除了学业压力外，生活压力也是小明的压力来源之一。远离家乡，他需要独立解决各种生活问题，如宿舍生活、饮食和个人经济管理等。有时候，他感到孤独和不适应，这种情绪会加剧他的压力。此外大学是一个充满竞争和社交活动的地方，他常常为需要与他人竞争或适应不同的社交圈子而有压力。

三、深度解析——影响压力的因素

挫折承受力不是先天就有的，而是后天学习、实践和锻炼的结果。在现实生活中，同学们可以通过自觉、有意识的锻炼，去培养和提高自己对挫折的耐受力。

（一）挫折承受力的个性差异

每个人的挫折承受力是不同的。有些人挫折承受力较弱，遇到小挫折就可能感到主观世界的混乱，表现出颓废沮丧，甚至一蹶不振。相反，有些人挫折承受力很强，即使遇到重大挫折，仍然能保持坚定的意志，不屈不挠，持续顽强进取。通常来说，挫折承受力较强的人不容易受强烈情绪困扰，挫折反应相对较小且持续时间短暂，负面影响较小。在面对重大挫折时，他们也能够保持正常的行为能力，采取理智的态度和正确的方法来应对挫折。相比之下，挫折承受力较弱的人在挫折面前可能感到迷茫，反应强烈且持续时间较长，受到的不良影响较大，容易受伤害，甚至导致心理和行为异常。挫折承受力的强弱反映了一个人的心理素质和健康水平。

（二）不同的信念

大学生因早期经验的不同，对于智力等特质，会抱有固定或具有可塑性两种态度。卡罗尔·德韦克（Carols. Dweck）发现，人在孩童时代就已经发展出了一套有关自己是谁，特别是有关自己智商的信念或理论。个体对此主要会产生固定和可塑这两种截然不同的信念。

信念1：智商是固定不变的，智商是一个与生俱来的特质，不会随成长和学习而改变。

信念2：智商是可塑的，智商是可以随个人经历的改变而改变的。

认同智商固定不变理论的孩子和成年人，尤其是曾被父母及老师告知自己很"聪明"的人，一旦在小学、大学或工作中考验其智力水平的场合中表现失误了，他们的反应就会非常糟糕。这是因为他们觉得自己在遭遇失败时只能去被动接受而没办法拿出措施去补救，比如，更加努力地学习或者报考其他课程等。在他们的观念中，自己天生就是"聪明"的，除了要证明自己的聪明程度，他们什么事都不需要做。如果他们考试考砸了或工作时犯了错误，那么，他们不会想要去更加努力地学习、工作以弥补损失，他们只会放任这种失败演变成一个对自我的巨大心理威胁。

思想的停摆意味着他们无法从自己的失败中获得经验教训。比如不管最初两组人的数学成绩如何，同样给出一年的学习时间，坚信智商固定理论的学生的数学能力就远不如坚信可塑理论的学生的进步大。

同样，个体对自己的个性也存在固定和可塑这两种不同理念。

以大一新生为例，想要找到可以融入的团体，有时难免会经历一些弯路，遇到一些排斥和拒绝。研究发现，持有个性固定观念的大学生对这种排斥与拒绝的反应也相对较差。

持个性固定观念的大学生通常会自我反省并且不会再尝试第二次，因为他们倾向于把自己被拒绝的原因归结到自己身上来，也就是说，他们觉得"我并不擅长与其他人打交道"（个性固定的理论）而不是"他们是个团结的团体，我应该找别人再试试"（个性有可塑性的理论）。他们也许就不会再尽力去结交一些新的朋友，因为他们认为是自己的个性存在问题。

（三）社会支持系统来源的差异

社会支持，是指个体在面临问题或情绪困扰时，从家庭、朋友、同事、社会组织等多方面获得的精神和物质上的帮助与支持。它反映了个体与社会之间联系的紧密程度和质量。在压力管理中，社会支持被视为一种有效的应对策略，它可以通过提供信息或实际帮助来解决问题，或调节压力事件带来的情绪波动。

社会支持主要包括以下几个方面：个体所获得的社会支持的数量以及对其满意程度；支持来源，包括家庭支持、朋友支持、其他人支持等；支持类型，可以是主观支持（如情感支持）、客观支持（如实际帮助）、个人利用度等。

社会支持的来源多种多样，包括家庭成员、朋友、同事、邻居以及各种社会组织等。研究表明，社会支持在缓解压力的负面影响方面发挥着重要作用。当个体面临压力时，有人可以依靠会帮助他们更好地应对工作压力、家庭问题、健康困扰等，从而提升心理健康水平。不同的压力源需要不同类型的社会支持。例如，在癌症患者中，情感支持往往更为有效，而在面对其他非致命性疾病时，情感支持、信息支持和实际帮助都可以发挥作用。

个体生活在各种关系网络中，例如家庭、朋友、工作场所等。这些关系网络相互影响，塑造着个体的行为和发展。大学生作为一个特殊群体，也拥有自己的社会支持系统。这包括家人、朋友、同学、老师以及学校等。在面对压力时，大学生可以寻求这些人或机构的帮助和支持，从而更好地应对挑战。大学生需要主动寻求帮助、维护现有的社交关系，充分利用社会支持系统，并加深支持性人际关系。只有这样，大学生才能更好地应对压力，保持心理健康。

　　"孩子：接十七日信，很高兴你又过了一关。人生的苦难，theme（主题）不过是这几个，其余只是 variations（变奏曲）而已。爱情的苦汁早尝，壮年中年时代可以比较冷静。古语说得好，塞翁失马，焉知非福。你比一般青年经历的事都更早，所以成熟也早。这一回痛苦的经验，大概又使你灵智的长成进了一步。你对艺术的领会又可深入一步。我祝贺你有跟自己斗争的勇气。一个又一个的筋头栽过去，只要爬得起来，一定会逐渐攀上高峰，超脱在小我之上。心酸的眼泪是培养你心灵的酒浆。不经历尖锐的痛苦的人，不会有深厚博大的同情心。所以孩子，我很高兴你这种蜕变的过程，但愿你将来比我对人生有更深切的了解，对人类有更热烈的爱，对艺术有更诚挚的信心！孩子，我相信你一定不会辜负我的期望。"

——摘自《傅雷家书》

　　请同学们阅读这段话，思考并讨论家庭支持对孩子面对压力的重要性。同时，也请大家分享一些家庭中的支持故事，并谈谈自己的体会。

第三节 ｜ 减压有方——压力管理与调适

　　有关研究发现，在面对同样的压力与灾难时，心理不稳定者往往感受到的是糟糕至极，且会更容易形成否认、回避、压抑、攻击、自卑等不良的应对方式与防御机制，甚至沉溺于烟酒等麻痹自己。而心理稳定者感受到的则是仍有希望，会更容易采取宣泄、消除压力源、转移注意力、积极行动、保持幽默的心态等积极的应对方式。

朋辈说

古人智慧——洞察
压力，宽容淡定

　　积极适应和消极适应是人们应对压力的两种取向，前者往往使问题得到解决，而后者则可能产生更多的问题。积极适应的行为包括求助他人、了解压力源、提高应对能力、学习压力管理和情绪调节技巧。消极适应的行为则包括否认问题的存在、对超过能力的工作逆来顺受、固执己见、用已被证明无效的方法解决问题、形成恶性循环而不自知等。

　　压力的大小受几个因素影响：压力事件的程度、个体对环境的控制能力、面对压力的认知评定和自我感受、压力管理和情绪调节的能力以及从周围人得到的社会支持程度。因此，压力调适是一个系统的、过程性的工作，不能孤立片面地对待，也不能操之过急，压力调适既包括客观的压力本身，也包括个人对压力的主观感受和评定。掌握压力调适和情绪调节的方法非常重要。同时，在社会中我们并不是孤立的个体，应当重视亲朋好友间的支持，并积极向有经验的人或心理医师寻求帮助。

一、拨云见日——找到自己的压力来源

　　只有承认压力的存在才能战胜压力，一时的回避可以延迟压力的到来，但是却降低了解决或者减轻压力的勇气和可能性。承认压力，找到压力来源是同学们正视自己面对的问题的第一步。压力来源从时间上可分为急性应激源与慢性应激源。

（一）急性应激源

急性应激源是指一些急剧的、严重的精神创伤性事件，如交通事故、地震、战争等。这种急性的创伤性事件会使经历者产生回避、高度警觉、不真实感等，这类症状发生在事件后的数分钟或数小时内，并逐渐缓解。若这种创伤性的症状持续 3 天以上，就容易发展成为创伤后应激障碍（posttraumatic stress disorder，PTSD）。

创伤后应激障碍是个体在经历或目睹了极度的、不可抵抗的创伤性事件后所引起的一种精神紊乱，个体会感到强烈的害怕、无助或者恐惧。它主要导致个体持续重复体验创伤性事件，逃避回忆及反应麻木，警觉性增高。

个体在创伤性事件中的暴露程度是影响创伤后应激障碍的直接因素，它主要包括对受害者生命构成威胁的程度、亲人或其他重要方面丧失的程度、创伤持续时间、个体在多大程度上目睹了死亡、濒死及毁灭，以及个体在创伤中的角色、各类组织和机构对事件的反应等。在同一类型的事件中，受害者暴露程度不同，其创伤后应激障碍的发生率也不同。应激强度越大，创伤后应激障碍的发生率越高，二者呈正相关关系。

（二）慢性应激源

慢性应激源和急性应激源的区分主要是基于持续时间的长短。然而，在涉及心理应激源时，并非总能轻易地确定二者间的界限，甚至两者之间可能会相互转化。举例来说，假设自行车被偷了；最初，这可能是一个急性的应激事件，但当开始持续担心新车再次被偷时，该事件就变成了慢性的。除了一些可能导致严重创伤的事件外，日常生活中的一些小事也会给个体带来压力。日常挫折是慢性应激源的重要组成部分，比如弄丢笔记或课本、在重要约会中迟到等，这种不断出现的日常应激源几乎每个人都会经历。

二、弹性应对——压力之下的积极态度

面对压力源，一些大学生有时候会采用一些错误的应对方式，比如退缩、攻击、物质成瘾（如酗酒）等，而这些消极的应对方式往往会带来不好的结果。大学生应该尽量采取积极的方式去应对。

（一）矫正情绪体验

将矫正情绪体验纳入压力管理的重要步骤是因为个体对压力的感受既与压力本身相关，又与应对态度和思维方式有关。个体对自身的了解、对自我能力的评估以及对事情做出反应的方式都会影响其对压力管理的感知。如果个体感受到巨大压力，但同时相信自己的才华和能力足以胜任，认为事情虽然复杂但还是可控的，那么他们很可能会感到压力减轻。许多人之所以难以承受压力、不愿意采取行动，往往是因为过分夸大了压力。让他们尝试去做原本觉得有压力的事情，一旦发现任务并不像想象中那么困难，他们的痛苦感和压力感也会相应减轻。

如何矫正情绪体验呢？大学生可以从以下三方面进行。

首先，要做压力的主人，而不是压力的奴隶，即相信自己有能力管理压力。可以在一张纸上列出感受到的所有不必要的压力，然后告诉自己："我能够处理好这些事情。"或者可以甄别出一些根本不重要的事情，然后告诉自己："这些事情并不需要我去做。"这种积极的自我暗示和认知调整有助于建立自信，从而更好地面对和管理压力。

其次，学习并采取压力管理的技巧和措施，对压力进行协调管理，减少压力带来的困

扰。如小李面临学业压力时采取了积极的压力管理策略：有效的时间管理、参加学术小组等社交活动、运动和冥想等。

最后，在压力来临之前，采取积极措施（如健康的生活方式、时间管理等）使压力保持在健康范围内，采取积极的人生态度。

（二）增强心理承受能力

每个人面对相同的压力，因心理承受能力不同，可能会产生不同的反应。心理承受能力较弱的人往往容易出现外部依赖，比如依赖酒精来逃避现实。心理承受能力与个体的先天因素有关，同时也与后天的学习和经验息息相关。身体健康状况、处理问题的技巧和经验、生活方式和人生态度、对目标的追求和对过程与结果关系的理解等，都会影响个体的心理承受能力。实际上，心理承受能力是可以通过学习和锻炼不断增强的。以下是四种能够增强心理承受能力的方法，适合大学生的实际情况。

（1）加强体育锻炼，注意合理饮食。例如，小明在面临考试压力时，经常进行户外跑步或参加健身锻炼，这有助于释放紧张情绪，提升心理抗压能力。同时，合理的饮食习惯也是保持身心健康的重要因素，可以通过摄入营养均衡的食物来提升身体素质。

（2）培养进取心和目标意识。比如，小王设立了明确的学习目标，为自己制定了学习计划，并且不断努力实现这些目标。在学习过程中，她体会到了付出努力和迈向目标的快乐，这有助于增强她的心理承受能力。

（3）做好心理准备，不畏惧失败。例如，有同学意识到失败是成功之母，每次遭遇挫折都会从中吸取经验，并积极调整自己的学习方法和态度。他明白人生是一个不断成长的过程，因此不会因为暂时的困难而感到悲观绝望。

（4）不断提升自身技能，丰富专业知识。比如，小李通过参加各种培训和实践活动，不断提升自己的专业能力，增强应对挑战的能力和信心。同时，她也积极学习他人的成功经验和方法，以便更好地适应环境的变化。

通过实践和应用以上方法，大学生可以逐步增强自己的心理承受能力，更加从容地应对各种压力和挑战，实现自身的成长和发展。

（三）学会"放弃"

有时候，学会放弃并不会带来太糟糕的结果。在现实生活中，同学们可能会发现，真正值得珍视的事情还有很多。例如，有同学有多个兼职工作，发现自己精力过度分散，无法全力投入每一个工作，于是他学会了放弃一些不太重要的兼职，将精力集中在最重要的工作上，最终取得了更好的成绩。通过学会放弃不重要的事情，我们可以更好地规划和利用自己的时间和资源，从而更有可能实现自己的目标和理想。

（四）学会专注

专注能够提高我们学习和生活的质量。根据统计，一心多用经常会让个体在一些琐碎的小事上不知不觉地浪费了许多时间，并且正在做的事情的效果也没有得到保障。因此，学会集中精力在重要的事情上，专注地做事才能更有效率、更能保证质量。协调人生中的各类事件，并不是把工作、家庭、生活混为一谈。时刻提醒自己要面面俱到，反而容易得不偿失，最终一无所获。所以，专注地处理事情，不是完成任务式的打卡，而是专注于当下，专注于生活和工作的中心，如果能够做到这一点，就可以掌握生活的节奏，为自己的生活赢得平衡。

（五）接受不完美

完美是一种理想的状态，没有标准，追求完美是看不到终点的，客观存在的矛盾决定了完美是不可能实现的。从另一种角度来看，完美是一种不必要的吹毛求疵。缺点并不可怕，犯错也没什么大不了，只要能够集中精力把重要的事情做好，忽略不重要的细节，协调好生活与工作，就会逐渐体会到一种"完美"的状态。

（六）接受"懒惰"

村上春树在写小说的同时坚持长跑，欣赏音乐，胡适在求学生涯中也会打牌消遣。真正成功和幸福的人，一定是能够协调自己的生活、享受生活的人。学会"偷懒"，在极度的压力下放松，听听音乐，或许比一直忙碌的人更能获得灵感与提高效率。

三、绕过误区——改变认知策略

在面对压力时，个体会根据自身的认知进行应对。在医院里，几乎所有的长期病人，他们都会面对一个巨大的挑战：无助感。到底是什么引发了他们的焦虑、愤怒或意志消沉？深入理解他们对问题的偏执信念后，我们发现这些信念可能成为导致一些人患病的症结所在。

（一）对压力的评估

当面对一个压力情境时，个体首先通过认知评估判断这个压力源是怎样对自己造成压力的。认知评估是对压力源的一个认知解释和评估的过程，包括评估在压力情境中自己扮演的核心角色是什么？压力源的威胁有多大？自己所具备的资源有哪些？不同的压力源在通过认知评估后会对个体产生不一样的影响，主要取决于个体的生活状况、核心目标与特定需求之间的关系。那些给一个人的生活带来剧烈痛苦的情境，对另一个人来说可能只是一种平常的状态。为什么呢？

认知评估可分成两个阶段。

第一个阶段是初级评估，是对事件的严重性的初始评估。个体在这个阶段主要评估事件是否对自己有压力，压力程度怎么样；如果"有压力"，个体就需要对压力源的潜在影响进行估计，判定是否有伤害发生了或者将要发生，或者是否需要采取一些行动。

在决定采取行动之后，个体进入了二级评估阶段。在这时，个体需要评估自身的个人和社会资源是否足以有效地应对压力情境，并谨慎考虑选择的行动方案。开始尝试应对后，评估过程仍在进行；如果最初选择的方法未能奏效，压力没有减轻，就需要采取新的反应，并对其有效性再次进行评估。

除了认知评估，在压力发生时个体自身的一些状态也同样会影响其反应。个体自身的状态可以将压力的影响进行一定的过滤和改变。例如，疲劳水平和一般的健康状况是影响个体对遇到的心理或生理压力做出反应的变量。当个体处于最佳健康状态时，可以比状态不佳时更好地应对压力事件。不同的认知评价与自身状态相结合，会让个体产生不同的压力反应。

（二）几种应对反应

不同的反应带来不同的结果，个体的思想会带来压力的预反应，有具体的压力源时个体会有压力对象可以处理，压力源不可控时则会带来自身的改变。

1．压力的预反应

压力的应对反应不一定出现在具体的压力源出现之后。个体在思考压力情境时，即开始了对压力的预处理。比如在面对一场重要的考试前，有的同学会认真地对考试的情况进行思考与评估，这就是一个非常具体的压力情境。再比如在和恋人分手前，有的同学会在头脑里模拟很多场景等。因此，对一种压力情境的预期会带来许多想法和感受，它们本身也导致了压力的产生。

2．具体压力源

具体的压力源会给个体带来具体的行为上的反应，其包括所有直接对付压力源的策略，无论是外在的行动还是认识上的问题解决行为。要么面对威胁，要么逃跑；要么通过其他激励性方法来战胜它，其中关注的焦点是要应对的问题和产生压力的事件。要认识到采取行动的必要性，对情况和拥有的应对资源进行估计，然后采取适当的反应来消除或减轻威胁。这种解决问题的努力通常对那些可通过行动改变或消除的压力源是有效的，即那些可以被个体控制的压力来源。

3．不可控的压力源

情绪指向的应对反应常常用于应付那些不可控的压力源。例如，有的大学生可能面临着要负责照顾家中患有慢性疾病的亲人的压力。在这种情境中，很难找到能够改变外部环境的方式来排除威胁。因此，需要调整自己对这一责任的感受和看法。可以寻求学校提供支持资源，与同学分享交流，或者学习一些有效的放松技巧来缓解压力。这些都是在面对无法改变的外部情境时，调整个体内部态度和应对方式的有效策略。

（三）改变认知策略

一个有效适应压力的方法是改变对压力源的评价以及对应对它们的方式的认知，即换一种方式来考虑当下的处境、我们在其中的角色，以及在解释那些出乎意料的结果时所采用的归因方式等。改变认知策略有两种路径：一是重新评价压力源自身的性质，二是重新组织对压力反应的认知结构。

有一种压力源再评价技术是想象所有潜在批评者都像一棵植物一样不会移动，这样可以很大程度上削弱他们带来的威胁感受。

认知行为治疗师多纳德·梅琴鲍姆（Donald. Meichenbaum）提出了一种分为以下三个阶段的应激思想灌输法。

（1）个体首先要对他的实际行为获得更多的认识，是什么引发了它，以及它的结果如何。做到这一点的最佳方法是写日记。通过了解起因和结果，个体会对他的问题有一个更明确的界定，这些记录将增加他的可控感。

（2）个体开始认同那些可以抵消非适应性、自败行为的新做法，如安排一些固定的"学习时间"，或者限制每晚玩手机的时间为半小时。

（3）当适应性行为已经建立后，个体要对自己新行为的结果进行评价，避免先前那种令人难堪的内心独白。他们不再对自己说："我可真幸运，教授提问的内容刚好是我看过的。"他们会说："我很高兴我为教授的提问做好了准备，在课堂上可以明智反应的感觉真不错。"

这种三个阶段的方式意味着建立与以前的挫败性认知不同的反应和自陈。一旦走上这条路，同学们就会意识到自己正在改变，一旦对改变满怀信心，就可能带来更大的成功。

成功进行应对的另一主要因素在于建立对压力源的知觉控制，即对可改变事件或经历的进程或结果的信念的控制。如果个体相信自己可以影响一些不适或日常病痛的症状的进程，就有可能更好地适应这些紊乱症状。

（四）重新评估

同学们在面对压力时，可以告诉自己："这不是威胁，而是一个挑战。"举例来说，当小王需要进行一场公开演讲时，他至少有两种主要的心态可以选择，即威胁或挑战。采取威胁的心态可能会让他的思维过于关注可能的负面状态；而选择挑战的心态则会将关注点引向积极的一面，有助于小王给他人留下深刻的印象。

从生理上来说，一味地压抑情绪却不对它们进行重新评价，只会让个体的身体承受更多与肾上腺素相关的一些兴奋反应，如心跳加快、血压升高以及皮肤潮热出汗等。重新评价则恰恰相反，尽管在最开始的时候会很艰难。

在应对压力情境中，可以有不同的应对反应，个体拥有的应对策略越多，应对压力的结果可能就会越好。只有采用与压力源相匹配的应对方式，才可以处理好相应的压力。因此，有效的多重应对策略能提供很好的帮助，因为有更大的可能性达到匹配，并控制压力事件。

四、健康生活——日常行为中的减压策略

保持健康的生活方式也是提高压力应对能力的好办法。

（一）合理运动

合理的运动对减压具有非常积极的意义。有些公司会为员工建造运动场地，允许员工随时运动，提升工作效率。运动可以通过身体的协调促进肌肉的紧张和舒缓，强健心血管系统，加快新陈代谢，增强人的食欲，确保睡眠质量等。大学生通过运动既可以直接减轻压力，又可以锻炼身体、增强体质，保证自己的精力旺盛，改变自身的状态，从而为学习和生活等提供保障。运动虽然有诸多益处，但不合理的运动同样会伤及身体，增加疾病风险，造成身体上的压力。因此，运动要根据自身实际情况进行，选择适合自己的运动方式，挑选好运动的时机和地点，做好运动准备和防护工作，注意运动强度和时间。

（二）培养良好的睡眠习惯

1. 不必过分注重睡眠时间

睡眠的目的在于令人精力充沛，规律的作息可以帮助大学生稳定自己的睡眠时间和睡眠时长。人的精力和天气、身体状况、心情、运动程度、饮食等都有关系。如果感到疲惫，可以立刻休息，不必等到平时的就寝时间才上床。

2. 改善睡前习惯

睡前放松可以提高睡眠质量，因此避免一些兴奋的活动是非常有必要的。在睡前缓慢散步一刻钟，不思考复杂的事情，能够使血液循环于体表，加快入睡速度。

（三）注意饮食与个人卫生护理

1. 按摩头部

梳理、按摩头部，可刺激穴位，疏通头部血液，缓解大脑压力。

2. 清洁面部

睡前用温水洗脸，可清洁灰尘，保持皮肤清洁，确保轻松入睡。

3. 改善饮食

多吃健康的绿色食品，多吃豆制品和鱼类，多喝水，少吃油炸食品，少喝咖啡、浓茶等刺激性饮品。饮食应当有时间规律和营养均衡，不能暴饮暴食。出现饮食问题应当及时就医，寻求帮助。不利于身体健康的食物应避免食用，如富含饱和脂肪的食物是不利于人体吸收的。

4. 改善环境

保持室内空气流通、卫生整洁，用热水洗脚，在睡觉前适当阅读与聆听音乐等，调节心情，更换舒适的枕头，调节合适的光线，保证睡眠质量。

（四）培养业余爱好

培养业余爱好，可以帮助大学生摆脱身心的焦虑。身体健康首先讲究劳逸结合，因此充分利用业余休闲时间十分重要。培养新的业余爱好一方面可以增加大学生的愉悦感；另一方面有助于培养大学生的应对能力，减少压力。绘画、练书法、阅读、欣赏音乐、打太极拳等，都是锤炼思想、修身养性、有效消除压力的有益爱好。

表达性艺术绘画在情绪调适的过程中具有非常良好的效果。在绘画过程中，我们透过无意识的投射不自觉地表达出我们的情绪。在整个绘画的过程中，我们可以做到积极情绪的复制和强化，消极情绪的宣泄和化解，最终实现情绪调适。因此，在绘画的过程中，画得好坏并不重要，关键是要专注，专注于在绘画的过程中情绪的表达与释放。

表达性艺术绘画工具如图 8-2 所示。

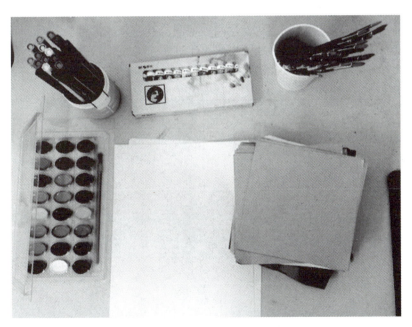

图 8-2　表达性艺术绘画工具

表达性艺术绘画共有 6 个步骤。

第一步，在你面前有各种颜色的笔和纸，现在选出你所喜欢的颜色进行绘画。体会一下你拿到喜欢的颜色时有什么样的感受，愉悦、开心、放松，还是其他？反之，如果拿到不喜欢的颜色会有什么样的感受，难受、压抑、烦躁，还是其他？

第二步，努力回想最近的生活中是否有相关的情绪体验。想想当时的情绪状态和情境：当时是因为什么产生了情绪体验，自己又是如何应对当时的情绪状态的？在排解情绪的时候，自己哪些地方做得好？哪些地方做得不好？

第三步，用选好的画笔和彩纸，将之前的情绪场景通过绘画的方式表达出来，绘画方式可根据自己的喜好进行选择。根据自己的情绪场景进行创作，用不同的颜色去描绘情绪，绘画方式不限。

第四步，给作品命名。思考创作的时候心情如何，想想心情是否影响到色彩选择。你对自己的作品是怎样解读的？为自己的作品起一个名字，和朋友或家人分享自己的作品。

第五步，感受绘画过程中情绪的变化。情绪是从哪一步开始转化的？是因为做了什么？现在自己又有什么样的感受？从绘画创作到分享这一过程中，情绪是否得到缓解？自己的心情是否因为绘画发生了改变？绘画对缓解情绪有作用吗？

第六步，分享至公共平台。将图片和文字感受分享给朋友，和更多的朋友进行交流。

（五）善用资源——合理调用社会支持

不要害怕向他人求助，利用社会支持也是一种积极应对压力的方式。社会学家巴恩斯首先使用社会网络（social network）这一概念来描述由熟人和朋友组成的联系小组，绘制了社会支持网络地图（见图8-3）。小组中的每个人称为"点"，点与点之间的连线表示彼此间的联系。通过对社会支持网络的分析，我们能够了解自己拥有的社会资源，并加以利用以应对压力性事件。要注意，社会支持网络地图和人际网络地图是两种用于理解人际关系和社会支持系统的工具，因此，尽管这两种地图都涉及个人的社会关系，但它们的侧重点和用途有所不同。社会支持网络地图更侧重于展示个人可以获得的支持资源，而人际网络地图更侧重于展示个人的整体社交网络结构。

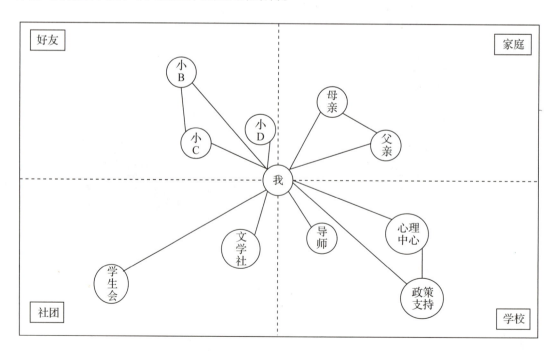

图8-3　社会支持网络地图

绘制个人的社会支持网络地图的步骤如下。

第一步：拿出一张纸来，在纸的中心画出一个小圆圈，在里面写上"我"。

第二步：思考一下有哪些支持渠道（社团、好友、家庭、学校等），然后将纸对折两次，选出4个较重要的类别在图8-3所示的方框内标出。

第三步：在地图上写出能给我们带来支持的人或团体，可接触距离越近的，越靠近中心点。

第四步：在纸上用线条将所有列出的人或团体连接到"我"身上，感觉越亲密的画的线条越粗，如果这些人或群体之间有联系也可以连上。

现在就拥有一张属于自己的社会支持网络地图了。当面对个人无法承受的压力时记得拿出来看一看，大胆地求助。在面对压力时，社会支持对个体的身心健康的影响是非常大的，如图8-4所示。

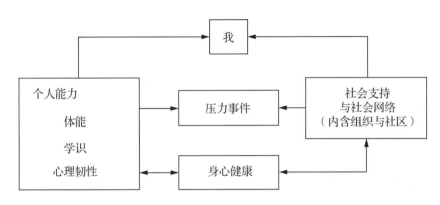

图8-4　社会支持和社会网络与身心健康的关系

个体的社会支持和社会网络与身心健康具有直接的联系。个体离不开朋友、家人以及整个大环境的支持。个体与大环境的互动会带来相互的影响，互动会塑造个体周围的环境，而环境也会影响个体的身心健康。

社会支持和社会网络与个人能力之间存在联系或互为因果的关系。个人能力主要指人在面临压力事件时所具备的应变能力，包括个体的身体素质、学识和心理韧性等带来的解决问题的能力、获取信息的能力和自我控制力。通过社会支持和社会网络，成员之间可以提供各种帮助或给予情感支持和评价支持，提高解决问题的能力等应变能力，从而减少压力带来的不确定性和不安全感。在面对压力性事件时，社会支持和社会网络与压力存在互为因果的关系。当一个人处于有积极效应的社会网络中，并且可以获得较多社会支持时，可以减少其暴露于压力源的频率，或缩短暴露的时间，使其更好地应对压力。

心灵夜话

逆流而上的旋律

最后，社会支持和社会网络与组织和社区资源之间具有紧密的联系。和前面的社会支持网络地图一样，个体的社交并不是以"我"为中心的单线联系，各个社交的节点之间也会有自己的联系。如果这些联系起来的组织和社区之间成员的联系非常紧密，具有比较高密度的社会支持网络，那么就称他们的互惠与信任的社会资本高，从而其中的个体或组织面对困难时，也会拥有充足的能力去解决。

 **本章重点**

（1）面对压力，改变认知。

（2）压力是生活的一部分，我们要学会如何与之相处。

（3）人生就像一把手风琴，有时需要压力，才能奏出美妙的音乐。

（4）压力是一种考验，考验我们的耐心、智慧和勇气。

（5）当你感受到压力时，不要忘记自己的力量。

 **课后练习**

"雨中人"绘画心理测试

活动目的：

（1）帮助大学生通过绘画表达内心感受，了解个体在面对压力时的心理状态。

（2）提供一个安全的空间，让大学生可以自由表达情感和压力，并通过老师解释，认识和理解自己的心理状态。

（3）促进学生之间的互动和交流，增强团队凝聚力。

活动内容与安排：

1. 活动介绍与准备（15 分钟）

（1）主持人介绍活动的目的和流程。解释"雨中人"绘画心理测试的背景和意义：通过画出在雨中的人物形象，表达个体在压力下的情感和状态。

（2）准备绘画材料，包括纸张、颜料、画笔等。

2. 绘画阶段（40 分钟）

（1）学生被要求在给定的时间内，在一张纸上画出一个在雨中的人物形象。

（2）学生可以根据自己的心情和感受自由发挥，表达内心的情感和压力状态。可以选择画出自己、他人或者虚构的形象。

3. 分组讨论（30 分钟）

（1）学生分成小组，每组 5～6 人，相互观察和交流彼此的作品。

（2）每个小组选择一幅画作进行讨论，组员分享对画作的理解和感受，探讨画作背后可能的心理状态和情感。组员可以提出问题或观点，共同探讨。

4. 老师解释（30 分钟）

（1）老师针对每幅画作进行解释，根据绘画的内容和形式，分析画作背后可能隐藏的情感和压力状态。老师可以引导学生解读自己和他人的作品，介绍心理学知识和压力管理策略。

（2）在解释过程中，老师要尊重学生的感受和隐私，避免过度解读或评判，鼓励学生开放地表达自己的想法和感受。

5. 总结与反思（15 分钟）

（1）学生与老师共同总结活动收获，回顾学习到的心理知识和压力管理技巧。

　　（2）鼓励学生分享活动感受和对未来的期待，提醒他们在日常生活中注意情绪管理和压力释放。

　　（3）活动结束后，提供个人心理咨询的机会，供学生进一步探讨和处理自己的心理问题。

　　活动要点与注意事项：

　　（1）活动过程中要给予学生充分的自由，鼓励他们表达真实的情感和压力。

　　（2）老师在解释学生绘画作品时要尊重学生的感受和隐私，避免过度解读或评判。

第九章
危机应对

　　遭遇心理危机对大学生本人、家长、老师甚至同学的影响都很大。大多数情况下，大学生会认为危机是突发的、偶然的、出乎意料的，然而，尽管危机发生在一瞬间，但发生之前往往已经酝酿了很久。心理危机如果不能很快得到干预和缓解，就会进一步恶化，导致大学生在心理、身体和行为上出现问题，影响大学生的正常社会功能。

本章学习目标

　　（1）了解心理危机的概念。
　　（2）学会对心理危机进行识别和评估。
　　（3）掌握心理危机的应对办法。

第一节 | 心临"薄冰"——心理危机概述

 阅读材料　　　　　　　　　　**痛苦的小宇**

　　小宇，大二男生。小宇平时表现、学习成绩都很好，对班级上的事情很热心，也乐于帮助同学。但是他在一次学生会干部竞选中失利，没有竞选到自己心仪的职位，因此心情低落，觉得没有真正得到大家的认可，于是找辅导员谈心，辅导员安慰了他，并肯定了他的综合能力和成绩。一周后，小宇宿舍的宿舍长向辅导员反映："小宇这两天情绪很不好，行为也很反常，每天很早就出宿舍，也没去上课，很晚才回来，问他去哪里了也不搭理。"他担心小宇这样下去会出事。辅导员立刻联系小宇，小宇表示自己会调整，不想说过多关于自己的事情，辅导员又鼓励小宇尝试预约心理咨询。后来小宇鼓起勇气来到心理中心，原来小宇前两天无意间发现上个月刚提出分手的女朋友，和自己的一个室友在一起了。他对这个世界失去了信任，认为室友和前女友背叛了他，觉得憋屈又耻辱，不知道要怎么在学校待下去，内心非常痛苦。

小宇的情况是一种心理危机初期的表现，如果我们能够充分重视、及时干预，是可以转危为安的，甚至使其成为个人成长的机会；如果我们坐视不管，即使危机没有即刻爆发，也可能在将来的某个时期，由其他事件再次引爆。

一、是危险还是机遇——危机与心理危机

处于青年期的大学生虽然生理如成人般发育完全，但心理还未成熟，二者之间并不协调，此时，成长的压力与动力并存，机遇与挑战同在，个人成长与危机共生。因此，认识危机，在危机中实现自我成长，是每个大学生面临的任务。

（一）危机与心理危机的概念

危机是一个在很多领域都广泛使用的概念。《辞海》对危机的释义：危机是一种紧急状态。《韦伯斯特词典》对危机的定义：决定性或至关要紧的时间、阶段或事件。在心理学范畴里，危机指人类个体或群体无法利用现有资源和惯常应对方式与之抗衡的事件和遭遇。心理危机则强调危机事件给人的心理带来的巨大冲击。心理危机理论最早于20世纪40年代由学者林德曼（Linderman）提出，在其发展过程中，越来越多的研究者对心理危机这一概念提出了自己的观点。1954年，美国心理学家卡普兰（Gaplan）首次提出心理危机的概念并对其进行了系统研究。他指出，心理危机是当个体面临突然或重大生活逆遇（如亲人死亡、婚姻破裂或天灾人祸等）时所出现的心理失衡状态。他认为，每个人都在不断努力保持一种内心的稳定状态，使自身与环境相平衡与协调，当重大问题或变化发生而个体感到难以解决、难以把握时，平衡就会被打破，正常的生活受到干扰，内心的紧张不断积蓄，继而出现无所适从甚至思维和行为的紊乱，进入一种失衡状态，这种暂时性的心理失衡就是心理危机。

心理学教授克里斯蒂·康奈尔（Kristi Kanel）将心理危机分成3个基本组成部分。

（1）危机事件（应激源）的发生。

（2）当事人因感知到危机事件而产生主观痛苦。

（3）惯常处理应激的方法或机制失败，导致个体心理、情感和行为等方面的一般功能水平与危机事件发生前相比有所降低。

可见，心理危机本质是由个人无法应对的灾难性事件或一系列生活压力快速累积引发的一种心理平衡的短暂失调，或者一种包括抑郁和焦虑等状况的情绪不稳定。广义上的心理危机也指由心理相关因素或心理疾病引发的各类危机情况。

某一事件是否会导致心理危机，取决于3个因素。

第一，个体对事件发生的意义以及事件对自己将来的影响的评价。

第二，个体是否拥有一个能够为自己提供帮助的社会支持系统。

第三，个体是否拥有有效的应对机制，也就是个体能否从过去经验中获得解决问题的有效方法。

因此，同一件事不一定对每个人都构成心理危机。心理危机的产生不但与应激事件有关，还取决于个人解决问题的有效资源。

（二）与危机相关的概念

应激、压力、挫折、创伤等都是与危机相关的、含义比较接近的概念，为明确心理危机的研究范畴，我们对相关的概念做一个辨析。

1．危机与应激、压力

应激是由紧张刺激引起的、伴有躯体机能以及心理活动改变的一种身心紧张状态。在心理学界，一般不对应激与压力做出区分。适度的应激或压力对人是有益的，当个体身处紧张性情境时，警觉性提高，感知功能敏锐，注意力集中，记忆力增强，思维活跃，这些积极的变化均有利于个体应对外界挑战和威胁。这样的应激也在正常应对范围之内，但如果应激或压力大到我们无法承受，危机便产生了，故心理危机可以理解为一种严重的应激反应。例如，大学生面临学业压力，出现适度的考试焦虑，是正常的。但如果一考试就紧张，出现躯体反应（如腹痛、胃痛、恶心等），甚至在考场上大脑一片空白，无法顺利完成考试，或是干脆不去参加考试，采取逃避的方式应对，就需要引起重视，这显然已经影响到正常的学习生活，属于危机范畴，需要及时调整或干预。

2．危机与挫折、创伤

挫折是指人们在有目的的活动中，遇到无法克服或自以为无法克服的阻碍，需要或动机不能得到满足的情况。心理学上，挫折指个体有目的的行为受到阻碍而产生的情绪反应。个体经历挫折、失败并不必然陷入心理危机，而心理危机的产生也不一定与经历挫折或失败有关。挫折与危机之间并没有必然的因果关系。创伤在精神病学上被定义为"超出一般常人经验的事件"，通常会让人感到无能为力或无助。心理创伤通常是指发生的事件对当事人已经造成影响。而心理危机更多是潜在的，还未发生但有很大可能引发心理障碍。心理创伤如果严重，对生理会造成一定影响，需要心理治疗的介入。而心理危机，有些情况下不需要治疗，部分人也能及时调整过来，有心理干预效果会更好。

二、复杂又多面——心理危机的特点

（一）危险与机遇并存

心理危机是一把双刃剑。它可使个体处于异常状态，严重时导致伤人和自残行为。与此同时，心理危机也是一种机遇，因为由之产生的痛苦会迫使人们寻求帮助。如果抓住这个机遇，就能够帮助个体自我成长。在成长过程中，个体会遭遇很多事情，人生发展的各个阶段都会出现心理危机，面临和应对心理危机事件是每一个人的必然经历。大学期间的心理危机如果能成功处理，则有可能给大学生的心理发展带来相当大的促进作用，为他们更好地适应社会铺平道路。如果心理危机未能得到有

朋辈说

《孟子·告子下》
的启示

效处理与干预，任其发展，则会使个体陷入困境。有些人会采取一些消极应对方式，如借助酒精、滥用药物等，极易产生孤独、多疑、抑郁、自责、焦虑等不良情绪或问题，严重者会发展成神经症或精神障碍患者，甚至出现自残、自杀等严重行为。此外，还有一些人，表面上度过了心理危机，但实际上却只是暂时将消极的情绪压抑到潜意识当中，并没有真正解决心理危机，这会对个体今后的心理产生影响，在其一生中，这些影响会不时地通过各种方式出现，尤其是当再次遇到类似的危机事件时，极有可能出现新的不适应状况。

在小宇的案例中，小宇和女友分手，他感觉到被背叛，所以可能引发心理危机，这是"危险"的一面。而如果小宇能够寻找多种形式的干预以减轻内心的痛苦，采取积极的态度去改变现状，这就是成长的契机。

（二）潜在性

大学生的心理危机常常是潜藏于个体内心，当遭遇特定应激事件时突然引爆。表面

看来由应激事件引起，而实际上心理危机的产生可能与之前的许多问题紧密相关。在某些情况下，大学生的心理危机甚至与童年阶段、成长过程中的依恋关系、心理创伤等因素有关。

（三）复杂性与破坏性

无论是产生原因还是表现形式，心理危机都有其复杂性。生理危机产生的原因不遵循一般的因果关系规律，而更像一张网，个体自身成长的家庭、教育等环境与社会大环境相互交叉、相互交织，理不出因果。一旦心理危机出现，会有很多复杂的问题同时浮出水面。有的心理危机产生的原因可能是身体疾病，可能是经济问题，可能是亲密关系问题等。心理危机从表现方式来看也是复杂的，有的心理危机表现为哭泣、又哭又笑等情绪不稳定，有的表现为抽烟、酗酒、打架、网络成瘾、逃学、失联等行为问题，有的表现为头晕头痛、咽喉异物感、心慌胸闷或身体特定部位的疼痛感等躯体变化，有的会出现思维不清、意志失控、情感紊乱等情况，有的是伤害自己，有的是伤害别人。

心理危机来临时，常常使人觉得无所适从，而且，心理危机也使人们未来的计划受到威胁和破坏。对遭遇心理危机的大学生而言，心理危机对学习、生活环境造成的破坏，引发的家长、老师和同学的担心、伤痛都是巨大的。美国哀伤辅导专家尼麦的研究认为，一个人的死亡会影响到身边约 168 个人的生活，且对大部分人的影响比较负面，伤痛有可能伴随他们很久。

（四）临界性和困难性

伴随心理危机的失衡总是会产生焦虑情绪，焦虑情绪导致的不适感进而会提供变化的动力。在很多情况下，个体在焦虑达到一个临界点时，才会承认他们对问题已经失去了控制。

当个体处于心理危机时，其可供利用的心理能量降到最低点，有些深陷心理危机的个体甚至会拒绝改变、拒绝帮助。当事件达到某个临界点时，心理危机干预工作者必须直接介入各种不同的问题中，采取多种形式的干预帮助处于心理危机中的个体重建新的平衡。其中有的干预方法被称为短期治疗，如"焦点解决短期心理治疗"等，然而，对长期的问题，不存在什么快速的解决方法。无论哪种心理疗法，都有其独特的适应性，没有包治心理危机的灵丹妙药，特别是成瘾性引起的心理危机较易反复，治愈困难。

（五）选择的必要性

生活总是由危机和挑战交织在一起的。在心理危机中，无动于衷、任其泛滥，"不做任何选择"的选择，通常是消极和有害的。选择的必要性在于个体需要做一些积极的努力，这些努力有时并不能决定事态发展，但它至少可以为成长和发展埋下种子，让个体有机会设定目标、制订计划去解决困难。心理危机干预关键性的一点是找到外界支持和个体应对机制的良好结合，从而形成一个行动计划，开启个体本身所储备的复原力，这个复原力相当于被挤压的弹簧能够自动弹回的那股力量，可以帮助大多数人度过心理危机。

三、普遍还是特殊——心理危机的分类

关于危机的分类有很多，不同的学者从不同的角度对危机进行了分类。心理学家布拉默（Brammer）提出应用危机理论，把危机分为发展性危机、境遇性危机、存在性危机。

1. 发展性危机

发展性危机指在正常成长和发展过程中，急剧的变化或转变所导致的异常反应。例如，大学毕业、经济条件改变等生活结构的重大转变都可能导致发展性危机。发展性危机被认为是正常的，但是，所有的人和所有的发展性危机都是独特的，因此，必须以独特的方式进行评价和处理。

2. 境遇性危机

当出现罕见或超常事件且个人无法预测和控制时出现的危机称为境遇性危机。交通意外、突然的疾病和死亡都可以导致境遇性危机。境遇性危机具有随机性、突发性、震撼性、强烈性、灾难性和不可预见性。对大学生而言，学业不良、考试不及格、恋爱失败等大学生活中比较常见的一些事件也可能引发境遇性危机。

3. 存在性危机

存在性危机指伴随重要的人生问题，如关于人生目的、责任、独立性、自由和承诺等出现的内部冲突和焦虑。存在性危机可以是基于现实的，也可以是基于深层次的关于人生意义的追问与思考。例如，一个沉溺于网络的大学生，自己也知道这样是在浪费时间，没有任何意义，但却不能自拔，无力改变现实，于是产生深深的焦虑与自责。

在人的一生中，发展性危机、境遇性危机和存在性危机都可能发生。根据以往的经验，大学生这样一个特定的群体所经历的多是发展性危机。一是自我同一性和自我混乱。如果你对自己认知、了解、接纳得很好，有明确的自我定位，就能清楚地认识到自己未来发展的方向是什么。如果不能很好地度过危机，未形成自我同一性，你就会变得混乱，不知道自己是谁，也不知道自己未来的方向在哪里，生活无目的、无方向，时常感到彷徨、迷失。心情好的时候，觉得自己了不起，没有干不了的事；心情不好的时候，觉得自己一无是处，身边谁都比自己聪明能干，完全地否定自己。二是我们会面临亲密和孤独。如果发展得好，那么你就能够和别人相处融洽，并建立亲密的关系。人需要亲密关系，可以是朋友，可以是伴侣。如果发展得不好，你就会感到孤单、疏离、寂寞，没有办法跟别人建立良好的关系，有的甚至发展为社交恐惧症或各种各样的心理危机。

鲍德温（Baldwin）提出了一个有利于评估和治疗心理危机的危机分类系统，将心理危机从弱到强分为6种类型。

（1）倾向性危机：它是由外界因素引起的急性发作的短暂痛苦，如考试失利后的心理反应。

（2）过渡期危机：它是由预期的生活变化所引起的危机，例如，刚刚进入大学的适应期危机、大学毕业初进职场的职场适应危机。

（3）创伤性危机：它是由突然的、出乎预料的事件引起的，例如，亲人突然去世、恋人的突然离去等。

（4）发展性危机：在生长发育过程中发生的危机，如恋爱与性的困扰、人际关系的不适等。

（5）精神病理性危机：它是由内在精神病理机制引起的危机，如精神病人在病态思维下的自杀问题等。

（6）精神科急症：它是由精神病引起的危机，如在精神病态下伤害他人的行为。

阅读材料　　　　　　　**大学生心理危机的发生阶段**

根据时间序列划分，大学生心理危机的发生有以下 4 个阶段。

1. 前危机阶段

前危机阶段是指危机还未发生的阶段，虽然在此阶段没有危机发生，但是有可能酝酿危机，在这个阶段如果可以及时发现问题，提供支持，及时提出可以变通的应对方式，那么危机就可能化解于无形。如果你发现班级里有同学可能面临危机，及时伸出援助之手，理解并支持他，和他一起想办法解决，会有助于他化解危机。

2. 潜在危机阶段

前危机阶段中，危机在酝酿，而潜在危机阶段则是指问题已经出现，但没有得到有效的解决，有可能进一步恶化，随时都有可能发生危机的阶段。这个阶段中一个人如果尝试了各种解决方式都没有达到效果，就随时有可能发生危机。如果发现有同学处于这个阶段，最好的方法是多陪伴并寻求专业的帮助。

3. 发生中的危机阶段

发生中的危机阶段，即危机正在发生的阶段。比如有学生突发精神疾病，行为异常，这时需要即刻报警并向学院老师报告，在警察、消防员、学校有关部门未到达时，应稳定当事学生的情绪，避免情况进一步恶化，可能的话先将当事学生转移到安全的地方。

4. 危机后阶段

危机后阶段即危机发生之后的阶段。这个阶段的工作重点是对当事学生和相关人或者周围人进行干预，主要是心理疏导和帮助解决一些实际问题。

第二节 | 慧眼识险——大学生心理危机识别

一、不识庐山真面目——心理危机如何发生

心理危机的产生首先要有应激源，即能引发心理危机的事件（外因）。例如，学业预警可作为应激源，但它并不一定直接引发心理危机，还要通过个体的应对能力、心理资源等因素即个体的内在因素发挥作用。关于内在因素，美国心理治疗师弗吉尼娅·萨提亚（Virginia Satir）提出了心理结构的冰山隐喻，她指出一个人的"自我"就像一座冰山一样，我们能看到的只是表面很小的一部分——行为，而更大一部分的内在世界却藏在更深层次，不为人所见，恰如冰山。心理危机产生机制如图 9-1 所示。

当同样的事件发生在不同的人身上时，不同的人有不同的内在冰山，甚至同一个人在不同的时间段也会有不一样的内在，所以，产生的结果不尽相同。再看小宇的案例，他最开始的反应和辅导员主动联系、关心他之后的反应有很大的内在区别，内在转变驱动了他的行为发生变化（见图 9-2）。

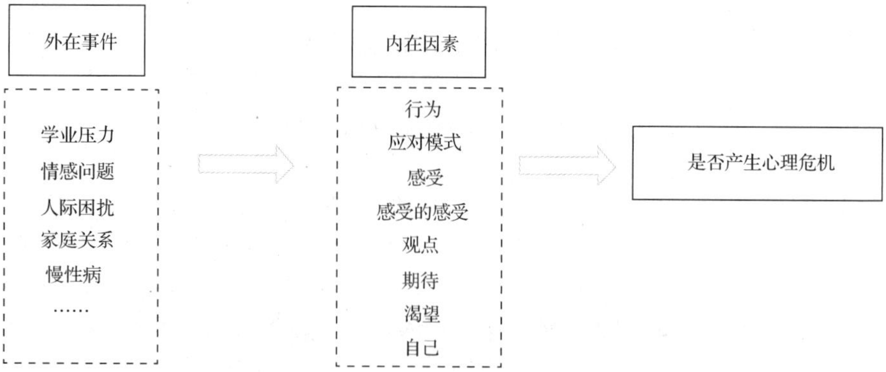

图 9-1　心理危机产生机制

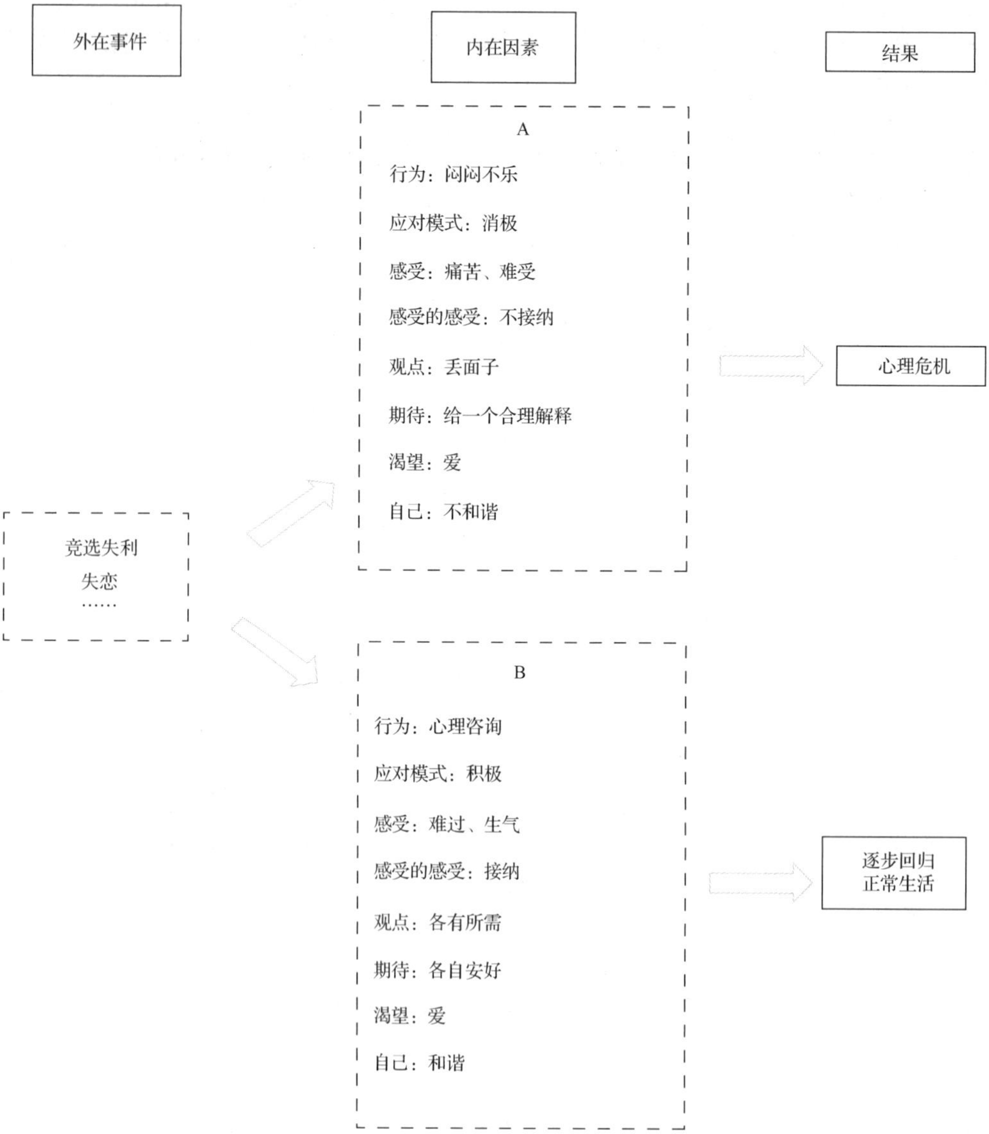

图 9-2　大学生心理危机的产生机制示例

二、维特式烦恼——大学生常见危机事件

大学生正处于生理发育基本成熟和部分心理发展相对滞后的特殊时期，世界观、人生观、价值观逐步形成，但心理状态尚不稳定，容易受到外界影响。

事实上，危机并不像我们想象的那般遥不可及，它就在我们身边，甚至正存在于我们内心。我们是否曾因为一次失恋而一蹶不振？是否曾因为一次考试失利而颓废消沉？危机带给我们的，大多数时候只是暂时的不适，会在 1 ~ 4 周内消失。实际上，没有人可以隔绝危机，心理素质健全、受过良好心理训练的人都不可能终身免于危机的困扰。

当前引发大学生心理危机的常见原因有以下 7 类。

（一）恋爱与性问题

一些大学生在恋爱中存在情感问题，如单相思、失恋等。情感问题、两性问题会打击大学生的自尊，引起他们强烈的痛苦和愤懑情绪。当情绪强烈到一定程度时，严重者可能出现攻击行为，如自残、攻击他人。

（二）家庭变故

对大学生来说，家庭破裂、父母离异、父母去世、经济困难、家人犯罪或者其他重大家庭问题，极易导致情绪波动，严重者甚至有妄想、情感淡漠等情况出现。部分大学生面临学费、生活费问题，经济因素或多或少限制了他们的人际交往。同时，经济压力让他们不得不去勤工俭学，若长期处于自卑和压抑中也容易出现心理偏激。

（三）重大财产损失

重大财产损失也会引发心理危机。例如，当被诈骗，在确认事件真的发生、损失无法挽回后，严重者会产生轻生的想法。有的陷入网络贷款，频频遭受威胁，无力偿还，却不向家人、老师求助，反而参与网络博彩想赢钱抵债，最终越陷越深，导致精神崩溃。

（四）重要事件受挫

重要事件受挫也会引发心理危机。例如，学习、择业、就业压力等带来的心理烦恼。又如，具有重要意义的考试失败会引起当事人痛苦的情感体验，大多数人表现为退缩、不愿与人接触，陷入暂时的自我限制阶段，直到情绪缓解，才慢慢走出阴影，而严重者可能为此采取极端行为。再如，竞选失败、不能按期毕业或不能获得学位等，有些人会有不断自责和自我贬低等表现，而有些人则把失败的原因归咎于他人，采取恶意攻击、报复社会等行为。

（五）心理障碍和精神疾病发作

精神疾病是导致大学生心理危机的重要因素。心理障碍或精神疾病本身就会给我们带来巨大的困扰，而这些疾病在短期内又无法消除，如果在生活中再遇到一些外在的诱因，如人际关系不良、考试不及格等，就更容易产生心理危机，致使疾病复发，出现幻听、被害妄想、攻击冲动、自残或自杀等情况。

（六）慢性身体疾病

慢性身体疾病包括癫痫、肝病、肾病、哮喘等。一方面疾病本身已经让患者受尽折磨，另一方面疾病可能会影响患者的学习、生活和人际交往，给患者附加多重压力。同时，患者还可能遭到周围人的歧视和孤立，长期下来，容易产生心理危机。

（七）与自我相关的问题

例如，人格成长中的挫折、适应困难、交往障碍与自卑等。有的大学生很自卑，遇到挫折或者遭到别人拒绝后，容易产生心理危机；有的大学生对未来很迷茫，找不到人生的意义，总是在思考"人活着究竟是为什么"，这样也容易产生心理危机。处于诸如此类危机中的个体，心理很脆弱，需要专业的帮助和干预，干预的效果取决于个体的个人素质（内在因素）、适应能力以及干预者采用的技术手段等。

三、揭开冰山的秘密——心理危机的个体因素

遇到了问题，并不一定每个人都会发生心理危机，绝大部分人都能从阴霾中走出来。是否会发生心理危机的决定性因素是个体的内在。第六章中提到的冰山理论可以很好地对此做出解释（参见图 6-1）。

（一）行为

行为是一个人的外在表现，如离校出走、破坏公物、挑战的言语和行为、反抗他人、长期逃课逃学、网络成瘾、分发贵重物品等。行为是可以被直接观察到的部分。

（二）应对

对外在处境选择如何回应和反应，就是应对方式。应对是冰山的水平线，是行为的起点。在人际互动中，如果接纳自己和对方的行为，就会兼顾自我、他人和情境这 3 个因素，进行一致性的回应。

如果个体无法接纳所发生的行为，就会形成压力状态，以保护自我价值感为主，使用惯用的不一致的应对方式来保护自己，具体有以下 4 种。

（1）讨好型的个体：可能会认为自己没有多大的价值，认为自己不值得被关心和帮助，经常把自己放在一个较低的位置，好像努力平息所有的事就是他们生存的目的。即便自己感觉不好，也会对别人和颜悦色。他们更倾向于将问题指向自己，总认为自己不够好，因此更可能出现自残、自杀的情况。

（2）指责型的个体：不允许自己"软弱"，在别人眼中，他们是严苛的，爱找麻烦的。这类人对他人和周围环境有很高的期望值，如果期望值没有达到，就会生气，批判和攻击他人，他们会时常断绝自己和他人的亲密关系，将大量时间用于自我惩罚和自我放逐。当他们渐渐意识到自己的孤独时，又会在独自一人时哭泣，责怪别人造成了他们的痛苦。

（3）超理智型的个体：过度注重逻辑，保持着非人性的客观，不允许自己和他人关注自己的情绪感受。交谈中他们会滔滔不绝地发表看似绝对正确的意见，显得明智而善辩。这类人的危机表现方式可能是沉迷于小说、网络游戏，将自己与他人隔离开来，容易出现完美主义和强迫倾向。

（4）打岔型的个体：是超理智的对立面。这种类型的人，喜欢在别人说话的时候"插嘴"，企图分散别人的注意力，以减轻自己对压力的关注。他们对内和外都感到混乱和无序，常会做出冲动型行为，如引发感情纠纷等。每一个生命都有独特的成长脉络，无论旧有的成长模式带给我们什么样的经历和感受，都值得尊重。弗吉尼娅·萨提亚认为心理工作的最终目标是个人达到身心整合、内外一致，实现个人潜能的最大限度发挥。

（三）感受

感受是个体对自我、他人、外界事物的情绪反应。在危机状态下，有的人可能会有丰

富的情绪体验，如无助、无望、绝望、受伤、痛苦、抑郁、愤怒、恐惧，有的人可能没有感受，只有麻木。

有些感受是被个体接纳的，有些是不被个体接纳的，当个体不接纳感受，切断、掩盖和否认某些感受时，这些感受常常会以身体和心理的症状表现出来。

（四）观点

观点是人的认知体现，是个体对事物的态度，包括想法、信念、规条、价值观、人生观、解释等。

（五）期待

当期望值太高，不符合实际，不能满足时，就容易产生问题。如指责型的人常常对他人有较高的期望值，而这个期待往往不切实际，当他人不能满足他的期待时，他会更加失望。

（六）渴望

渴望是人类共有的、共通的，人们都渴望被爱、被接纳、安全、尊重等。当个体的渴望得到满足时，就会产生满足感、幸福感、和谐感；当渴望没有得到满足时，就会对个体的内心造成负面影响，进而导致一些消极的行为。例如，一个人渴望爱，但没有得到爱，就会认为自己是不值得被爱的。如果一个人渴望获得价值感，但没有得到满足，就会认为自己毫无价值。如果一个人渴望依恋而没有被满足，就会变得冷漠，渴望是内在非常重要的部分，能赋予生命意义。

（七）自我

自我是每一个人和他的本质或生命力的联结。生命的能量是通过这种生命力得到展现的。当个体可以与自己的生命力联结的时候，他会感到和谐、平和、充满希望、渴求生命，并有承担责任的意愿。当个体与自己割裂的时候，他们的生命力就会中断或者受阻，表现出较低的自我价值感，从而惩罚自己或者放弃自己。

👁 阅读材料　　　　**为什么我们需要了解个体的内在冰山**

每个人都有自己非常丰富和独特的内在，个体内在冰山的形成与每个人独特的成长经历有关，尤其与家庭息息相关：一是从小和主要抚养人（大多是父母）的人际互动情况；二是家规，即家庭生活中的主要规则。

案例1：程程在成长过程中得到了父母很多的关注和爱，家庭中鼓励民主和表达，因此，他有机会按照自己的内心需要来做选择。在这样的家庭中成长起来的他得到了非常多的爱，他也很爱自己，在遇到危机事件时，他有自己的掌控力，能够采取积极的应对方式。

案例2：海洋的父母关系不好。父亲很少回家，母亲为了家庭没有提出离婚，他在成长过程中面对了一个疏离的父亲（没对他投入太多的关注和爱）和一个成天抱怨、郁郁寡欢的母亲。猜猜这个孩子在面对危机事件时可能会有怎样的应对方式？

每个孩子都需要爱的滋养，而当缺少爱的时候，他可能会趋于讨好，觉得自己不可爱，认为只有让父母开心自己才可爱，实际上这个愿望很难实现，孩子表现好并不能消除父母关系中的冲突。于是，他更加觉得自己不可爱，没有价值，他有可能学会指责，指责父亲不负责任，有可能变得超理智，把自己的内心封闭起来。同时在这种情况下，可能还有一些家庭规则在潜移默化地影响孩子，如"男人都不可靠""女人天生就没有力量"等，在这样的家庭中成长起来的孩子，自我价值感较低，遇到问题更容易引发心理危机。

如果我们只看到同学外在的行为，会较难理解为什么他会发生心理危机，为什么他这么冲动，为什么他会因为这点小事而想不开，为什么他一点都不为别人着想等。真正可以帮助我们理解正在经历心理危机的同学的，其实是体察到同学更为丰富的内在世界，对一个正在经历心理危机的同学来讲，周围人的理解、接纳和支持非常重要，对同学心理危机的正确理解是心理危机干预的第一步。

四、凡事总有先兆——心理危机的识别

大学生的学习、生活中存在诸多心理危机诱发因素，但并不是所有诱发因素都必然导致心理危机，心理危机有其产生、演变和发展成形的过程。大学生对心理危机及时、正确地评估有助于将心理危机遏制在萌芽状态，避免极端心理事件的发生。一般情况下，了解一个人心理危机程度的方法有观察法、面谈诊断法、心理测量法、心理健康普查法等。所谓观察，就是直接在现实生活情境中看他的行为跟平时有什么不同。如果跟平时差不多，一般就没有什么问题。如果一些行为发生的频率、表现等偏离日常规律，就可能是心理出现问题。同学们可以从行为表现、情绪状态、认知状态、生理状态等方面来觉察自己或观察他人是否处于心理危机中。

（一）行为表现观察

行为表现是潜在危机评估中最为直观和有效的指标。当一个人处在心理危机中，也就是心理失衡时，他会有一些不同寻常的举止和反应，可能表现出：拖延、难以完成工作任务；逃避、沉默、拒绝与人交往；容易指责或攻击他人；责怪、贬低或伤害自己（自残），甚至出现自杀行为；出现抽烟、酗酒、赌博等不良或违法行为。行为表现观察包括以下8点。

（1）当事人是否能保持正常的学习生活状态。

（2）当事人的行为是否与其身份相符。

（3）当事人的活动是否有明显的减少或增多。

（4）当事人是否保持与周围人群的正常沟通。

（5）当事人是否表现出自杀意向、行为和制订自杀计划。

（6）当事人是否有威胁周围人群和环境的意向和行为。

（7）当事人是否表现出他人难以理解的言行举止。

（8）上述行为问题出现的时间及持续时间。

（二）情绪状态观察

情绪是指人有喜、怒、哀、乐、惧等心理体验，这些体验反映出人对客观事物的态度。在情绪支配下，个体会产生各种体验和行为，情绪本身也会影响人的认知。因此，在危机评估中，对情绪的评估也是一项重要内容。个体在危机状态下，可能会表现出惊恐、焦虑、

多疑、沮丧、抑郁、悲痛、易怒、伤感、绝望无助、麻木不仁、否定、寂寞、紧张、烦躁不安、过度自责、过分警觉敏感、怕死等情绪。情绪状态观察包括以下 7 点。

（1）当事人的总体情绪如何，是否看起来郁郁寡欢、闷闷不乐等。

（2）当事人的情绪反应是否和环境匹配。

（3）当事人是否存在消极情绪，如忧伤、愤怒、焦虑、绝望等。

（4）当事人的情绪是否稳定，是否存在波动，波动程度如何。

（5）当事人的情绪是否受本人控制，是否有失控的倾向。

（6）当事人性情是否有所改变，如外向的人突然变得内向，少语的人突然变得话多，爱说爱笑的人突然变得少言寡语或郁郁寡欢。

（7）上述情绪问题出现的时间及持续时间。

（三）认知状态观察

认知指的是一个人的总体思维能力，包括分析能力、记忆力、注意力、判断力等，广义的认知也指一个人对自己、他人及问题的看法。在危机状态下，个体可能会表现出记忆力下降、注意力难以集中、做事效率降低、计算理解和思考困难、犹豫、纠结、反复回想危机事件等。认知状态观察包括以下 8 点。

（1）当事人对所面临问题的解释如何，是否符合实际。

（2）当事人的注意力水平如何，是否能够保持必要的注意力。

（3）当事人的记忆力如何，是否存在长期记忆和短期记忆的损害。

（4）当事人的逻辑思维能力如何，是否存在思维混乱的现象。

（5）当事人的认知范围是否发生了变化，是否过于狭窄。

（6）当事人的自我认知如何，是否存在自我认知偏差、自我怀疑、自我否定、自罪自责等现象。

（7）当事人是否存在强迫性思维等异常思维表现。

（8）上述认知问题出现的时间及持续时间。

（四）生理状态观察

在心理危机状态下，机体神经系统对生理反应的调节功能会发生改变，导致出现身体不适的症状，主要表现为血压上升、心跳加速、失眠多梦、消化不良、厌食、盗汗、抽筋、头晕耳鸣、乏力、眼花、呼吸不畅、胸闷不适等。生理状态观察包括以下 6 点。

（1）当事人的睡眠状况如何，是否有入睡困难、睡眠质量不高、早醒等症状。

（2）当事人的饮食状况如何，是否存在胃口不好、厌食、拒食、暴饮暴食等现象。

（3）当事人是否存在物质依赖表现，如吸烟、酗酒、借助其他物质来消磨意志等。

（4）当事人是否有身体不适等感受，如是否有身体某部位的不明原因疼痛感，抱怨自己身体不舒服或其他症状等。

（5）当事人的生活节奏是否有明显改变。

（6）上述生理问题出现的时间及持续时间。

所有的心理危机都会体现为个体行为、情绪、认知和生理反应方面的部分或总体异常，但在特定情况下，这些"异常"却是一种"正常"反应。例如，某个学生在失恋之后，出现情绪低落、胃口不好、不愿意参加活动、上课时注意力不集中、学习效率下降、失眠等情况，这些情况如果是紧接着失恋问题出现的，且反应强度和问题相匹配，随着时间的推移和周围同学、朋友的帮助，反应的强度在降低，反应的状况在减少，那么可以初步判断，这是一种"正常"的反应；如果上述情况随着时间的推移，不仅没有逐步降低、减少的趋势，反而持续不断，甚至日渐严重，那么可以初步判断，这个学生很可能正在经历较为严重的心理危机。此时这个学生需要进一步的专业帮助，可以向心理委员、心理老师、学校心理中心寻求帮助。因此，评估重点要考虑3个因素：第一个是问题出现的时间，是否与某些刺激事件紧密相连，是否符合现实情境；第二个是反应强度，个体在行为、情绪、认知和生理方面的异常有不同表现形式，但给人的总体感觉应该和个人特征及事件特征相匹配，过于强烈和过于平淡的反应都应引起注意；第三个是发展趋势，"正常"的反应会随着时间的推移而逐步消减，虽然可能有反复，但总体上应该呈现逐步减弱的趋势。

👁 **阅读材料** 　　　　　　　　**构建自己的人际支持系统**

　　人离不开别人的支持，那么一个人究竟需要哪些朋友呢？作家汤姆·拉斯认为有8种朋友必不可少。

（1）成就自己的朋友。

（2）支持自己的朋友。

（3）志同道合的朋友。

（4）牵线搭桥的朋友。

（5）为自己打气的朋友。

（6）让自己开阔眼界的朋友。

（7）给自己引路的朋友。

（8）陪伴自己的朋友。

第三节 ｜ 化险为夷——大学生心理危机干预

　　大学生群体代表着新时代的青年形象，他们的一举一动很容易引起社会关注，一旦发生危机，负面影响极易扩散。大学生群体相对一般社会群体而言，具有丰富的知识，对自我要求较高，对自尊满足等需求较大，因此在进行大学生心理危机干预时要更加谨慎、细致。

一、打开心门——自助与求助

　　当个体由于突然遭遇严重灾难、重大事件或精神压力，生活状况发生剧烈变化，以现有的经验难以很好地应对，自我精神鼓励法失效，陷入痛苦、不安的状态时，心理危机就发生了。因此，心理危机干预是指针对处于心理危机状态的个体及时给予适当的心理援助，使之尽快摆脱困难的一系列处理方式。

　　当遭遇心理危机时，首先可以尝试自助，如果效果不佳，就要大胆求助。

（一）自我调节

1. 认知调节

埃米·温泽尔（Amy. Wenzel）和阿伦·T. 贝克（Aaron T. Beck）提出的自杀行为认

知模型指出，心理危机乃至自杀危机的出现是由于个体的不良认知内容和信息加工。因此，当我们处在心理危机中时，可以尝试通过改变自己的认知，来重新获得希望和勇气。比如可以修正不良的想法，与自我进行正面对话，写感恩日记，思考生命的意义等。

2. 情绪调节

当我们出现心理危机时，情绪会出现剧烈的波动，比如极度的恐惧、紧张、焦虑等，严重的时候我们会被情绪完全淹没，无法思考和行动。因此，可以尝试着调节自己的情绪，比如采用一些放松方法（如呼吸放松方法、肌肉放松方法、冥想放松方法等）和心理稳定化技术（如安全岛技术、保险箱技术等）。

3. 行为调节

处在心理危机中时，个体应当充分地休息，保证定时定量、营养均衡的饮食，适当运动，维持日常的生活节奏，多与朋友、家人联系。

（二）不要等待，主动寻求专业帮助

经历心理危机事件的个体，往往会出现一些应激反应，如失眠、情绪低落、胃口不好等，通常情况下这些应激反应会在一周左右减少或者消失。如果这些反应持续 4 ～ 6 周甚至更长时间，那就说明需要寻求专业帮助了，比如找心理咨询师或者精神科医生。

👁 **阅读材料**　　　　　　　　　**PTSD 临床症状**

（1）持续地重新体验到创伤事件。
① 反复闯入性地、痛苦地回忆起创伤事件，包括印象、思想或知觉。
② 反复而痛苦地梦到创伤事件。
（2）对创伤伴有的刺激做持久的回避，对一般事物的反应显得麻木。
① 努力避免有关创伤的思想、感受和谈话。
② 努力避免会促使回忆起创伤的活动、地点或人物。
③ 不能回忆创伤的重要内容。
④ 没有兴趣参加或很少参加有意义的活动。
⑤ 觉得自己和他人不再是一类人，有脱离他人或觉得他人很陌生的感受。
⑥ 情感范围受限，例如不能爱恋。
（3）警觉性增高症状的表现。
① 难以入睡或睡得不深，易惊醒。
② 易激惹，脾气变大。
③ 难以集中注意力。

（三）寻求社会支持

当我们遭遇一些危机事件时，如家庭重大变故、身体疾病、失恋等，要寻求必要的社会支持，如学校和老师、家人、同学、朋友等，集众人的力量帮助自己走出心理危机。这个时候需要注意的是，当在寻求他人帮助时，你可能会担心是不是会给别人添麻烦，别人会不会不愿意帮助自己。在有危机情况时，要相信大部分人会愿意伸出援助之手，但你首先要将自己真实的困难告诉信任的人，否则他们对此一无所知。

二、赠人玫瑰，手有余香——助人与转介

（一）自杀是可以干预的吗

任何事物都有一个发展过程，自杀也不例外，自杀很少是突发性的。相关研究显示，一个人从出现自杀的想法和观念，直至最后实施，都有一个逐渐变化的过程，只不过是朝放弃生命的方向发展。这个过程伴随着非常复杂的内在心理活动。

心灵夜话

自杀的真相

在这个过程中，只要是在当事人实施自杀行为之前，他人在任何一个阶段发现当事人的自杀企图，并适当干预，这个自杀危机都有可能被终止，因为自杀本质上是心理问题。也有很多时候，当事人自己在某个阶段心理发生变化，自行终止了自杀的计划，其中最常见的原因是欲自杀者考虑到自己的行为将给亲人、朋友带来痛苦，因此在内心的冲突中挣扎，最后决定放弃自杀。

👁 阅读材料　　　　　**关于自杀的错误观点与正确事实**

表9-1对关于自杀的常见错误观点进行了归纳概括，并指出了其正确事实，可帮助大家端正对自杀的看法。

表9-1　关于自杀的错误观点与正确事实

错误观点	正确事实
（1）如果某人谈论自杀，他可能并不会真正伤害自己	（1）许多自杀者在死亡前跟他人谈过自杀的感受、想法和计划
（2）自杀通常是冲动性行为	（2）很多自杀者行动前深思熟虑
（3）自杀是应对压力的合理或自然反应	（3）自杀是应对压力的不正常表现
（4）自杀是压力造成的	（4）急性应激事件是自杀的导火索，不是原因
（5）真正有自杀风险的人并不会为要不要自杀感到矛盾	（5）自杀意念是上下起伏的，很多人会犹豫不决
（6）自杀者自私、怯懦	（6）很多自杀者有精神障碍，可能不为人知
（7）聪明且成功的人永远不会自杀	（7）自杀没有文化、种族、社会经济阶层的界限
（8）与情绪低落的人谈论自杀可能会导致其自杀	（8）有自杀想法或计划的人得到理解和帮助后，情绪会缓解。与其谈论自杀不会导致自杀行为
（9）对想自杀的人来说，没有什么可以帮助他	（9）很多试图自杀的人患有精神障碍，可以通过治疗得到缓解
（10）试图自杀者只是在寻求关注	（10）对某些人而言，自杀未遂的目的是试图获得帮助。极度渴望帮助并不等于渴望得到关注

（二）自杀危机线索有哪些

严重的心理危机可以演变为自杀危机，而自杀危机出现时通常会留下一些线索。

1. 言语线索——间接或直接的表达

（1）直接的言语线索："我不想活下去了""我想自杀""我真希望发生一场意外把我带走""如果……不……我就去死"。

（2）间接的言语线索："活着没意思""死了就没有那么痛苦了""没有我，大家会更好""很快我所有的问题就都结束了"。

2. 行为线索——行动

（1）不关心学习，在学校表现出退缩和逃避。

（2）收集与自杀方式有关的资料并与人探讨。

（3）将自己珍贵的东西送人、道别等，有条理地安排后事。

（4）开始从事高危险性的活动。

（5）以割腕作为自杀练习或自杀姿态，以前有过自杀未遂。

（6）制订自杀计划，准备自杀工具。

（7）酒精或者药物滥用。

3. 情境线索——伴随丧失感的压力事件

（1）突然被所爱的人拒绝，被所爱的人背叛，不情愿地分手等。

（2）失去重要的目标和梦想，如考研失败、找工作失败、作弊被开除、无法毕业等。

（3）最亲的人去世或失去其他重要的人或物。

（4）与重要他人的近期冲突。

（5）突然失去自由，比如犯罪被捕。

（6）失去经济保障或面临其他重大经济问题。

如果发现身边有人透露出想自杀的各种信号，一定要重视，没有什么比生命更重要。如果发现同学有潜在的自杀危险，需要立即告诉辅导员或身边的老师，他们有更多处理类似情况的经验和支持资源，更有利于帮助身处危机的同学，切忌独自处理。如果当事人心理危机严重且紧急或不配合帮助，需要立即报警寻求专业支援与陪伴，切忌让当事人独自离开。

（三）危机进行时——心理危机的应对

心理学教授樊富珉认为，心理危机干预的目标有二：一是避免自残或伤及他人，二是恢复心理平衡与动力。危机成功解决有三重意义：个体可从中得到对现状的把握和经验，对经历的危机事件重新认识，以及学到对未来可能遇到的危机的应对策略与手段。

👁 阅读材料　　　　　　　　**正确应对心理危机事件**

这天佳佳正在宿舍学习，突然接到洋洋的一条短信："我实在坚持不下去了，如果离开，一切痛苦都会结束！"看到这条短信佳佳吓坏了，她立马打电话给洋洋，听到电话那头洋洋在哭泣："佳佳，我实在是太痛苦了，他不要我了，我也找不到他。""洋洋，你在哪儿？我能感受到你很痛苦，我过来陪你。""没用，真的。你不用来了，所有的努力都没有用，他不要我了。""我知道你现在很难受，洋洋告诉我你在哪里。我马上过来。""我在新区的湖边，你知道吗？我好想跳下去，我活着这么痛苦，我为什么还要活着。""洋洋，我知道你很痛苦，你现在能从湖边走过来吗？走到体育场，我马上就过来陪你。""佳佳，你知道吗？我真的很痛苦，我就是想结束这种痛苦。"佳佳很担心洋洋，

立马边安抚洋洋边往体育场走，在确定洋洋已经走离了湖边，佳佳才挂了电话，赶紧打电话给辅导员汇报情况。辅导员听到之后，让佳佳立刻到体育场陪伴洋洋，保证她的安全，她随后赶到。

在一项对大学生救助行为的研究中发现，大学生的第一求助对象通常是身边的同学。大学生发生心理危机的时候，可能会先给自己的同学和朋友打电话或发微信。所以一旦身边的人向自己发出求救的信号，我们要懂得识别这些信号，同时，也要知道该如何初步应对身边的同学发生的危机。当接到求救电话或收到其他求救信息时，可以从以下3个方面行动。

第一步，保证安全。了解对方此刻在哪里，在做什么，是否安全。如果对方不安全，比如在窗台上、在桥上、在江边，一定要将对方引导到安全的地方。

第二步，给予支持。这个时候最重要的是倾听，认同对方的想法和感受，不反驳对方。另外，在这个阶段表达对对方的关心，也是给予支持的一种形式。

第三步，寻求外界帮助。遇到危机时，不要害怕求助，这个时候求助于外界是最好的选择，告诉老师有助于大家一起想办法帮助处在危机中的同学解决问题。

👁 阅读材料　　　危急时刻如何稳定危机者情绪并提供帮助

在与处于心理危机中的同学谈话而又没有其他心理卫生专业人士在场协助时，你可以遵照以下方式进行。

（1）表达你的关心，询问他目前面临的困难以及困难给他带来的影响。

（2）保持冷静，耐心倾听。少说话，让他说出自己内心的感受，不要因他不主动与你交谈就轻言放弃，允许谈话中出现沉默，有时候重要的信息就是在沉默之后出现的。

（3）要接纳他，不对其做任何道德或价值评判（至少不要让他感受到）。

（4）他可能会拒绝你要提供的帮助，有心理危机的人有时会否认其面临的问题能够处理，不要认为他的拒绝是针对你本人。

（5）不要试图说服他改变自己的想法、感受。

（6）不要给出劝告，也不要认为自己有责任找出解决办法，尽力想象自己处在他的位置时会有什么感受，说出你的感受，让他知道并非只有自己有这样的感受。

（7）不要担心他会出现强烈的情感反应，情感爆发或哭泣有益于他的情绪得到释放。

（8）相信他所说的话，任何自杀迹象均应认真对待。

（9）不要答应对他的自杀想法给予保密。要及时将他的情况汇报给老师，以便在老师的帮助下及时采取应对措施。

（10）让他相信别人是可以给他帮助的，并鼓励他寻求他人的帮助和支持，如去心理中心求助，要尽量取得他人的帮助以便有人与你共同承担帮助他的责任。

（11）如果你认为他有随时自杀的危险，要立即采取措施：不要让他独处，去除自杀的危险物品，或将他转移至安全的地方，陪他去寻求专业人员的帮助。如果自杀行为已经发生，你必须马上给校医院、120或保卫处、110打电话，不可有丝毫犹豫。

三、风雨过后是彩虹——危机后的应对及自我照料

（一）如何面对发生过心理危机的同学

面对发生过心理危机的同学，最重要的是真诚表达关心。比如面对离校出走又返校的同学，可以说"你回来了就好，我们这几天真的很担心你，你愿意找时间跟我谈谈心吗？""如果你需要帮助，随时叫我，我真希望可以为你做点什么，但又不知道该做什么。"同时可以提供支持，可以是生活上、学习上的支持，比如给对方带饭、打水，帮他补习落下的学习内容、讲解习题等。

需要注意的是，要避免同情心泛滥和劝说，避免过度同情对方，比如对他说："你真可怜。"同时也要避免劝说和责备他，比如："你真傻，你怎么就选择拿自己的生命开玩笑呢？"

（二）危机事件影响群体的自我照顾

危机事件影响群体是指事件目击人、危机相关人（同学、室友）。在心理学上有替代创伤和次级创伤的概念，也就是说，与当事人有关联的人都有可能会受到影响。因此，危机事件发生时，被影响群体的自我照顾也很重要。下面是一些注意事项。

1. 接纳自己的感受

危机事件现场的目击人，或者与危机当事人的社会交往较多的人，都会有较为强烈的情绪体验和生理反应，如震惊、不敢相信、悲痛、失眠和做噩梦等，甚至有可能表现出创伤后应激障碍的一些症状。因此，要尊重和接纳自己受到事件冲击而表现出来的一些情绪、举动。

2. 注重情绪疏导

过去的一切都无法改变，允许自己表达、宣泄由事件诱发的各种情绪，因为充分宣泄情绪后才能进行进一步的理性思考，比如接受逝者已逝的事实。如果自己处理不了，还可以求助心理咨询中心的老师等专业人士。

3. 相互支持

如果受危机事件影响的是同一个群体，比如室友、同班同学，在这种情况下，大家彼此可以建立起相互支持的联盟，比如共同缅怀逝去的同学，在伤心时相互支持、相互照顾等。

👁 阅读材料　　　　　　　　**如何面对生命中的丧失与悲伤**

我们说的"丧失"指的是什么呢？广义的丧失包括失去亲近的人，失去身体健康或身体机能，失去未来的各种可能性等，这都是广义上的丧失。丧失可能会给人带来创伤，也可能不会，因为人类有强大的自我修复能力，尤其是孩子，但是不管如何，面对丧失，哀伤的表达是一定需要的。

哀伤是丧失过后的一个重要过程，而"哀伤反应"是指丧失所引发的悲伤现象，它一般包括情绪、认知和行为3个方面。首先，在情绪上，当事人会有悲哀，还会有愤怒，因为自己无法承受这样的悲伤，他可能会把它转变成一种愤怒发泄出来。其次，在认知上，当事人可能会不相信这是事实，会感到很困惑，或者会因为沉迷在对逝者的思念中，而

认为逝者仍然存在，甚至有的时候会产生幻觉。最后，在行为上，当事人可能会出现失眠、食欲障碍、心不在焉或社会退缩行为。从心理学的角度，我们可以选择一些有效的方法处理哀伤情绪。

1. 接受失落

当所爱的人去世，尤其是突然离世，我们在震惊之余都会产生不真实感，所以需要确认和理解丧失的真实性。我们会有很长一段时间沉浸在哀伤的情绪中，但是哀伤也可以帮助我们获得内心的成长，我们需要接纳死亡已经发生，学会接受失去的事实，才能够去治愈伤痛，走出伤痛。

2. 宣泄情绪

面对失去，我们常常会感到悲伤，此时可以允许自己变得脆弱，无拘无束地大哭一场，宣泄悲伤。哭泣可以帮助我们缓解紧张的身心状态。

3. 表达感受

（1）诉说

当陷入悲伤时，试着向你信任和重视的人打开心扉，向他们诉说你的悲痛、思念、孤独、愤怒以及对未来梦想的迷失。

（2）写信

所爱的人去世，我们常常会有情感上的缺失。为了升华这段感情，写一封不会被回复的信也很有帮助，也可以尝试把信读给支持我们的人听。

（3）艺术创作

以创造性的方式表达自己的伤痛有助于缓解伤痛。我们可以通过创造艺术品，比如画画、制作视频、制作雕塑等方式，记录对逝者的美好记忆。

4. 参与悲伤仪式

参加葬礼等一些仪式可以帮助我们更好地怀念亲人，在周年纪念日、生日和清明节等时间定期举行纪念活动，可以加深我们对故人的记忆。

5. 寻找专业帮助

由于一些心结未能打开，有些人可能沉浸在哀伤情绪中不能自拔，甚至出现长期失眠、食欲下降、乏力等情况，此时需要及时寻求专业的帮助或者支持，比如心理咨询等。

哀伤就像"心理感冒"一样，需要去疏通、去干预、去关怀，如果缺乏专业的方法，被动拖着可能发展为"重症感冒"。

6. 适应已无死者存在的环境

曾经有一个同学的父亲去世了。父亲对她很疼爱，她对父亲有很强的依恋。父亲去世后，她很难接受这个事实。永远无法跟父亲再见，自己今后的生活，父亲也无法知晓，这让她觉得自己的生活没有了意义。

在和心理老师探讨如何适应没有父亲的生活过程中，老师的话点醒了她："虽然父亲离去了，但是父亲对你的期待，你记得吗？他希望你是一个什么样的人？他希望你过什么样的生活？"她慢慢领悟到：按照父母对我们的期待那样活下去，把他们给我们留下的精神财富传承下去，这种生命精神的传承，就是我们要好好活下去的理由。所以最好的送别，便是认真地生活，珍惜身边的人，树立豁达的人生观。

四、未雨绸缪——预防心理危机

心理危机干预是在个体已经遭受心理危机时通过恰当的干预帮助个体处理心理困扰，减轻痛苦，并提供适当的解决方案和资源。但是，单纯的心理危机干预是不够的。当出现心理危机时，问题往往已经积攒了很久，即使干预有效，也需要更长的时间和精力来恢复身心健康。俗话说"上医治未病"，我们应当将重心转向预防，在问题出现之前采取积极的措施提高自身的心理抵抗力，从根本上减少心理危机的发生。

（一）培养良好的生活习惯

心理危机往往由长期积累的压力、应激事件和负面情绪等因素引发，而良好的生活习惯可以帮助我们保持身心健康，在面对压力和挑战时有更强的应对能力。要保持良好的生活习惯首先要保证规律的作息和充足的睡眠，它可以帮助我们维持稳定的生物钟，减轻身体的疲劳和紧张感，缓解焦虑和抑郁情绪；其次要保证适度的运动，它有助于释放身体压力，促进多巴胺等神经递质的分泌，提升情绪水平；最后要保证均衡的饮食，补充营养，提高身心的免疫力和抵抗力。

（二）完善社会支持系统

良好的社会支持系统可以让我们感受到被关心和接纳，减少孤独和无助感，进而降低心理危机发生的可能性。对大学生而言，社会支持主要来自家人、朋友、同学、老师等，他们可以为我们提供情感支持，让我们在面对困难和挑战时感到被支持和理解。与家人、朋友等人之间的情感联系可以给个体带来安全感和归属感，增强个体的心理韧性和适应能力。适当与他人交流和沟通，可以帮助我们舒缓压力，减少负面情绪；此外，我们可以从社会支持系统中获得解决问题的方法和建议，更好地应对困境，减少心理危机出现的风险。

（三）培养积极心理品质

在日常生活中，应当树立起培养自身积极心理品质的意识。积极的心理品质可以帮助我们更好地应对挑战、实现个人成长并提升幸福感。

首先，应该培养积极的心态和乐观的态度。积极的心态能够帮助我们看到问题的积极面和解决方案，而乐观的态度则能够鼓舞我们面对困难。

其次，要培养自信心和自尊心。自信心是指相信自己的能力和价值，自尊心是指对自己的肯定和尊重。通过建立良好的自信心和自尊心，我们可以更好地认识自己的潜力和优点，并克服内心的焦虑和自我怀疑。当面对困难和挫折时，就能够更加勇敢，相信自己可以渡过难关。

再次，要培养坚韧不拔的品质，并始终对未来充满希望。我们在面对困难和挫折时要保持意志力，不轻易放弃并努力克服困难。不论处于哪种境况，都应该对未来充满希望，相信问题是可以解决的、困难是可以克服的。

最后，要学会感恩。感恩是一种非常重要的积极心理品质，当我们以感恩的心看待生活中的一切时，我们会更加珍惜和关注我们所拥有的，而不是沉溺于欲望和得失之中。它使我们心怀满足、平和和快乐，有助于减轻焦虑、压力和其他消极情绪，培养积极乐观的心态，以更积极的方式应对生活中的挑战。

（四）提高问题解决和情绪管理能力

问题解决能力是指个人在面对挑战和困难时，能够分析、评估和找到有效解决方案的能力。在遭遇心理危机的人中，很多是因为无法解决当前面临的问题而感到绝望和痛苦才最终导致心理崩溃的。通过不断锻炼和培养问题解决能力，个人可以更好地应对各种挑战和困难，从而减少出现心理危机的可能性。

情绪管理能力是指一个人有效地识别、理解和调节自己情绪的能力。它可以帮助我们更好地控制和消化自己的不良情绪，避免情绪积累到不可承受的地步，防止情绪问题升级为心理危机。同时，良好的情绪管理能力可以帮助我们培养积极的情绪，从而增强心理韧性，更能够应对生活中的挫折和压力。

♥ 本章重点

（1）心理危机不是某些人的专利，人生发展的各个阶段都会出现危机，应对危机事件是每一个人的必然经历。

（2）心理危机也是一种机遇，因为由之产生的痛苦会迫使人们寻求帮助。如果抓住这个机遇，就能够帮助个体埋下自我成长和自我实现的种子。

（3）在心理危机中，无动于衷、任其泛滥，"不做任何选择"的选择，通常是消极和有害的。选择的必要性在于我们需要做一些积极的努力，这些努力有时并不能决定事态发展，但它至少可以为成长和发展埋下种子，让我们有机会设定目标、制订计划去解决困难。

（4）任何对未来感到特别痛苦、绝望、无助和想要结束生命的警示信号都值得被关注，当发现别人正处于危机中时，可按以下3个步骤进行应对：保证安全、给予支持和寻求外界帮助。

♥ 课后练习

（一）我的应对清单

（1）8~10人为一个小组，思考并讨论如下问题：

我过去经历过最大的困难是什么？我当时是如何做的？

我现在遇到的最大困难是什么？我准备怎么做？

（2）收集目前小组成员遇到的困难，并尽量多地写出不同的应对策略，形成小组的应对清单。

（二）来自未来的一封信

（1）想象未来的我（10年后）是什么样子的，在哪里，在做什么，和谁在一起，未来的我会对现在的我说些什么。

（2）以未来的我的身份给现在的我写一封信。

第十章
人的毕生发展

　　你是否在社交平台看到过这样的推文——"原生家庭对一个人的影响到底有多大""幸福的童年治愈一生，不幸的童年需要一生来治愈""原生家庭：影响亲密关系的根本因素"等。这些文章都指向一个词"原生家庭"，都表达了家庭或父母教养方式对子女成长的影响，表达了童年生活对成人的影响。为什么明明都在说"那时候太小不懂事"，但是小时候的经历却对懂事后的自己有这么大的影响呢？这一章，我们将用发展的眼光，从生命的诞生到结束，从人的毕生发展的角度，探讨我们心理的成长和变化。

本章学习目标

　　（1）了解毕生发展的主要理论观点。
　　（2）理解领会生命的价值与意义。
　　（3）分析自身心理发展现状，培养尊重生命、热爱生命的人生态度。

第一节　毕生发展——心理学家们这样说

　　人的毕生发展属于心理学领域一个专门的分支——"发展心理学"。毕生发展关注的是人从出生到死亡这一生中发生的心理和生理机能的变化，是考察个体在生命历程中行为的发展、变化和稳定模式的学科，其研究的核心是人的一生如何成长和变化的。

一、毕生发展的主题

　　毕生发展是一个研究领域宽泛的学科，相应地，发展心理学家们的研究领域也极具多样性。这里主要列举生理发展、认知发展、人格发展和社会性发展四个主要的主题方向。

（一）生理发展

　　关注生理发展的心理学家主要考察身体构造方式（如大脑、神经系统、肌肉），以及对饮食和睡眠的需要等因素是如何决定个体行为的。比如：什么决定了儿童的性别？早产对孩子成长有何影响？母乳喂养的好处有哪些？过早或过晚性成熟会带来何种结果？什么导致了成年期的肥胖？

（二）认知发展

关注认知发展的心理学家旨在考察人类智能的发展和变化如何影响人类行为。他们研究学习、记忆、问题解决和智力，如我们常听到的：长期依赖手机是否会影响智力？如何影响？青春期个体的自我中心如何影响其世界观？

（三）人格发展

关注人格发展的心理学家主要涉及在生命过程中将个体和其他人区分出来的独有特性的变化和稳定性的发展研究。一个关注人格发展的心理学家可能会提出这样的问题：在毕生发展过程中，是否存在稳定、持久的人格特质？换句话说：你现在是"I型人"（MBTI中的introvert型人格，意为内向的人），是否一直都是"I型人"？会不会在经历了社会的考验之后变成了"E型人"（MBTI中的extrovert型人格，意为外向的人）？

（四）社会性发展

关注社会性发展的心理学家考察的是个体在生命历程中与他人的互动及其社会关系的发展、变化和保持的方式。如我们如何选择恋爱伴侣？父母离婚对孩子有什么影响？人在晚年是否会拒绝并远离他人？不同的教养方式对孩子成年后亲密关系的影响有何不同？

二、毕生发展的理论观点

如前所述，发展心理学家们关于毕生发展的研究围绕不同的主题而开展，有时候甚至多主题交叉研究。他们设计实施大量实验，采用大量不同的观点，对本领域进行考察，形成不同的理论。其中影响较大的是心理动力学理论、形为主义理论、认知发展理论、人本主义理论和进化理论。

（一）心理动力学理论

小明6个月大的时候，在回家的途中，怀抱小明的妈妈搭乘的公交车发生了严重的车祸，车上有乘客当场死亡，小明的妈妈由于坐在后排并系好了安全带只受了轻伤，小明由于被妈妈保护着，没有受到伤害。这是小明的父母告诉他的，小明自己没有关于这场车祸的有意识的记忆。但是大学时，他却很难维系和他人的关系，并伴随对环境的不安全感。为此小明寻求了专业的心理治疗的帮助，他的心理治疗师怀疑小明的问题源于早年的那起车祸。

这一理由看起来似乎有些牵强，但心理动力学派认为这并非不可能。他们相信，很多行为都是由那些并未被个体觉知或者控制的内在力量、记忆和刺激所激发的，这种内在力量，也许来源于个人的儿童时期，它可以持续影响着个体的行为，并贯穿生命始终。

1. 弗洛伊德的精神分析理论

西格蒙德·弗洛伊德（Sigmund Freud）是奥地利著名精神病理学家和心理学家，是精神分析学的创始人。他的革命性观点不仅对心理学和精神病学领域影响非凡，而且对西方的思想也产生了广泛而深远的影响。

弗洛伊德首先把人的意识分为三种：意识、前潜意识和潜意识。弗洛伊德的精神分析理论提出，潜意识的力量决定了个体的人格和行为。他认为，潜意识人格中未被察觉的一部分，包括婴儿期所隐藏的希望、愿望、要求和需要。由于它们具有令人烦恼的本质，因而被隐藏于有意识的觉知背后。弗洛伊德认为，潜意识是我们很多日常行为发生的原因。人格的"三我"结构是精神分析理论的第二个重要组成部分。弗洛伊德认为人格结构由本我、自我、超我三部分组成。自我就像一个骑在马背上的人，能控制住马，也能使马跑向正确的方向。本我、自我和超我是三种不同的力量，三种力量存在矛盾也存在协调，当三者出现冲突时，超我压制本我的肆意发展，控制自我的运行方式，协调统一，最终构成完整的人格。此外，弗洛伊德认为人从出生到死亡的一切行为都受性本能的冲动支配，因此人的一生是由许多的性欲阶段组成的。

2. 埃里克森的心理社会性理论

埃里克森是美国的精神分析医生，也是美国现代最有名望的精神分析理论家之一。埃里克森祖籍丹麦，生于法国，师承弗洛伊德的女儿安娜·弗洛伊德和柏林汉。弗洛伊德将儿童人格发展的动因主要归为生理发展的欲望，考虑得较多的是生物学影响，与弗洛伊德不同，埃里克森提出了关于人的发展的另一心理动力观点。该观点强调个体和他人的社会交互作用，提出个体的发展既要考虑到生物学的影响，同时也要考虑到文化和社会因素的影响。埃里克森认为，社会和文化都在挑战并塑造着我们，心理社会发展包括人与人之间的相互了解和相互作用的变化，以及我们作为社会成员对自己的认识和理解。他的学说被称为"心理 - 社会发展理论"或"心理社会性发展理论"。

埃里克森的理论指出，发展变化贯穿我们的生命，并经历了八个不同的阶段，即信任对不信任阶段、自主对羞愧怀疑阶段、主动对内疚阶段、勤奋对自卑阶段、同一性角色混乱阶段、亲密对孤独阶段、再生力对停滞阶段、自我整合对绝望阶段。这些阶段以固定的模式出现，并且对所有人来讲都是相似的。埃里克森指出，每一个阶段都有一个生物学的成熟与社会文化环境、社会期望之间的冲突和矛盾所决定的发展危机，每一个危机都涉及一个积极的选择和一个潜在的消极选择之间的冲突。如果个体能够成功而合理地解决每个阶段的危机或冲突，就有助于形成积极的人格特征，发展的健全人格；反之，危机得不到解决或解决得不合理，个体就易形成消极的人格特征，导致人格往不健全的方向发展。埃里克森认为，尽管没有一种危机可以完全解决，生活也变得越来越复杂，但至少个体必须充分地化解每一个阶段的危机，以应对下一个发展阶段的要求。

（二）行为主义理论

行为主义理论的观点更多关注可预测的行为，行为观点（behavioral perspective）关注刺激 - 反应学习，以华生的经典条件作用（刺激替代）、斯金纳的操作性条件作用以及班杜拉的社会认知学习理论为代表。

华生的经典条件作用认为当有机体学会用一种特定的方式对中性刺激进行反应，而这种刺激一般不会唤起该类型反应的时候就产生了经典条件作用。

斯金纳开创并拥护的操作性条件作用是学习的一种形式，指的是一种自发反应由于其正性或负性后果而得以加强或削弱的过程。和经典条件作用不同，操作性条件作用中的反应是自发的、有目的的，而不是自动的。

班杜拉的社会认知学习理论认为行为通过观察而习得。学习过程分为四个阶段。首先，观察者必须注意并察觉榜样行为中最关键的特征。其次，观察者必须成功地回忆起该行为。然后，观察者必须正确地重现该行为。最后，观察者必须被激发学习和执行该行为。

（三）认知发展理论

认知发展理论的观点主要考察理解的根源。认知观点（congnitive perspective）关注的是人们认识、理解和思考世界的过程，探究人们如何对世界进行内部表征和思考。认知发展理论以皮亚杰的认知发展理论、以皮亚杰研究为基础的信息加工理论及维果斯基的社会文化理论、认知神经科学理论为代表。

皮亚杰的认知发展理论的核心是发生认识论，主要研究人的认知、智力、思维、心理的发生和机理。皮亚杰认为，心理、智力、思维，既不起源于先天的成熟，也不起源于后天的经验，而起源于主体的动作。

信息加工理论成为继皮亚杰的认知发展理论之后的一个重要的新观点，旨在确定个体接收、使用和贮存信息的方式。

维果斯基理论着重探讨了思维与语言、教学与发展的关系问题。他提出了人的发展之所以与动物不同，主要是因为工具的使用和文化的传承，因为人在改造自然的同时也改变了人自身的性质。

认知神经科学理论对毕生发展学家提出的多种理论进行了补充，其通过对大脑加工过程的透视，考察认知的发展。

（四）人本主义理论

人本主义理论关注的是人类的独特品质。人本主义观点（humanistic perspective）强调自由意志，主张行为通过自由意志而选择，并由我们天生努力发挥全部潜能的能力所激发，而不是依赖社会标准。罗杰斯和马斯洛是人本主义观点的主要支持者。

罗杰斯指出所有人都有得到积极关注的需求，每个人都有潜在的被爱和被尊敬的渴望。我们对自尊和自己的看法其实是关于我们认为他人如何看待自己的一种反映。罗杰斯与马斯洛共同提出自我实现是生命中的最高目标，是人们以独特的方式实现最高潜能的一种状态。

（五）进化理论

进化理论的观点确认了我们的祖先对行为的贡献。进化观点（evolutionary perspective）旨在确认我们从祖先遗传下来的基因所形成的行为，认为促进物种生存的适应性特质和行为通过自然选择遗传下来。

进化理论萌芽于达尔文的开创性工作。1959年，达尔文在著作《物种起源》中提到，自然选择的过程创造了物种用来适应其环境的特质，而且也决定了特定的人格特质和社会行为。进化理论与习性学领域十分接近，习性学考察的是我们的生物构成影响行为的方式。康拉德·洛伦兹（习性学的主要支持者）的工作证明了生物的决定性因素对行为模式的重要影响，并最终使得发展心理学开始关注人类行为反映先天遗传模式的可能方式。

我们已经大致学习了毕生发展的五大理论，每一种理论都基于它们自身的前提关注发展的不同方面。同样的发展现象也可同时由多种观点进行考察。众多的理论提供了研究发展的不同方式，将它们组合起来考虑，就可以绘制出更为完整的画面，体现出人类在生活轨迹上变化和发展的无数方式。

三、毕生发展观的四种假设

毕生发展观是一种主流的动力系统理论。构成这一理论的有四个假设：发展持续终生；发展是多维度、多方向的；发展是可塑的；发展受到多种相互作用的因素的影响。

（一）发展持续终生

毕生发展观认为，不存在一个对生命全程起最重要作用的年龄阶段。每个阶段发生的变化对未来发展变化的路径有同等重要的影响，如表10-1所示。在每一个阶段，变化都体现在三个大的领域，即生理、认知和情绪 / 社会性。这三方面并不分离，而是互相重叠、互相影响。每个年龄阶段都有自己的任务、独特要求和机遇，这些在每个人的发展中都有些相似。但是，人们在一生中面临的挑战和他们对此的适应，在时间和方式上是非常不同的。

表10-1　毕生发展观中人生各个阶段的发展内容

阶段	年龄	发展内容
孕期	受孕至出生	由单细胞有机体转变为能适应子宫外环境的婴儿
婴儿期和学步期	0～2岁	身体和大脑出现巨大变化以保证运动、知觉、智力的健康发展及与他人的亲密关系
幼儿期	2～6岁	这是个"游戏年龄"阶段，在这个阶段，运动技能日益精细，思维、语言飞速发展，出现道德感，同伴关系开始建立
小学期	6～11岁	入学学习阶段，特点是：体育运动能力、逻辑思维能力增强，基本的读写技能、自我认识、道德感得到发展，成为同伴群体一员
青少年期	11～18岁	体型与成人趋同，性成熟。思维趋于抽象和理想主义，关心学习成绩。青少年开始形成不依赖家庭的自主性，确立个人价值观和目标
成年早期	18～40岁	大多数年轻人离开家，完成学业，开始全职工作。主要关注职业发展，形成亲密伙伴关系，结婚生子，或寻求其他生活方式
中年期	40～65岁	很多人处于事业巅峰和领导地位。他们开始帮助孩子独立生活，并赡养老年父母。他们越来越意识到自己生命的有限性
老年期	65岁至死亡	老年人适应退休生活，适应体力的渐衰，以及配偶的离去。他们思考自己一生的意义

（二）发展是多维度、多方向的

毕生发展观认为，发展过程中的挑战和适应是多维度的，毕生发展又是多方向的，至少有两个方向。

首先，发展并不局限于行为表现的进步。在每一个阶段，发展都是既有成长，又有衰退。在生命前期，获得更明显，丧失则主要体现在生命晚期，但是任何年龄的人都可以改善已有技能，发展新的技能，甚至还可以学习一些技能来补偿退化的机能。例如，多数老年人有一些补偿方法来应对他们日益严重的记忆缺陷。他们可以依赖外部支持，如日历和清单，或形成一些新的个人策略，例如，当他们要外出赴约时，先把要去的地方和要做的事情准确地想象一下。

其次，变化除了在时间上表现出多方向之外，在发展的每个领域内也是多方向的。例如，小明的某些认知机能（如记忆）在成年期会减退，但她的语言表达、文学素养在一生中都在增长。她还形成了新的思维方式。例如，小明丰富的经验和应对不同问题的能力，使她成为解决实际问题的专家。在这些例子中，毕生发展观既包括连续的变化，也包括不连续的变化。

（三）发展是可塑的

毕生发展研究者强调，每个阶段的发展都是可塑的。例如，小明在童年较为害羞、内向，有些社交矜持，年轻时曾决定继续读书而不结婚。但是当新机会出现时，30多岁的小明很快进入了结婚生子的阶段。

由于发展可塑性的，老龄并非如以前所说是最终的"沉没"。当然，由于年龄的增加，变化的能力减弱和机会减少，发展的可塑性会越来越小。同时，可塑性是因人而异的，有一些人会经历更跌宕起伏的人生，一些人比另一些人可能更容易适应环境的变化。

（四）发展受到多种相互作用的因素的影响

毕生发展观认为，发生变化的路径千差万别，因为发展受到多种相互作用的因素的影响，包括生物、历史、社会和文化影响。这些范围广泛的影响可以归结为以下三类，它们结合起来，以独特方式影响着每个人的生命进程。

1. 年龄阶段的影响

年龄阶段的影响重点指向与年龄密切相关的事件。例如，1岁学走路，幼儿期会说母语，12～14岁进入青春期，女性50岁前后进入更年期。这些标志事件是由生物因素决定的，同时一些社会习俗也会带来年龄阶段的影响，如6岁入学、大约18岁进入大学等。年龄阶段的影响在童年期和青少年期普遍存在，在这期间，生物结构迅速变化，社会文化也要求个体积累与年龄相对应的经历，促使年轻人掌握成为社会一分子所需的技能。

2. 历史时期的影响

发展也受特定的历史时代特征影响。流行病、战争、经济的繁荣或萧条、科技进步（例如电视、计算机、互联网、智能手机和平板电脑的发明）、文化价值观的变迁等，这些都是历史时期的影响，它们能解释为什么同一时期出生的人，即所谓同龄群，会比较相似，而区别于其他历史时期出生的人。

3. 非常规的影响

常规的意指典型的或者平均的。年龄阶段和历史时期的影响是常规的，会以相似方式影响所有人。非常规的影响指一些不规律的事件，只发生在一个或少数人身上，并且不遵循一个可预测的时间表。它们增强了发展的多方向性。例如，小明童年时跟随有造诣的老师学钢琴、与现在的爱人不期而遇、较晚结婚生子和外出工作，以及突发疾病，生活中这些非常规的事件对其一生所走的道路有重要影响。由于它们是偶然发生的，研究者很难抓住这些事件进行研究。但是人们的经验证明，它们会以强有力的方式对人产生影响。

毕生发展研究者认为，现在成人的发展更多受到非常规事件的影响。现代社会的人受教育、工作、结婚、生子、退休的时间呈现多样化趋势，虽然年龄依然是每个人经验的主要影响因素，且人们对各年龄期的固有期望不会消失，但是现在，所谓"年龄里程碑"的界限越来越模糊，生命历程中越来越多的非常规事件增加了毕生发展的流动性。

发展不是只有一条路径，毕生发展观强调众多潜在的路径及结果，就像一棵大树向四面生长树杈，每一枝的变化都是既连续又具阶段性的。我们既要认识到每个阶段的群体性特征，又要允许自己作为个体在每个发展阶段呈现的多样性，接纳自身过往的生活，悦纳现在的自己，调整改变，迎接并憧憬未来更好的自己。

第二节 ｜ 毕生发展——生命的意义

生命的意义是推动人类生存、发展的根本性问题之一，对生命意义的追问是人类永恒的话题。许多哲学家都曾阐述过他们的意义观。萨特认为：世界是荒诞的，人生是痛苦的，生活是无意义的。罗素曾经说过："有三种情感，单纯而强烈，支配着我的一生：对爱情的渴望、对知识的追求，以及对人类苦难不可遏制的同情。"

我们活着，内心总在不停地翻腾这样的问题：我活着到底是为了什么？人生的意义是什么？什么让人生有价值？

一、人生的意义在于连接

我们的大脑喜欢有秩序和可预测的感觉，无论遇到什么事情都喜欢自动进行归因和总结，寻找其中的因果关系和规律。一方面，可以根据规律来预测未来，指导自己的生活；另一方面，能减轻认知负担。从这个角度来说，追求人生意义，其实是每个人对自己的生活所做的提炼和总结。

从感受方面来说，美国心理学家柯克帕特里克（Kirkpatrick）发现，人类终其一生，都需要某种精神依恋，这种精神依恋在我们小时候通常表现为母婴依恋，我们依恋父母或其他看护者，他们给我们提供食物、安全和温暖。这种精神依恋通常会随着人的长大而逐渐消失。然而依恋所带来的美好的愉悦感，让我们总是希望有一个更强大而永恒的东西能够让我们继续依恋，于是我们有了自己的信仰，比如宗教、价值取向等能从中得到归属感和安全感的东西或者因素，以在危险困苦时能够求得庇护，顺利时又能得到鼓舞。也就是说，当我们感到自己与某种更宽广、更超越自我、更超越时间和空间的存在建立起连接时，我们往往就能体验到人生的意义。

朋辈说

国学之于生命的意义

在积极心理学的视角下，人生的意义，来自我们和外界之间的连接。

大学毕业后，即将开启职业生涯，那么我们以工作为例来探讨一下人生的意义。

对大多数人来说，工作本身没有什么意义。可如果我们和工作之间产生了连接呢？首先，工作可以带来工资，工资可以用来支持生活，娱乐生活。那么这份工作就有了让我们活下去甚至开心地活下去的意义。

其次，我们工作的时间越长，我们就越资深，我们的资历让我们在公司受领导重视与信任，在行业里受后辈新人的尊敬，这会让我们产生较为强烈的成就感和自我效能感，那么工作的意义就又多了一层。

再次，我们在工作中，学习到了书本上无法学习到的技能，比如人际交往能力、组织协调能力、团队合作能力、领导与统筹能力等。我们的自我得到了成长，实现了自我的进化，工作的意义又多了一层。

另外，工作有助于我们发挥自身优势。把工作变成自己的兴趣，能够从中找到更多可以享受的事情。这么一来，工作给我们带来了快乐和幸福感，工作就又多了一层意义。

最后，我们还可以把工作和社会价值连接起来，比如，我们所做的事情跟哪些人有关？给他们带来了哪些影响？我们的工作对社会做出了什么贡献？与工作建立一层又一层的连接，可以带来更多满足感，工作也就有了意义。

因此，我们生命中的很多事情，如果不去建立连接，可能毫无意义。意义的存在，在于我们从主观的需要出发，完成一层又一层的连接，使得人生对我们有了一层又一层的意义。

二、缺失人生意义的三种状态

我是谁？我从哪儿来？我要去哪儿？这三个问题就像一条时间线，问出了人生意义的三个状态。

美国著名心理学家麦克·史德格（Michael Steger）经过研究后发现，以上三个问题，若有一个无法解释明白，某种程度上，都会导致人们陷入无意状态：虚无、疏离和困惑，如图 10-1 所示。

图 10-1　人生意义缺失的三种状态

第一种状态是虚无。这种状态下的人，最缺乏的是对未来前进的动机和方向感。他能给自己的过去做出基本解释，也能享受当下的欢乐，但是和未来失去了连接。他们会说，生活就是生不带来死不带去，一场游戏一场梦，今朝有酒今朝醉。

第二种状态是疏离。这种状态下的人，最缺乏的是对当下的投入感和价值感。他理解自己的过去，也知道未来要走的路。他的生活是有序的，但有一种强烈的"被安排感"，仿佛这一切都不是自愿的，他自己不认同，也无法投入进去，他对当下的生活冷眼旁观，内心很疏离。

第三种状态是困惑。这种状态下的人最缺乏的是自我理解和内心的秩序。他可能看上去日子过得热火朝天、激情满满，总是给自己设定很多目标，但是很快又会放弃。其实他内心很焦躁也很困惑，因为他没有真正理解自己的愿望和需求，自己的人生没有秩序感，他对人生是很困惑的。

无法理解过去，无法享受当下，无法迈向未来，归根结底，都是缺失连接感所造成的意义感缺失的问题。

有一个演讲视频，主题是如何在短时间内弄清你的人生意义。演讲者把抽象的人生意义，转化成了一个包含 5 个问题的公式：你是谁？你做了什么？你为谁而做？他们需要什么？最终他们会实现怎样的转变？这 5 个问题里，只有 2 个是关于自己的，而剩下 3 个都是关于别人的，这其实也反映了：人生意义的真相，在于结合自己正在做的事情主动地建立连接。从事服装设计的人，可以这么说："我正在做的事情，是为大众设计出他们买得起的衣服，让他们看到、感受到自己最棒的一面。"绘本创作者可以说："我正在做的事情，是为孩子们写书，让他们在入睡时能做个好梦。"

积极心理学之父塞利格曼做过这样的归纳："人生意义意味着，用你的全部力量和才能去和一个超越自身的东西产生连接，设定目标去服务于它，并用恰当的方式实现这些目标。"只有当你能够坦诚地面对过去，投入当下的生活，对未来有期待、有希望感，也就是找到你对过去、现在和未来的连接感时，才能体会到一种完整、充实的人生意义。

三、生命从何处获得意义

我们该如何与生命中的其他事务建立连接呢？我们可以从何处获得意义呢？弗兰克尔指出，生命可以从三个方面获得意义。

首先，从自己的创造物中。每个生命都富有创造性，都可以为人类社会奉献出自己的力量，正是绝大部分生命所做出的奉献构成了一部人类历史。《钢铁是怎样炼成的》的作者奥斯特洛夫斯基有句名言："人只有对世界有所奉献，一生奋斗不息，才能自豪地感受到自我存在的价值。"人的创造与奉献有大有小，但都能从中获得生命的意义。

其次，从自己向世界所索取的东西中，即自己认为有价值的事情上。生命中有许多美好的时光，尤其是个体获得自己认为有价值的东西时。有人流连忘返于山水之间，有人陶醉在事业的成功与荣耀中，有人在爱与被爱的关系里感受幸福，这些都是生命存在的美好样态。

最后，从自己对命运所采纳的立场上。人的一生，难免遇到生老病死、祸福贫富等。在面对痛苦、死亡等挫折时，个体可以自己做出决定和选择态度。韩信忍胯下之辱而成大器，勾践卧薪尝胆最终厚积薄发，他们在生命的低谷磨砺出璀璨的心智，这也是生命的意义。

弗兰克尔确立了意义疗法的理论基础：个体的心理健康取决于他对生命意义的领悟，取决于他对生活的选择方式。他激励人无论在何种情况下，都要对生活充满信心，都要以积极的心态迎接生活的挑战。

四、人生幸福——需要的满足

我们终其一生追求的，无非是幸福，那么什么是幸福呢？怎样才能获得幸福感呢？

（一）幸福公式

幸福是一种持续时间较长的对生活的满足和感到生活有巨大乐趣并自然而然地希望持续久远的愉快心情，它是每个人终其一生的追求目标，也是整个人类追求的终极目标。诺贝尔经济学奖得主萨缪尔森提出了幸福公式：

$$幸福 = 效用 / 欲望$$

大家从公式里可以得到一些启示：幸福是主观化的，如果人的欲望是既定的，效用（满足程度）越大就会越幸福，如果人的欲望是不断递增的，要获得同样的幸福，就需要更大的效用（或满足程度）；欲望即需要是个体化的，因此每个人幸福的源头不尽相同。

（二）真正的需要

我们每个人都沿着既定的轨道生活，在平淡甚至重复的日子里，有时会产生对自己生命意义的质疑。从心理学的视角来看，这种现象的心理基础是什么？

一方面源于寻找自我。"我们最了解的人是自己，但最难看清自己的也是自己。"我们有时候是很难明白自己心里所想的，特别是当我们处在人生的岔路口时，这时候若我们进入一个全新的环境，在适应的过程中，我们就会不断寻找我到底适合什么样的生活，应该如何发展。另一方面，源于外界环境对我们的影响，特别是外部环境对我们的一些期待。当我们的自我期待和外界期待不一样的时候，就会产生一种矛盾，继而追问：我到底应该过怎样的生活？我现在生活的意义是什么？人生的意义是什么？

这大概和大家在当前阶段的需求有关。个体的需要是多种多样的，又是分层级的。假如一个人同时缺乏食物、安全、爱和尊重，那么通常对食物的需求是最强烈的，其他需要则显得不那么重要。此时人的意识几乎全被饥饿所占据，所有能量都被用来获取食物。

美国心理学家马斯洛将需求分成五个层次：生理需求、安全需求、归属需求、尊重需求和自我实现需求。需求是由低到高逐级形成并得到满足的，当满足了低层次的需要，我们就会去寻求更高层次的需求的满足。人生就像翻越一座座大山，不断地去追求当下想要的。

在马斯洛看来，一个饥肠辘辘的人，其人生的目标就是找到食物果腹；一个缺乏安全感的人，他对生命的追求是安全；归属需求和尊重需求一样，得不到满足就会有缺失；"自我实现"是"少有人走的路"，只有那些真正满足了低级需求的人才会走上自我实现之路。

现代物质文明的发展使人类的生活方式发生了巨大变化，对许多人来说，生命的幸福已经不是满足于对衣、食、住、行等低级需要，而是选择什么样的活法，如何以不同于传统的目标为生活的追求。马斯洛需求层次理论的最大意义就在于，它告诉了人们，人在满足了基本的需求之后，就要去实现更高的目标。觉得自己的生活被空虚感、无意义感所笼罩的人，可以通过更高需求如自我实现需求的满足获得真正的幸福。

五、生命价值——波动影响

心理治疗师欧文·亚隆（Irvin Yalom）提出了"波动影响"的概念，来描述一个人的生命价值。"波动影响"是指每个人，即使没有意识层面的目标或这方面的知识，也会形成中心影响力，影响周围的人许多年甚至许多代。也就是说，个体对其他人的影响，就好像池塘中的涟漪一样一圈圈地扩散出去，直到再也看不见，即便如此，在微小的分子层面这些波动依然在传递着。

就像医院里的老病人对新病人的鼓励，那些有力量的话语，以及应对困境的积极态度，或多或少都在为新病人传递着温暖和支持，而这就是老病人在用行动发挥着自身的影响力，而且，这些老病人拥有的影响力，大多也来自之前经历过痛苦的病人。更重要的是，这样的做法本身会缓解病人（包括新老病人）内心对生命的无意义感，以及对死亡的恐惧感。

此外，通过生育下一代来传递自己的基因，通过器官捐赠使自己的心脏在另一个人的身体内跳动，或是捐献眼角膜让另一个人重见光明，或是为白血病患者捐献造血干细胞，这些行为更进一步印证着"波动影响"。器官捐献者的行为不仅能够缓解自身的死亡焦虑，还会影响到被捐献者（病人），为双方都带来希望和意义感。所以，我们看到，很多移植病人在身体康复后，会想办法用自己的行动回馈社会，会更愿意从事志愿服务工作，也更乐于助人，而这就是在发挥自身的影响力，扩展生命的意义。

这个世界的丰富就在于有人向外释放温度，也有人索求温度，而拥有波动影响力的人，总是能够恰当地奉献自己，为集体增砖添瓦。或许有人会想：怎么做才能拥有波动影响力呢？

（一）做对他人有益的事情

做对他人有益的事情，即创造一些可以传递给他人，并丰富他人人生的事物。比如，参与学校组织的支教活动、利用寒暑假参与帮助特殊人群的社会实践活动，还有最简单的——给他人一个微笑、给他人带来舒服的感觉、给他人一句安慰或鼓励等。

当我们做一些对别人有好处、在自己看来有意义的事情后，就不会一直沉浸在痛苦中。行动起来，内心的各种负面情绪自然会慢慢化解，很多时候，各种负面情绪的敌人，就是行动。

（二）读有营养的书

读书可以获得内心的充实、精神的丰盈，可以获得与苦难斗争的智慧，从而更好的产生"波动"，拥有波动影响力。读一些历史典籍，能明白痛苦和失败并不少见，古往今来，千古风流传奇人物，如秦始皇、孔子等，无不经历苦难，却又实现自我，书写快意人生。

心灵夜话

"波动影响"的故事

尼采曾经用"爱你的命运"这句格言来鼓励后人变被动为主动，认识只有自己能够决定自己的生活状态，也只有自己有能力改变它。拥有波动影响力的人，可以让自己有机会从不同的视角来看待发生在人与人之间的无声的、温和的、丰富人生的相互传递。拥有波动影响力的人，可以以平常心看待失败、苦难，会把自己的死亡恐惧转化为内心对生命意义的追求和平静。

同时，"波动影响"还从另一个角度来安抚无常所带来的痛苦。因为它提醒我们，即使我们不知道或感觉不到，但自身的某一部分会永存。

希望我们都可以用生命影响生命，把自己活成一道光，因为你不知道，谁会借着你的光，走出黑暗；请保持心中的善良，因为你不知道，谁会借着你的善良，走出绝望；请保持心中的信仰，因为你不知道，谁会借着你的信仰，走出迷茫。请相信自己的力量，因为你不知道，谁会因为相信你，开始相信自己；愿我们每个人都能活成一束光，绽放所有的美好！

第三节 | 毕生发展——我的发展

在一个研究中，研究者向大学生群体提出一个问题，问："你觉得自己进入成年期了吗？"很多人的回答都是比较模糊的，觉得"既是，又不是"。直到 30 岁左右，大多数人才感到自己真的成年了。大学生处于 18 ~ 25 岁的年龄阶段，这个时期，大学生群体虽然已经结束了青少年期，却仍然不能承担起成年人的责任。一方面，生理上已经成年；另一方面，单一的学校学习经历让大学生群体一般无法实现成家、立业和经济独立，而成家、立业和经济独立一般被视作社会意义上成年的标志。大学生探索的欲望比中学时强烈得多，比如他们有可能会尝试爱情并有可能会变换恋爱伴侣，同时对自己的社团、专业甚至学校感到迷茫，时常冒出改变的想法。这个时期叫作成年初显期，可以理解为青少年到成年之间的过渡期。

这个时期，大学生有热血的理想，却受自身能力与物质水平的束缚；想"躺平"，却又不甘于平凡。于是，迷茫，懊恼，无奈，困惑。

一、进入大学了，我该怎么活

我们为了什么而活着？人有没有必要追寻人生的意义？如何在探索意义的过程中，成为幸福的人？关于人生意义，前面的章节已经有所介绍，那么大学生应该好好活在当下，"为了活着而活着"呢，还是思考、认识、找到意义后清晰坚定地活着呢？

二者从本质上来说并不冲突，聚焦当下的同时也要探索生命的意义。有的人可能会披着专注当下的外衣，去透支自己的未来。为了当下的快乐，去肆意享乐，随意放纵自己，不为自己的未来做打算，这是一种极端。有的人可能走上了另一种极端，比如疯狂地探索生命的意义而忽略了自己的生活，钻了牛角尖。

关于"为了活着而活着"，不同人有着不同的理解。我们不妨理解为：活着是体验世界的唯一机会，活着本身也是生命意义的一种。在活着的过程中我们体验了各式各样的事物，产生了不同的感悟，在这个过程中我们或许找到了新的生命意义，或许不能，但这并不影响我们好好活着。

而在心理学领域，不同的心理学流派对此可能会有不同的解读和看法，前文也有相关介绍。比如人本主义心理学强调个体的自我实现和自我成长，那么可能就会偏向于人们应该有清晰的目标，找到生活的意义，不断进步和成长；积极心理学更强调快乐和幸福感，那么我们可能就会更多地去关注自己在当下的感觉。我们也不必一定要在两个方向中做出选择。如果过度思考人生的意义、生活的意义使自己痛苦，那就先暂时放下思考，让自己放松一下；如果长期荒废学业毫无意义感，那么不妨停下脚步，先好好想一想自己想要的是什么，然后确立目标，分解目标，一步一步朝着目标前进。

二、活着，本身就是一种生命意义

人生中的每一段经历都能让人产生感悟，对自己产生更深入的了解。

心理学上有个词叫正念，即不批判地觉知当下，用心感受当下所感所思所想。现代社会的节奏比较快，竞争也非常激烈，我们有时会被这种快节奏裹挟着前行，却不知道自己是为了什么。在生活中，我们可能都曾有过这样的经历：面对美食，不知不觉就吃完了；去上课，不知不觉就到教室了。这些行为都是下意识进行的，是一种自动化的过程。在这个过程中，我们不知不觉按照自己固有的思维习惯去行动，并没有意识到自己在做什么。正念恰好相反，它使我们察觉到当下的躯体感受与思想，如注意到自己正在一口口地吃饭，品味食物的味道。种种平时司空见惯的"下意识"会出现在我们的生命中，我们可以去觉察它们的美好，正是对这些美好的察觉，让我们每时每刻都有活着的感觉。所以活着本身，也是一种生命意义。

心理学是一门研究人的行为及心理现象的学科，学习了心理学知识，我们不论是在日常的心理课程学习中，还是在与人交流的过程中，都会对"人"有更多的了解和理解，比如人的认知、情感、思维等。当我们观察一个人的行为时，我们会发现他的生命意义就蕴含在他的一举一动之中，他细微的表情、不经意的习惯都蕴含着他对生命和生活的态度。而我们自己，也会通过一次又一次的自我探寻，不断发现自我、了解自我、追寻自我。

三、我是否该"卷"起来

现在很多人谈"卷"，大多大学生觉得自己是"45度角青年"，即"卷又卷不起，躺又躺不平"。追求意义是否就是追求成绩？作为大学生，是否也应该"卷"起来？从心理学的角度看，"内卷"是什么？

每一个心理现象背后都是有一定的心理机制的。近些年，"内卷"引起了大家的热议，每个人也都可能曾经陷入这种情境中。它像是一种困境和怪圈，明明看起来是在刻苦努力，但是没有成长和进步，反而陷入焦虑和迷茫当中。有时候同学们会对这种"内卷"的同伴竞争感到不满意，但是又不得不加入其中。

我们为什么会陷入"内卷"呢？一方面是对自己的学习生活缺乏理性的思考和合理的规划，对学习的目标和生活的意义没有清晰的认识。另一方面是被"功利性"的环境裹挟前进。在"内卷"心态的影响下，很多同学并非以提升自己、增长见识、实现人生理想为目标，而是以获得奖学金、荣誉证书、超越同学、获得老师的赞扬为追求，这样并不利于自身的发展，而且也容易导致对精神世界的忽视。

我们不能为了赶路而忘了路上的风景。当然了，"内卷"也会涉及一个概念——"同伴竞争"。周围人都在做，我不这么做会不会不好？由此看见别人在"卷"，为了不被落下，也不得不一起"卷"。同时，也要警惕另外一种现象，就是将正常的学习视为"卷"，这可能是自己不想努力学习，又害怕别人超过自己，所以每每见到别人在学习，就会觉得别人在"卷"自己。

四、破局——专注当下

如何跳出思考意义的怪圈，做到专注当下呢？

（一）走自己的路，让别人说去吧

关注自己，无论周围的环境如何，有自己的目标，有自己的节奏才是最重要的。新学期刚开始的时候，由于缺乏大学学习和生活经验，你可能总觉得自己很多事情做不好，感到焦虑和沮丧。你可以尝试着写周计划，在上面标记要做的事情。一些是时间非常明确的，比如说固定的课程和社团活动等。另一些是这一周之内要完成但时间不固定的，比如这周要复盘老师课上的案例等。除去这些事情，剩下的都是你的弹性时间，可以去做任何事情，逛公园、运动都可以。同时也可以在上面记下很开心的事情，在之后感到迷茫、难受的时候，它们会带来意想不到的惊喜。

这个习惯会帮助你专注自身，把目光放在自己的进度上，因而也就慢慢地少了很多焦虑和迷茫。

（二）手账——生命意义地图

手账即通过文字和贴纸的组合，像漫画一样呈现自己的生活。手账分很多种，有旅行手账、工作手账、生活手账、美食手账等。

记手账是一个很好的意义突破口。一方面，手账可以记录当下，我们可以在手账上记录当天的喜怒哀乐，空闲时看一下手账，能从过去的回忆中汲取更多的力量。另一方面，手账可以帮助我们规划未来，更好地了解自己的状态，从而对之后的任务安排进行调整。同时，记手账，也是在为自己的压力寻求一个温和的突破口，慢慢地释放自己的压力，缓解紧张和焦虑。

那通过手账的使用，我们怎么学会享受忙和闲的过程呢？

建议在记手账的时候不给自己设立非常高的目标。手账或者周规划上的任务是给自己设定的最低要求，是必须完成的事情，完成比完美更重要。当完成计划的时候，它会给我们带来很大的激励，这时你既可以选择没有负担地去放松，也可以选择在原本的任务基础上再多做一点。有时可能也会面临放松的时间超支，导致接下来完成计划的时间减少，但这样也会促使我们选择性放弃不重要的事情，认识到自己的实际工作和学习水平，从而有效调整计划和目标，过程中要灵活调整，不要太过自责，放过自己，接纳自己，我们最终的目的都是让自己轻松愉快地学习，品味人生的意义。

♥ 本章重点

（1）发展不是只有一条路径，毕生发展观强调众多潜在的路径及结果，就像一棵大树向四面生长树杈，每一枝的变化都是既连续又具阶段性的。

（2）我们既要认识到每个阶段的群体性特征，又要允许自己作为个体在每个发展阶段的多样性，接纳自身过往的生活，悦纳现在的自己，调整改变，迎接并憧憬未来更好的自己。

（3）活着，本身就是一种生命的意义。

（4）不要太过自责，放过自己，接纳自己，我们最终目的都是让自己轻松愉快地学习，品味人生的意义。

♥ 课后练习

（一）我的生命线

在空白纸上画下自己的"生命线"，通过在"生命线"上画点的方式，每位同学将自己的人生阶段和目前生命中比较重要的时刻记录在"生命线"上，并写出自己开心的事情与不开心的事情，和朋友分享。

（二）幸福三连

从今天开始，请每天在睡觉之前思考当天的生活，并从中提取至少 3 件让自己感到高兴、愉悦、幸福或者感动的事情记录下来，坚持一个月。

（三）推荐阅读

（1）《寻觅意义》（王德峰）

（2）《被讨厌的勇气》（岸见一郎、古贺史健）

（3）《自卑与超越》（阿尔弗雷德·阿德勒）

参考文献

［1］周莉，刘海娟. 大学生心理健康教育 [M]. 3 版. 北京：中国人民大学出版社，2020.

［2］夏翠翠. 大学生心理健康教育：慕课版 [M]. 2 版. 北京：人民邮电出版社，2019.

［3］丛扬洋. 找到意想不到的自己——萨提亚模式与自我成长 [M]. 武汉：武汉大学出版社，2015.

［4］朱瑟琳·乔塞尔森. 我和你——人际关系的解析 [M]. 鲁小华，孙大强，译. 北京：机械工业出版社，2016.

［5］丹尼尔·西格尔. 心智成长之谜——人际关系与大脑的互动如何塑造了我们 [M]. 祝卓宏，周常，译. 北京：中国发展出版社，2017.

［6］亨利·克劳德. 他人的力量——如何寻求受益一生的人际关系 [M]. 邹东，译. 北京：机械工业出版社，2018.

［7］约翰·戈特曼，琼·德克莱尔. 人的七张面孔 [M]. 李兰兰，译. 杭州：浙江人民出版社，2014.

［8］埃伦·伯斯奇德，帕梅拉·丽甘. 人际关系心理学 [M]. 李小平，李智勇，译. 上海：上海教育出版社，2019.

［9］孙晓军，牛更枫，周宗奎，等. 大学生的人际归因倾向、网络交往动机与网络人际关系成瘾的关系研究 [J]. 心理科学，2014，37（6）：1397-1403.

［10］董惠娟，李金亮，郑吉安，等. 大学生心理健康教育 [M]. 北京：北京大学出版社，2017.

［11］斯瓦米·阿迪斯瓦阿南达. 冥想的力量 [M]. 王志成，梁燕敏，周晓微，译. 杭州：浙江大学出版社，2010.

［12］艾迦. 情绪与饮食（下）[J]. 食品与健康，2010（8）：18-19.

［13］傅小兰. 情绪心理学 [M]. 上海：华东师范大学出版社，2016.

［14］罗倩，彭聃龄，刘宏艳. 情绪加工的脑时空动态机制 [J]. 心理科学进展，2011，19（8）：1099-1103.

［15］阮秋茶. 汉越语爱情隐喻对比研究 [D]. 武汉：华中师范大学，2013.

［16］刘聚红，钟歆，王洋，等. 爱情关系——基于成人依恋风格的视角 [J]. 心理科学，2015，38（5）：1213-1217.

［17］谭旭运，屈青青. 爱情心理学的四大理论建构集成——兼评《爱情心理学（最

新版)》[J]. 心理研究，2016，9（2）：92-96.

　　[18] 詹庆颖. 大学生性心理健康与性教育 [J]. 青年与社会，2015，5（13）：39-40.

　　[19] 何纳. 中国艾滋病流行新变化及新特征 [J]. 上海预防医学，2019，31（12）：963-967.

　　[20] 罗伯特·J·斯滕伯格，凯琳·斯滕伯格. 爱情心理学 [M]. 李朝旭，等译. 北京：世界图书出版公司，2010.

　　[21] 罗兰·米勒，丹尼尔·珀尔曼. 亲密关系 [M]. 王伟平，译. 北京：人民邮电出版社，2011.

　　[22] 霍妮. 爱情心理学 [M]. 花火，译. 苏州：古吴轩出版社，2016.

　　[23] 王倩. 压力管理与心理调节 [M]. 北京：中央广播电视大学出版社，2014.

　　[24] 理查德·格里格，菲利普·津巴多. 心理学与生活 [M]. 王垒，王甦，等译. 北京：人民邮电出版社，2017.

　　[25] 伊恩·罗伯森. 挑战——压力如何塑造我们 [M]. 龚思齐，译. 长沙：湖南文艺出版社，2018.

　　[26] 朴素艳，孟繁华. 大学生心理健康教育 [M]. 北京：中国农业出版社，2010.

　　[27] 金晓明，何星舟，邱晓雯，等. 大学生心理危机干预指南 [M]. 杭州：浙江大学出版社，2015.

　　[28] 张继明，王东升. 大学生心理危机干预辅导员手册 [M]. 北京：北京师范大学出版社，2018.

　　[29] 欧文·亚隆. 直视骄阳——征服死亡恐惧 [M]. 张亚，译. 北京：中国轻工业出版社，2015.

　　[30] 孙卉. 对于情绪定义的再探讨 [J]. 社会心理科学，2010.

　　[31] 霍华德·S. 弗里德曼，米利亚姆·W. 舒斯塔克. 人格心理学——经典理论和当代研究 [M]. 6 版. 王芳，等译. 北京：机械工业出版社，2021.

　　[32] 杜安·舒尔茨，西德尼·艾伦·舒尔茨. 人格心理学——全面、科学的人性思考 [M]. 10 版. 张登浩，李森，译. 北京：机械工业出版社，2022.

　　[33] J.M. 伯格. 人格心理学 [M]. 8 版. 陈会昌，译. 北京：中国轻工业出版社，2014.

　　[34] 沈德立. 学生心理健康 [M]. 北京：高等教育出版社，2013.

　　[35] 杰拉德·科里，玛丽安娜·施奈德·科里. 心理学与个人成长 [M]. 胡佩诚，等译. 北京：中国轻工业出版社，2010.

　　[36] 罗伯特·费尔德曼. 发展心理学——人的毕生发展 [M]. 6 版. 苏彦捷，邹丹，等译. 北京：世界图书出版公司，2013.

　　[37] 劳拉·E. 伯克. 伯克毕生发展心理学：从 0 岁到青少年 [M]. 4 版. 陈会昌，等译. 北京：中国人民大学出版社，2014.